행복한 나라
좋은 정부

행복한
나라 좋은
Happy country
good government
정부

박세정 지음

생각나눔

✎ 2003년 덴마크에서 6개월을 보내며 행복에 관심을 두기 시작했다. 이 나라에 살면서 가끔 내가 꿈을 꾸는 것이 아닌가 착각을 할 때가 있었다. 우리와 너무 다른 세상이었기 때문이다. 덴마크와의 인연으로 인해서 '좋은 삶'에 끌리게 되었고, 그 이후 행복에 관한 글을 이어서 써보기로 마음먹었다. 2016년도 출간한 첫 번째 책은 행복한 나라들의 공통점과 교훈에 대한 내용을 담고 있다. 두 번째 책인 이 글은 행복과 정부의 관계를 다루고 있다. 첫 번째 글에서 놓친 부분이 있는데 그것은 무엇이 행복한 나라들을 가능하게 하는가이다. 나는 이것을 정부라고 생각한 것이다.

행복 선도 국가들의 경우는 국민을 행복하게 하는 법과 제도를 가지고 있다. 세상에서 가장 행복한 나라로 알려진 덴마크의 예를 들면, 이 나라 정치제도는 정당 간에 대화와 소통을 촉진하고 타협을 유도하는 특성이 있다. 정치가 공존의 규범을 증진하고 문제를 해결하는 데 힘을 모으도록 유도한다. 이 나라 정치인들은 도대체가 싸울 줄을 모른다. 정치의 틀이 그렇게 설계되어 있기 때문이다. 정치는 어느 사회든 최상층부를 구성하고 따라서 사회의 준거집단 역할을 한다. 이 얘기는 일반 사람들은 정치인들을 보고 따라 한다

는 의미이다. 그래서 그런지 몰라도 덴마크의 경우, 사회 전반적으로 다툼이 없다.

이 나라는 어떤 분야든 모든 구성원이 합의해서 결정을 내린다. 파국이라는 것이 없다. 그런데 행복도가 높은 나라들의 경우는 특이하게도 비슷한 정치제도를 가지고 있다. 정치뿐이 아니다. 정부의 전반적인 작동원리가 국민을 아끼고 보호하는 특성을 가지고 있다. 나는 이를 '좋은 정부'라고 불러보았다. 좋은 정부란 단지 국민의 배를 부르게 하는 것에서 그치지 않고 국민을 아끼고 존중하며, 근심 걱정 없이 조화롭게 살게 하는 정부를 의미한다. 대한민국 정부는 여기서 너무 멀리 있다. 우리 정부는 행복한 나라를 만들기 위한 토양과 속성을 가지고 있지 못하다. 우리 사회에 만연한 부정과 비리, 갈등과 대립, 미움과 증오의 마음, 열대우림과 같은 약육강식의 현상. 민초가 느끼는 만성적인 불안과 걱정은 정부작동 원리의 결함 때문이라고 생각한다. 골드만삭스나 아시아 개발 은행은 2050년이 되면 대한민국의 1인당 국민소득이 거의 9만 달러에 육박해서 세계 2위가 될 것으로 예측하고 있다. 그러나 과연 그때가 되면 지금보다 사람들이 더 행복할 것인가? 나는 회의적이다. 왜냐하면, 지금도 50년 전보다 수백 배 잘살게 되었지만 삶의 모습은 황량하기 때문이다.

필자가 생각하는 바람직한 세상은 단지 국민소득이 높은 나라보다는 사람을 소중히 여기고 사회구성원이 서로 아끼고 챙기는 따뜻한 사회이다. 행복도가 높은 나라들의 특징이다. 우리 정부는 이러한 사회를 만들기 위한 틀을 가지고 있지 못하다. 이보다는 사람들을 분열시키고 타인을 밟고 일어서게 하는 시스템을 가지고 있다. 이뿐만이 아니다. 구천 미터에 비유되던 가난의 언덕, 보릿고개가 사라지고 이제는 세계 최고의 다이어트 열풍이 부는 국가가 됐지만, 스스로 목숨을 포기하는 사람들의 비율이나 아이를 낳지 않는 비율 또한 전 세계에서 1등인 나라가 대한민국이다. 사회의 지속 가능성 면에서 심각한 우려를 하지 않을 수 없는 상황이다. 이는 공동체를 지배하는 '게임의 규칙'이 이러한 상황으로 몰아가고 있기 때문에 나타나는 현상이다. 누가 이러한 게임의 규칙을 만드는가? 정부이다.

김구 선생은 이미 오래전에 우리나라가 부강한 나라보다는 아름다운 나라가 되기를 소망했다. 그는 좋은 사회를 염원했고 이는 다른 말로 하면 행복한 사회다. 현재 우리의 삶은 건강하고 좋은 삶이 아니다. 그동안 우리 사회에서 회자되어 왔던 '헬 조선'이라는 말은 이를 반증한다. 나는 대한민국 사회의 병리 현상을 치유하고 좋은 삶을 살도록 하기 위해서는 정부의 작동원리에 근본적인 변화가 있어야 한다고 생각한다. 이 책이 이러한 변화의 물꼬를 트는 데 단초가 되었으면 한다.

이 책이 나오기까지는 많은 사람의 협조와 지원이 있었다. 우선 필자의 인터뷰 요청이나 자료 요청에 도움을 준 여러 나라의 많은 정부관계자에게 감사드린다. 특별히 덴마크 의회의 의장이나 의원, 중앙정부, 자치단체 관계자에게 감사드린다. 또한, 글을 쓰는 데 필요한 자료수집에 도움을 준 계명대 도서관 관계자, 원고를 타이핑하는 데 도움을 준 학생들에게도 정말 감사한 마음을 표하고 싶다. 마지막으로 늘 필자에게 자신감을 갖게 하고 용기를 준 아내에게도 고마움을 표한다.

2018년 10월
박 세 정

| 목 차 |

chapter 1. 행복한 나라

◦ 왜 행복한 나라인가?   _15

◦ 행복한 나라에 대한 동경   _17

◦ 동화 같은 행복 국가 들여다보기   _23

◦ 한국인의 삶   _32

◦ 행복한 나라 좋은 정부   _34

chapter 2. 좋은 정부 요건

◦ 국민에게 신뢰받는 정부   _41

◦ 국민을 아끼는 정부(1)   _45

◦ 국민을 아끼는 정부(2)   _54

◦ 정부를 위한 국민이 아닌 국민을 위한 정부   _62

◦ 공존의 규범을 촉진시키는 정부(1)   _65

◦ 공존의 규범을 촉진시키는 정부(2)   _69

◦ 국민의 존재감을 최대한 드러나게 하는 정부   _74

◦ 국민의 눈을 뜨게 하는 정부   _79

◦ 청렴하고 공정한 정부   _83

◦ 지속 가능성을 증진시키는 정부   _88

chapter 3. 좋은 정부 만들기

◦ 정치 바꾸기 _97

　1. 왜 정치를 바꾸어야 하는가?(1) _97

　2. 왜 정치를 바꾸어야 하는가?(2) _101

　3. 정치의 틀을 바꿔라(1) _105

　4. 정치의 틀을 바꿔라(2) _112

　5. 정부형태를 대통령 중심제보다는 내각책임제로 바꾸자(1) _119

　6. 정부형태를 대통령 중심제보다는 내각책임제로 바꾸자(2) _128

　7. 정부형태를 대통령 중심제보다는 내각책임제로 바꾸자(3) _135

　8. 만약 대통령제를 유지한다면 상당한 보완책이 필요하다 _141

　9. 정치 생태계의 변화를 위한 정당 개혁 _146

　10. 공유되는 가치기반을 확립하기 _155

◦ 공직의 변화 _159

　1. 민주적 공직관 확립하기 _159

　2. 국민을 중심에 두는 행정 _162

3. 권력에 고삐 달기   _169

4. 대중 통제 시스템의 확립(1)   _175

5. 대중 통제 시스템의 확립(2)   _180

6. 지방 분권   _185

7. 공동체를 위한 대화의 장을 만들어라(1)   _193

8. 공동체를 위한 대화의 장을 만들어라(2)   _199

9. 공동체를 위한 대화의 장을 만들어라(3)   _203

10. 공동체를 위한 대화의 장을 만들어라(4)   _209

11. 민이 좀 더 얼굴을 드러내도록 만들어라   _215

12. 행복한 공직사회 만들기(1)   _221

13. 행복한 공직사회 만들기(2)   _225

14. 행복한 공직사회 만들기(3)   _231

15. 행복한 공직사회 만들기(4)   _236

16. 행복한 공직사회 만들기(5)   _241

17. 공직의 계급제를 직무 중심으로 전환하자   _249

18. 검찰 개혁   _258

19. 노사 관계의 재정립을 유도하기   _268

20. 행복한 삶에 씨앗이 되는 교육: 교육을 다시 생각하자   _276

참/고/문/헌

chapter 1

행복한 나라

왜 행복한 나라인가?

■ 세계적으로 행복에 대한 논의가 널리 확산되고 있다. 이는 비단 스칸디나비아 국가와 같이 부유한 나라들만이 아니고 부탄과 같이 경제적으로 매우 낙후한 나라에서도 공히 나타나고 있는 현상이다. 우리나라의 경우는 특히 세계 어떤 나라보다도 행복과 관련된 논의가 급속히 확산되고 있다. 대통령부터 작은 단위의 구청장에 이르기까지, 국민 행복을 최우선으로 하겠다고 공언하고 있다. 심지어 사람들의 사적인 모임에서조차 행복을 위한 건배가 일상화되고 있다. 요즈음 사회 전반적으로 급속히 확산되고 있는 여행이나 힐링 프로그램도 행복에 대한 갈구를 반영하는 것이 아닌가 생각한다.

이처럼 행복에 대한 관심이 증폭되는 이유는 뒤집어 생각을 해보면 그만큼 사람들의 삶이 행복하지 못하기 때문일 것이다. 전 세계적으로 물질적으로는 과거보다 훨씬 더 풍요로워졌는데도 불구하고, 사람들의 삶은 만족스럽지 못하다는 지적이 지배적이다. 우리나라의 경우가 그 대표적인 사례다. 50년 전에는 배를 굶주려야 할 만큼 가난했던 나라가 이제 먹다 남은 음식물이 산처럼 쌓일 만큼 잘살게 되었다. 우리나라에서 불고 있는 다이어트 열풍은 거의 세계 최고수준이다. 한국도 이제 경제적으로 풍요로운 나라가 됐다.

그러나 사람들의 얼굴에 웃음이 없다. 사람들의 마음속에 많은 상처가 있다. 말이 과거보다 훨씬 더 거칠어졌고, 폭력성이 급격히 증가하고 있다. 사람들이 좋은 차를 타고, 좋은 옷을 입고, 좋은 집에 살고 있지만 마음의 풍요는 없는 것이다. 이러한 모순적인 상황 때문에 사람들이 도대체 왜 사느냐? 무엇 때문에 사느냐에 대해서 진지하게 고민하고 있다. 그동안 살아온 삶이 과연 바람직한 것인지 반성하고 되돌아보는 움직임이 폭넓게 확산되고 있다.

이러한 움직임에 UN과 같은 국제기구도 동참하고 있다. UN은 국가 발전의 정도를 경제지표 중심으로 측정하는 전통적인 방식은 문제가 있다고 지적하면서 이를 보완하는 지표를 개발하도록 회원국에게 권고하고, 2012년부터는 회원국의 행복도 순위를 다양한 측면에서 평가해서 발표하고 있다. 경제선진국 클럽이라고 하는 OECD도 단순한 경제지표가 아닌 삶의 질을 나타내는 지표를 개발해서 매년 순위를 발표하고 있다. 이러한 국제기구의 평가결과는 회원국에게 자극제가 되고 있으며 각국 정부가 정책을 설계하는 데 중요한 기초자료로 활용되고 있다.

행복한 나라에 대한 동경

■ 2003년 덴마크의 오덴세에서 6개월을 보냈다. 동화작가 안데르센의 나라로 알려진 덴마크에 도착해서 처음 1~2개월간은 적응하는 데 많은 어려움을 겪었다. 날씨 때문이었다. 필자가 도착한 때가 1월이었는데 거의 매일 흐리고, 바람 불고, 비나 눈이 오는 궂은 날씨였다. 한 마디로 매우 서글픈 날씨였다. 어쨌든 날씨 때문에 덴마크에 온 것을 매우 후회했고, 짐을 싸고 다른 나라로 갈까 하는 생각도 했었다. 덴마크의 노인자살률이 높다고 들었는데 나는 그 이유를 충분히 이해할 수 있게 됐다. 바로 인접한 스웨덴은 더 악조건이다. 이러한 서글프고 우울하게 만드는 날씨가 10월에서 다음 해 4월까지 이어진다. 날씨만 보면 이 나라 사람들은 불행할 수밖에 없는 구조다.

3월이 되자 필자가 연구년을 보내게 된 남덴마크 대학교가 개학을 하게 됐다. 주말을 제외하고는 매일 학교로 출근을 했다. 학생들, 교수들과 어울리기 시작했고, 점차 학교 밖의 사람들과 교류하기 시작했다. 시간이 지나면서 날씨 때문에 못 살겠다고 하던 생각이 어느 순간엔가 사라지고, 이 나라의 매력에 빠져버렸다. 덴마크가 나에게는 너무 매력적인 나라여서 2003년 연구년을 마치고 난 이후에도 시간이 나면 이 나라를 방문했다. 특히, 2014년에는 6개월간의 연구년을 얻어 다시 이 작은 인어공주의 나라를 찾았다.

나는 이 나라에 살면서 가끔 '이상한 나라의 엘리스'가 된 것 같은 착각을 할 때가 많았다. 2003년 5월쯤으로 기억된다. 오덴세가 속해있는 핀(Fyn)섬의 도지사를 만났다. 강력한 권한을 가진 권력자라고 해서 만났더니 첫인상이 우리나라로 비유하면 편안한 동네 아저씨 이미지였다. 필자가 대화하는 데 어떤 망설임도 갖지 않도록 만드는 정말 편한 모습이었다. 그는 비서들이 미리 준비해 놓은 커피포트를 들어서 나에게 커피를 직접 따라주고, 비닐 랩에 싸여 있는 작은 케이크를 꺼내서 필자에게 권했다. 옆에 부지사가 있었는데 그에게도 커피를 따라주는 것이었다. 놀랍게도 이 부지사는 자신의 직속상사가 커피를 따라주는데도 팔짱을 끼고 미소만 짓고 있었다.

나는 지난 10여 년 사이에 이 나라의 권력자들을 많이 만났는데 거의 예외 없이 표정이 너무 온화하고, 인자한 모습이었다. 2014년에는 현직 수상과 국회의장을 만났는데, 앞에서 얘기한 도지사의 모습과 전혀 다르지 않았다. 당연히 일반 사람들이 권력자를 만날 때 두렵거나, 긴장하거나 머뭇거리지 않는다. 현직 총리와 스스럼없이 악수를 하고, 포옹을 한다. 경호원도 전혀 관여하지 않는다. 일반 국민과 정치인의 거리가 아주 가까울 수밖에 없는 근본적인 이유이다.

다시 도지사의 얘기로 돌아가 본다. 도지사와 이런저런 얘기를 나눴다. 그는 40대 후반이나 50대 초반으로 되어 보이는 남성이었는데, 초등학교에 다니는 딸을 두고 있어 매일 오후에 딸을 집에 데려가기 위해서 학교에 간다는 것이다. 오전에는 아내가 데려다 주고 오후에는 자신이 그 역할을 한다는 것이다. 자녀를 집에 데려가기 위해서는 도지사도 매일 정확히 같은 시간에 퇴근을 해야 한다는 의미이다. 도지사에게 물으니 그도 다른 직원과 동일하게 매일 오후 4시면 퇴근한다는 것이다. 필자가 지적하려고 하는 것은 도지사가 자녀를 데리러 학교에 간다는 사실과, 도지사도 정확히 4시면 퇴근한다는 사실이다. 또 다른 충격적인 모습은 도지사, 부지사, 지사실에 근무하는 비서들이 서로 이름을 부른다는 사실이다.

필자가 덴마크에 대해서 인상적으로 생각한 또 다른 스토리는 자유다. 이 나라는 사람들을 가두지 않는다. 가능한 규제하지 않는다. 일부 해변가에 가보면 여성들이 그냥 옷을 모두 벗고 수영을 한다. 언젠가 오덴세 시청의 문화담당 시장을 만나러 갔는데, 이 시장의 여비서는 머리에 세 가지 색깔로 염색을 한 사람이었다.

학교에서는 학생들을 이런저런 규칙으로 가두지 않는다. 복장, 머리, 음주, 흡연, 정치적 활동 어떤 것도 규제하지 않는다. 덴마크 고등학교에서는 학생들이 금요일 오후가 되면 학교에서 맥주를 마시며 뮤직 파티를 한다. 교사들도 최대한 재량권을 가지고 학생들을 가르친다. 정부는 최소한의 방향이나 방침만 설정해 주고 이 틀 안에서 얼마든지 교사가 자신의 교육철학을 교실에서 구현할 수 있다.

언젠가 코펜하겐에서 영국으로 가는 비행기 안에서 이 나라 젊은 이와 그의 고등학교 시절에 관해서 얘기를 한 적이 있다. 세계사 얘기가 나왔는데 그가 세계사를 배울 때는 한 학기 동안 교사가 일본에 대해서만 다뤘다는 것이다. 이 수업에서는 비단 일본의 역사뿐 아니라 문화, 예술, 음식 등을 배웠다는 것이다. 그래서 그런지 몰라도 그는 일본에 대해서 비교적 많은 지식을 가지고 있었다.

이렇게 자유가 엄청나게 주어져도 혼란이 없다. 학생들에게 자율을 주어도 이 나라에서는 학교폭력 문제가 없다. 학생들을 철저하게 가두고, 규제하고, 닦달을 해도 연일 문제가 생기는 우리나라의 중, 고등학교와 매우 대조적이다. 공무원이 정치적 의사표현을 하고 정치활동을 해도 사회적으로 이와 관련한 혼란과 다툼이 없다. 덴마크에는 도대체가 다툼이 없다. 길거리든, 직장이든, 국회든 마찬가지다. 매우 평화롭다.

필자가 덴마크에 대해서 지적하고 싶은 다른 얘기는 사람을 귀하게 여긴다는 것이다. 덴마크는 사람들을 지극히 잘 보호하고, 지켜준다. 사람들이 다칠까, 상처받지 않을까 노심초사하는 나라이다. 학교의 경우, 아이들에게 체벌을 가하는 것은 물론 금지되어 있고, 심지어 교사가 소리도 지르지 못하게 한다. 심리적으로 상처를 입는다는 것이다.

교육에서 강조되는 것은 격려이고 자극이다. 당연히 학생들은 당당하고, 자신감이 있다. 대학의 경우 학생이 교수에게 얽매이지 않도록 하기 위해서 시험지 채점을 복수로 하도록 하고 있다. 비슷한 원리가 직장, 군대, 교도소 등 사회 전 분야에서 적용되고 있다.

덴마크 사람들의 삶의 모습을 보면서 나는 동화 속의 나라를 생각하게 되었다. 현실에서는 존재할 것 같지 않은 나라처럼 여겨졌다. 상당히 인상적이었고 충격적이었다. 후에 알게 된 사실이지만 덴마크는 국제기관들이 평가하는 행복도 평가에서 1등을 하는 단골국가이다. 나는 충분히 일리가 있다고 생각하게 되었다.

덴마크에서의 경험은 나로 하여금 어떤 삶이 좋은 삶이냐에 대해서 관심을 갖게 했다. 필자는 박사 학위를 위해서 미국에서 거의 8년간 살았지만, 이 나라는 부유하고 강한 국가라는 인식은 있어도 행복한 사회라는 생각은 해보지 못했다. 무엇보다 심각한 범죄와 사회적 갈등 때문이다.

덴마크에서 돌아온 이후, 행복에 관한 문헌이나 논문들을 읽기 시작했고 행복도가 높은 나라들을 찾아다녔다. 필자의 관심은 행복한 사회는 어떤 특징이 있을까를 찾아보는 것이었다. 행복이란 매우 주관적이고 추상적인 것이어서 국가별 행복도의 순위를 객관적으로 측정하기는 사실상 불가능하다. 그럼에도 불구하고, 세계의 많은 기관이 국가별 행복도를 측정해서 발표하고 있다. 그 결과를 보면 어떤 잣대를 가지고 평가하느냐에 따라서 순위가 조금씩 달라진다.

이러한 차이가 있음에도 불구하고, 행복도 평가에서 상위그룹에 속하는 단골국가들이 있다. 북유럽 국가들이 그 대표적인 예다. 부유하면서 행복한 나라들이다. 이 그룹에 스위스, 호주, 캐나다, 뉴질랜드도 포함된다. 경제적으로 열악한 나라들 중에도 행복도가 높은 나라들이 있다. 대표적으로 중남미 국가들이 그렇다. 우리나라보다도 훨씬 1인당 국민소득이 낮은 나라들이지만, 매우 행복하게 사는 나라들이다.

나는 이처럼 행복도가 높은 국가는 어떤 사회일까 궁금해서 찾아다녔다. 그 공통점을 찾기 위해서였다. 이 중에서도 특히 관심을 갖고 들여다본 나라가 덴마크, 코스타리카, 부탄이었다. 덴마크는 부유한 나라를 대표해서 선정을 했고, 코스타리카나 부탄은 경제적으

로 낙후했지만 행복하게 사는 국가여서 선정을 했다. 참고로 부탄
은 국민의 행복이 국가 발전의 정도를 측정하는 지표가 되어야 한
다고 하는 사실을 세계에 확산시킨 국가이다. 많은 나라가 이에 영
향을 받았고, UN도 부탄의 권고를 받아들여 회원국의 행복도를
매년 평가해서 발표하고 있다.

동화 같은 행복 국가 들여다보기

■ 소위 행복도가 높다는 나라들은 다음과 같은 몇 가지 공통점이 있다. 필자가 발품을 팔아서 얻은 결론이다. 첫째는 사람들의 표정이 밝다는 것이다. 행복선도 국가들을 여행해보면 사람들의 얼굴에 구김살이 없고 어두운 그늘이 보이지 않는다. 걱정하는 모습, 불안한 모습, 상처받은 모습, 시달리고 지친 모습을 볼 수 없다. 덴마크의 경우 길거리에서 일상적으로 접하는 버스 기사의 얼굴에 온화한 미소가 있다. 권력을 가진 높은 사람들도 인자한 미소를 짓는다. 예를 들면 총리나 장관, 검찰 간부들이 정말 동네 아저씨 같은 편안한 인상의 소유자들이다. 이들의 모습 어디에서도 위엄, 근엄함, 위압적인 모습을 읽을 수 없다. 투사의 얼굴을 할 것 같은 노조 지도자들도 정말 온화한 얼굴을 하고 있다. 필자가 만났던 블루칼라 노조 간부는 우리나라 천주교 신부들의 온화한 얼굴을 가지고 있었다. 사실 표정으로만 보면 코스타리카 같은 중남미 국가들이 더 밝은 얼굴을 가지고 있다. 세상 걱정 전혀 없어 보이는 모습이다. 필자가 관심을 두는 것은 무엇이 이들의 표정을 이렇게 만들었는가 하는 것이다.

둘째는 사람들 간의 관계성이 매우 긍정적이라는 것이다. 사람들이 서로 다투고, 시기하고, 미워하지 않는다. 사회가 매우 조용하고, 평화스럽다. 행복한 사회의 가장 두드러진 요인이다. 코스타리카는 세계적으로 긍정성(positivity)의 나라로 널리 알려져 있다. 긍정성이란 낙천적이며, 늘 감사하게 생각하고, 다른 사람을 존중하고, 사랑한다는 의미이다. 이 나라 교회에 가보면 그 단면을 엿볼 수 있다. 어느 나라든 교회는 대부분 따뜻한 곳이기는 하지만 코스타리카는 좀 유별나다. 이 나라 교인들은 예배당에 들어오면 서로 포옹을 하고 볼에 뺨을 대고 어깨를 두드려 주고 악수를 한다. 그런데 그 모습이 의례적이지 않고 너무나도 따뜻한 모습이다. 필자의 뇌리에 너무 강하게 나가왔다. 목사가 교인을 대하는 모습도 전혀 다르지 않다. 개인적으로 놀랐던 사실은 교인들 중에는 필자와 같이 낯선 사람에게도 다가와 머뭇거리지 않고 포옹을 하고 볼에 뺨을 대는 사람들이 있었다는 점이다. 교인들 간에 사랑이 있다는 사실을 확연히 느낄 수 있다. 흔히 교회에서 교인들을 형제자매라고 부른다. 이 나라 교회는 정말 형제자매 같은 느낌을 갖게 만든다.

이 나라에서는 타인에게 언성을 높이는 것을 매우 금기시한다. 코스타리카 사람들은 화가 나면 오히려 소리를 낮춘다는 것이다. 직장 상사도 부하 직원에게 고함을 지르지 않는다. 이 나라 사람들을 만나보면 평생 직장 상사가 소리치며 야단하는 모습을 보지 못했다는 사람들이 많다. 다른 사람을 비난하거나 맞서는 것도 꺼린다. 또한, 직설적으로 표현하는 것도 매우 꺼린다. "당신 틀렸어.", "당신 왜 그래.", "당신 나빠."와 같은 말은 좀처럼 하지 않는다. 코스타리카를 지배하는 가치가 자연, 평화인데 이러한 가치를 신봉하는 사람들이 타인을 미워하지 않고, 사이좋게 더불어 살아야 한다는 생각을 갖는 것은 어쩌면 자연스러운 일인지 모르겠다.

덴마크는 상호공존의 규범이 매우 강하게 뿌리내린 나라이다. 서로 더불어 살아야 한다는 생각이 강하다. 따라서 사회 전반적으로 협력이 잘 되고 합의가 잘 이루어진다. 협력이 잘 되기 때문에 우리가 상상할 수 없는 일들이 이 나라에서는 발생한다. 덴마크 대학에서는 교수들이 연구실에 프린터를 개별적으로 소유하지 않고 공유해서 쓴다. 아파트에서는 세탁기를 공동으로 사용한다. 그래도 서로가 먼저 사용하겠다고 다투지 않는다. 기업이 절대 과당경쟁을 하지 않는다. 자신만 살겠다고 하는 생각이 없기 때문이다. 이 나라는 협력해야 한다는 생각과 협력하면 도움이 된다는 생각이 확고하여 '함께 만들어 가는 세상'을 가장 잘 구현하는 나라이다. 이러한 사회에 시기심, 증오, 미움의 마음이 들어설 공간은 매우 협소하다.

부탄의 경우도 마찬가지이다. 부탄 사람들은 살아 있는 동안 적선(積善)을 해야 한다고 굳게 믿고 있다. 악행을 하면 사후에 지옥에 간다는 생각이 철저하다. 부탄 사람들은 철저하게 불교의 가르침을 믿고, 실천하고 있다. 불교의 가르침대로 다른 사람을 위해서 기도하고, 어려운 사람을 돕고, 타인의 잘못이나 실수에 대해서 매우 관대하다. 시기하거나 미워하면 큰 벌을 받는 것으로 믿고 있다. 특히, 화를 내거나 분노를 드러내는 것을 매우 금기시하고 있다. 당연히 사람들 간의 다툼이나 폭력이 거의 존재하지 않는다.

셋째, 행복도가 높은 나라들은 공통적으로 사람들에게 최대한 자신을 표현하도록 돕는다. 사람은 최대한 자신의 감정을 표현할 수 있고, 자신의 생각을 자유롭게 드러낼 수 있고, 자신이 원하는 삶을 살 수 있을 때 행복을 경험하게 된다. 행복도가 높은 나라들은 공통적으로 인간의 이러한 욕구가 비교적 높게 충족되고 있는 나라들이다. 특히, 부유하면서도 행복도가 높은 나라들이 더욱 그렇다.

앞에서 지적한 바와 같이 덴마크는 사람들에게 최대한 자신을 표현할 수 있도록 지원하고 격려하는 사회다. 가정의 경우, 아이들이 중학교에 다닐 정도만 되면 부모가 잔소리를 거의 하지 않는다. "공부해라.", "게임 좀 그만해라.", "일찍 들어와라."와 같은 잔소리가 없다. 고등학교 정도 되면 술, 담배에 대해서도 꾸짖거나 야단치지 않는다. 이보다는 우회적으로 권면하는 정도이다.

학교도 학생들에게 최대한 자율을 허락한다. 스스로 생각하고, 판단하도록 유도한다. 세상에서 학생들이 가장 자유를 누리는 나라가 덴마크일 것이다. 직장도 마찬가지다. 직원들이 가능한 자신의 특성을 살려 일을 할 수 있도록 최대한 자율권을 준다. 예를 들면, 출·퇴근을 스스로 조절할 수 있도록 하고, 업무처리방식을 스스로 결정할 수 있도록 권한을 부여한다. 업무를 수행하는 데 있어 최대한 자신의 색깔을 드러낼 수 있는 것이다. 한마디로 덴마크의 직장은 직원들을 우리에 가두지 않고 풀어놓는다.

코스타리카도 사정은 비슷하다. 이 나라 사람들은 자신의 감정과 생각을 드러내는데 '전혀' 머뭇거리지 않는다. 코스타리카 사람들은 다양한 감정의 색깔을 가지고 있다. 감정의 스펙트럼이 넓다는 의미다. 어릴 때부터 감정을 자유롭게 표현할 수 있기 때문에 나타난 결과이다. 자신의 의사와 생각을 드러내는 것도 그렇다. 코스타리카 사람들은 누구 앞에서도 자신의 생각을 당당히 표현한다. 학생이 교수 앞에서 직원이 상사 앞에서 전혀 주눅 들지 않고 얘기한다. 도대체가 두려움이 없다는 것이다. 이 나라에 있는 우리나라 기업인들이 초창기 충격을 받았던 이유가 바로 이것 때문이었다는 것이다. 공무원들의 경우는 자신의 정치적 의사를 자유롭게 표현할 수 있다. 예를 들면 공무원도 정당에 가입할 수 있고 후원금을 낼 수 있고 선거 기간 중 유세에도 참여할 수 있다. 다만 근무시간에만 이것이 제한된다.

코스타리카는 사람들을 억압하기보다는 풀어주어서 자신의 생각과 감정을 최대한 표현하도록 하는 사회다. 사람들이 당당하고 표정이 살아있는 이유는 이와 필히 연관이 있다고 생각한다.

넷째, 격차가 적은 사회라는 사실이다. 행복도가 높은 나라는 대체로 평등성을 강조하는 사회다. 스칸디나비아 국가는 가장 대표적인 예다. 격차가 적은 사회, 환언하면 평등성이 높은 사회는 사람들 간의 심리적 거리감을 좁힐 수 있다. 평등성은 사람들 간의 관계성을 촉진시키는 매우 중요한 요인이다. 덴마크의 경우, 사회 전반적으로 계급이나 지위 개념이 거의 사라졌다. 누가 높고 낮은지를 알 수 없다. 대학에서 누가 정교수이고, 누가 시간강사이고, 누가 직원인지, 누가 박사 과정 학생인지 전혀 알 수가 없다. 호칭에서, 걷는 모습에서, 인사하는 행태에서 말이다. 사무실도 여유가 있으면 교수는 물론이고 직원, 박사과정 학생에게도 독립적인 사무실을 제공한다. 직장도 마찬가지다.

교회도 그렇다. 교회에서 누구든 이름으로 통한다. 목사나 목사의 배우자에게도 이름을 부른다. 코스타리카와 같은 저개발 국가의 경우도 목사와 교인의 관계는 완전히 수평적이다. 이들이 어울리는 모습 속에서 누가 목사이고 누가 교인인지 구분하기 어렵다. 양자가 친구 관계이다. 교인들에게 "아멘.", "아멘." 하라고 야단을 치고, 왜 받아 적지 않느냐, 왜 주일 성수를 하지 않느냐 호통을 치는 문화에서 자란 사람의 입장에서는 목사의 이름을 부르고, 목사 부인의 이름을 부른다는 게 처음에는 사실 어색했다. 일단 익숙해지면 매우 편리하다고 느끼게 된다. 무엇보다 사람들이 잘 어울릴 수 있고, 가까워질 수 있기 때문이다. 계급이나 직위는 벽을 만들고, 이는 사람들 간의 관계성을 저해하는 걸림돌이 된다.

빈부 격차도 그렇다. 덴마크는 세계에서 가장 소득격차가 적은 나라이다. 코스타리카는 저개발 국가여서 덴마크와 비교할 수 없는 나라이지만, 저개발 국가 중에서는 상대적으로 사회안전망을 잘 갖추고 있다. 교육과 의료가 무상이고, 동일 노동, 동일 임금을 통해서 정규직과 비정규직의 임금격차를 줄이고, 노후 보장을 위한 연금 제도를 이미 오래전에 시행하고 있다. 부탄과 같은 최빈국도 기본적으로 무상교육과 무상의료 시스템을 가지고 있다.

빈부 격차가 크면 사회 전반적으로 위화감이 조성될 수 있고 이는 사회불안과 갈등으로 이어진다. 경제적 격차는 범죄를 유발하는 가장 주된 요인이다. 미국은 그 대표적인 국가이다. OECD 국가 중 양극화가 가장 심한 나라가 미국인데 그 결과 범죄 발생률도 세계 1위이다.

빈부 격차가 적은 사회는 사람들이 서로 비슷하게 살기 때문에 다른 사람을 시기하거나 시샘을 할 필요가 없다. 이보다는 오히려 서로가 쉽게 다가갈 수 있고, 작은 실수가 있어도 관대할 수 있다. 평등성은 타인에 대한 마음을 열게 하는 매우 중요한 요인이다.

다섯째, 행복한 나라들은 일과 삶의 조화를 중시한다는 사실이다. 사람들이 삶에서 여유를 가지려 하고, 무엇보다 즐겁게 살려고 한다. 덴마크 사람들은 대부분 오후 3~5시에는 퇴근한다. 도지사도 그렇고, 장관도 그렇고, 기업의 CEO도 그렇다. 총리도 마찬가지다. 휴가도 보통 일 년에 6~8주를 모두 사용한다. 퇴근 후에는 잔디도 깎고, 페인트도 칠하고, 목공예도 하고, 아이들과 애완견을 데리고 공원을 걷는다. 저녁 식사는 가족이 함께하는 매우 중요한 이벤트다. 아무리 높은 지위에 있는 사람도 가족과 같이 식사를 하는 것을 불문율로 삼고 있다. 사적인 삶도 일만큼 중요하다고 생각한다. 이러한 모습은 서양사회의 일반적 현상인데, 북유럽 국가들에서 더욱 두드러진다. 참고로 덴마크는 OECD가 평가하는 행복도 조사에서 일과 삶의 조화(work-life balance)가 가장 잘 구현되는 나라로 평가받고 있다.[1]

코스타리카는 아직도 토요일까지 일을 하는 나라이다. 하지만 일 이외의 개인적인 삶도 매우 중시하는 나라다. 남미 사람들이 대부분 그렇듯 인생을 즐겁고 느긋하게 살려고 하는 민족이 코스타리카 사람들이다. 이 나라에 있는 한국 기업인들에 따르면 코스타리카에서는 퇴근은 정확하지만 출근은 그렇지 못하다는 것이다. 무슨 말인가 물었더니, 출근할 때는 정확히 시간을 지키는 사람이 많지 않

---

1   OECD, The Better Life Index, 2017, 인터넷 자료

은 데 비해서 퇴근은 누구든 정확히 지킨다는 것이다. 우리와는 정반대로 출근 시간에는 대체로 늦는 경우가 많은데, 퇴근은 15~30분 전부터 준비를 철저히 해놓고, 시간이 되면 총알처럼 나가버리는 것이다.

이런 문화에서는 퇴근 시간이 지나서 상사가 직원에게 업무 지시를 내리는 경우는 상상을 하지 못한다. 주말에 상사가 업무관계로 연락하는 경우는 더욱 상상하기 어렵다. 주한 코스타리카 총영사를 지낸 로페즈 씨는 상사가 주말에 전화하는 일이란 발생하지도 않겠지만, 설령 전화를 하더라도 받지 않을 것이고 그런 일은 "용서하지 않을 것(do not allow)"이라고 힘주어 얘기했다. 그는 주말에는 직장의 일로부터 완전히 분리되고, 차단되고 싶다(dis attached)고 강하게 주장했다.

코스타리카 사람들에게서 오늘 못하는 일은 내일 하고, 이번 주 못하면 다음 주에 하면 된다는 얘기를 흔히 듣는다. 이 나라에서는 사람들을 몰아붙이지 않는다. 이것이 이 나라의 문화이고, 정서다. 일도 중요하지만 삶도 중요하다는 것이다. 코스타리카 사람들은 일을 열심히 하고, 그래서 돈을 많이 벌고, 높은 지위에 올라가려고 발버둥 치지 않는다. 물질주의가 낮은 나라이다. 덴마크나 부탄도 그렇다. 행복도가 높은 사회의 특징이다.

코스타리카 사람들은 가족과 함께하고 이웃과 어울려서 바비큐를 하고, 맥주를 마시고, 축구 경기가 있으면 구경하는 것을 좋아한다. 평일 날 저녁 동네를 돌아다니다 보면 사람들이 작은 회관에 모여 춤을 즐기는 모습을 쉽게 볼 수 있다. 매주 금요일 오후는 많은 사람이 술집이나 디스코텍 같은 곳에서 밤새 춤을 추며 즐긴다. 결혼식도 너무 즐겁게 보낸다. 음식과 술과 노래와 춤이 있다. 어떤 결혼식은 며칠씩도 계속된다. 내일에 대해서 걱정하지 않는 민족이다. 얼굴을 보면 쉽게 읽을 수 있다. 이 나라의 키워드는 경쟁, 효율, 생산성이 아니다. 자연, 평화, 사랑과 같은 단어가 중요하다.

한국인의 삶

■ 앞에서 행복한 나라들을 들여다봤는데, 이에 비추어 우리 사회를 돌아보면 대부분 그와 반대편에 있는 경우가 많다. 표정이 밝지 못하고 다툼이 많으며 자신을 잘 드러내지 못한다. 잘사는 사람은 돈이 많아 고민을 하고, 못사는 사람은 가난에 시달리고 심지어 가족이 동반 자살하는 경우조차 심심찮게 발생한다. K-POP과 첨단기술의 나라에서 상상하기 어려운 얘기다. 대한민국은 두 얼굴을 가지고 있다. 성형과 다이어트 열풍이 세계 최고 수준인데 다른 한편에서는 배를 굶는 사람, 고령의 노인들이 리어카를 끌고 폐지를 줍는 서글픈 장면도 흔히 목격할 수 있다. 특히 허리가 잔뜩 굽은 고령의 노인이 폐지를 주우러 힘겹게 리어카를 끄는 모습은 이 나라가 정말 G20 국가 맞나 하는 생각이 들게 한다. 직장인들은 일에 매몰되어 가족과 함께 즐기는 삶을 갖지 못한다. 세계적으로 일 때문에 가장 쫓기는 삶을 사는 나라가 대한민국이다. 한국 사람들은 살기 위해서 일을 하기보다는 일하기 위해서 사는 것처럼 보인다.

국제기관들이 평가하는 한국의 행복도 순위를 보면 대체로 60등 전후 정도 된다. "어제 얼마나 웃었나? 얼마나 존중받았나?" 하는 질문에서는 122등까지 밀리기도 한다. 우리 삶의 현주소를 보면 어느 정도 일리가 있는 순위라고 생각한다. 언제부터인가 한국 사회에서 "헬 조선"이라는 말이 회자되고 있다. 자조 섞인 말이지만 민초들이 살아가기 힘들기 때문에 등장한 단어이다. 필자는 특히 젊은이들 사이에 확산되고 있는 이와 같은 아우성과 절규에 대해서 공감하고 있다. 이러한 외침이 이제 거의 임계치에 이르렀다고 생각한다. 계속 방치할 경우, 매우 심각한 사태가 유발될 수 있을 것이라 생각한다.

우리나라는 그동안 지나치게 경제 성장에 집착해 왔다. 한국의 경제지상주의는 건강한 공동체를 만드는 데 필요한 '필수 비타민의 섭취'를 차단해 버렸다. 예를 들면, 부부가 함께할 수 있는 시간, 부모와 자녀가 함께할 수 있는 시간, 지역사회의 구성원이 함께하며 즐길 수 있는 시간, 타인을 존중하고, 배려하는 마음을 앗아가 버렸다. 국민소득이 증가하면 그에 비례해 사회의 안녕이나 건강성도 같이 증가해야 하는데 그렇지가 못하다. 천박한 경제성장은 인간 삶의 본원적 요인을 부식시킨다. 우리의 경제 시스템은 기계적 경쟁력을 갖도록 하는 데 집중하지, 사회구성원의 삶을 행복하게 하는 데는 철저히 눈을 감아왔다. 이코노미스트 기자였던 다니엘 튜더가 한국 사회를 "기적을 이룬 나라, 기쁨을 잃은 나라"로 비유한 것은 이런 면에서 매우 통찰력이 있다고 생각한다. 이제는 물질의 풍요로움이 어떤 의미가 있는지 되돌아볼 때가 됐다고 생각한다. 왜 잘살려고 하느냐에 대한 성찰이 필요하다는 것이다.

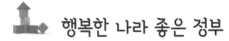# 행복한 나라 좋은 정부

　■　앞에서 행복한 나라의 공통점을 열거했는데, 그러면 이
와 같은 행복으로의 물꼬를 돌리는 요인은 무엇일까? 필자의 결론은
'좋은 정부'다. 세계적으로 행복도가 높은 나라들은 필히 질 높은 정
부가 뒤에 버티고 있다. 특히 부유하면서 행복도가 높은 나라들이
그렇다. 필자가 관심을 갖고 있는 부분이다. 나는 개인적으로 좋은
정부는 행복한 나라를 만들기 위한 필수적인 요건이라고 생각한다.
　국가의 행복을 좌우하는 것으로 역사적 요인, 사회문화적 요인,
지정학적 요인, 자연적 조건 등을 들 수 있다. 이들보다 훨씬 더 중
요한 것이 정부요인이다. 이스라엘은 역사적으로 많은 고난과 역경
을 겪었고 지금도 끊임없는 안보위협을 겪고 있지만, 행복도 조사를
하면 늘 상위권에 속한다. 이스라엘은 유엔의 행복도 평가에서 줄
곧 11등을 차지한 나라다.[2] 대한민국도 이스라엘과 비슷한 상황이
다. 그러나 국가 행복도는 60위 수준이다. 나는 이러한 차이는 정
부요인에서 비롯된다고 보는 것이다. 중남미에서 유독 주목받는 행
복한 국가 코스타리카도 마찬가지다. 지역의 다른 국가들에 비해
역사적으로나 사회문화적으로나 큰 차이가 없는데도 불구하고 유
독 행복도가 높은 이유는 좋은 정부를 가지고 있기 때문이다.

2　OECD, The Better Life Index. 2017. 인터넷 자료

어느 사회든 정부는 그 사회의 지휘부 역할을 하고, 두뇌 역할을 한다. 지휘부가 어떻게 생각하고 판단하느냐에 따라서 사회의 성격이 현격히 달라진다. 좀 더 구체적으로 살펴보자. 정부는 법과 제도를 만든다. 이는 일종의 사회를 지배하는 룰이다. 그런데 어떤 룰이 지배하느냐에 따라서 사회의 풍속도가 확연히 달라진다. 예를 들어 덴마크나 코스타리카 등에서는 동일노동에 대해서는 동일임금을 지급해야 한다고 규정하고 있다. 또한, 누구든 최소한의 인간다운 삶을 보장할 수 있도록 최저임금을 규정하고, 이를 위반하는 업주에 대해서는 강력하게 제재한다. 근로자에게 차일피일 임금지급을 미루는 업주도 마찬가지로 강력하게 규제한다. 이러한 정책수단을 통해서 경제적 격차를 줄이고 평등성을 높이려 노력하고 있다. 사실 이러한 사회에서는 비정규직의 애환과 고통, 임금을 떼인 노동자의 아픔과 같은 현상을 찾아보기 어렵다. 이에 비해 우리나라의 경우는 이러한 고통을 가진 사람이 너무나 많다. 이러한 차이는 정부요인 때문에 발생하는 현상이다.

교육의 경우도 그렇다. 행복한 사회의 경우를 보면 학생들에게 자신이 누구인지 정체성을 확인하도록 유도한다. 학생들의 소질, 강점, 장점을 찾고 드러내도록 돕는다. 그 결과 누구든 학교에 다니면서 자신의 존재감을 확인하도록 만든다. 이와 더불어 공동체를 살아가는 데 필요한 덕목을 가르친다. 이에 비해 우리의 교육제도는 학생들이 자신의 모습대로 살아가게 하기보다는 타인의 얼굴을 하고 살아가도록 만들고, 성적이 낮은 학생들에게는 주눅 들게 만들고, 자신은 못난 사람이라고 생각하게 만든다. 그 결과 인생을 살아가는 데 필요한 도전, 용기, 당당함을 앗아가 버린다. 또한, 학교가 경쟁에서 이기는 것을 가르치지 타인과 더불어 살아가는 원리를 가르치는 데 '인색'하다. 학교가 행복한 사회를 만드는 씨앗이 되지 못하고 있다.

또 다른 예를 들자면, 한국의 정치제도는 근원적으로 다툼을 유발하는 구조를 가지고 있다. 우리 사회가 분열적이고, 대립적이고, 갈등에 휩싸인 이유는 거슬러 올라가면 정치제도 때문이다. 이에 비해 행복 선도 국가들의 정치제도는 사회구성원들이 서로 대화하고 타협하도록 만들고 있다. 북유럽 국가들은 그 대표적인 예다. 덴마크의 경우 정치 시스템이 정파 간에 대립하기보다는 대화를 통해서 합의하도록 만들고 있다. 정치인들이 대화와 타협을 중시하다 보니까, 사회의 다른 분야도 그대로 따라 하고 있다. 어느 분야든 매우 평화스럽고 조화롭다. 대학의 예를 들면 심각한 다툼이나 갈등이 거의 없다. 파행이나 파국은 매우 이례적이다. 논의 과정에서는 찬반 의견이 강하게 주장되지만 마지막 단계에서는 의견이 조율되어서 합의가 이루어진다. 덴마크는 합의에 기반한 나라다.

이에 비해 우리나라 대학사회를 보면 구성원 간의 다툼이 너무 심하다. 총장선거, 교수채용, 학위논문 심사 등과 관련해서 다툼이 빈번하게 발생한다. 문제는 다툼이 대화로 해결되기보다는 파국으로 이어진다는 것이다. 총장실이 점거되고 폭력이 수반되며 고소·고발로 이어진다. 이 글을 쓰고 있는 이 순간에도 서울의 어느 신학대학원 총장실이 학생들에 의해 점거되고 있다. 우리 사회에서 가장 많이 배웠다는 사람들의 행위이다. 문제는 사회 어느 분야든 상황이 비슷하다는 것이다. 심지어 교회에서도 다툼이 빈번하다.

나는 우리 사회의 이러한 갈등과 다툼은 근원적으로 정부에 영향을 받은 바 크다고 생각한다. 앞에서 지적했듯이 우리의 정치제도는 근원적으로 다툼을 유발하는 구조를 가지고 있다. 상대를 미워하고 약점을 들추어내고 넘어지게 만드는 구조를 가지고 있다. 또한, 부정과 비리를 유발할 수밖에 없는 구조를 가지고 있다.

우리는 좋은 정부를 가지고 있지 못하다. 필자가 의미하는 좋은 정부란 국민의 먹고 사는 문제를 해결할 뿐 아니라, 사회구성원이 평화롭게 공존할 수 있는 틀을 만들고 사람들이 최대한 자신을 표현하고 존재감을 가지고 살 수 있도록 하는 정부를 의미한다. 이어지는 얘기는 이와 같은 필자의 생각을 좀 더 구체화시킨 것이다.

참고로 좋은 정부를 논하는 데 있어 필자는 덴마크 정부를 하나의 준거 모델로 삼고 있다. 덴마크는 면적도 작고 인구도 작은 나라지만 여러 가지 우리에게 많은 교훈을 주는 나라이기 때문이다. 덴마크는 유엔의 행복도 평가가 시작된 2012년 이후 1등에 가장 많이 오른 국가이다. 우리나라에서도 이미 널리 알려진 나라이다. 영국에서 발간되는 잡지인 『모노클』의 덴마크 특파원이었던 마이클 부스 기자는 이 작은 인어 공주의 나라를 "거의 완벽한 국가(nearly perfect people)"로 묘사했다.[3] 앞에서 필자가 덴마크에 살면서 종종 '이상한 나라의 엘리스'가 된 것 같은 착각을 할 때가 있었다고 얘기했는데 사실 맥이 통하는 얘기다. 나는 이러한 이상적인 사회를 형성하는 데 결정적

3　Booth, M., 『The Almost Nearly Perfect People 』, Picador, 2014.

인 역할을 한 요인이 정부라고 생각한다. 정부는 어느 나라든 국가를 지배할 게임의 규칙을 만든다. 덴마크는 '좋은 삶', '좋은 사회'를 만드는 데 가장 적합한 시스템을 갖추고 있다고 생각한다.

학자 중에는 덴마크 정부를 거의 완벽에 가까운 정부라고 묘사하고 있다. 미국의 프리체트(Pritchett)와 월콕(Woolcock)은 '좋은 정부'의 가장 완벽한 모델로 덴마크 정부를 들었다.[4] 이들에 따르면 만약 어떤 나라의 정부가 덴마크 정부 수준에 가까워지면 그것은 좋은 정부에 가장 근접한 것이라고 보면 된다고 지적했다. 사실 덴마크 정부의 작동 원리는 고유한 것이 아니다. 매우 유사한 시스템을 가진 나라들이 있다. 덴마크를 제외한 다른 스칸디나비아 국가들이 그렇고 인근의 네덜란드나 스위스도 비슷한 구조를 가지고 있다. 모두 부유하고 행복한 나라들이다. 나는 본받아야 할 국가들이라고 생각한다.

이 중에서 유독 덴마크를 주목한 이유는 국가 행복도 하면 늘 덴마크가 거론되고, 또한 필자가 직접 살아본 경험이 있고 분석을 해보았기 때문이다. 많은 나라들을 돌아다녀 봤지만, 덴마크는 유독 독특했고 기이하기까지 했기 때문이기도 하다. 이어질 논의는 좋은 정부를 만들기 위해서 우리가 고민해야 할 과제를 얘기하는 데, 이 논의에 덴마크 정부의 작동원리를 종종 인용하려고 한다.

---

4 Pritchett, L. and Woolcock, M., "Solutions When the Solution is the Problem: Arraying the Disarray in Development", World Development, 2004, 32: 191–212.

chapter 2
좋은 정부 요건

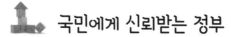

국민에게 신뢰받는 정부

■ 소위 행복하다는 나라들을 돌아다녀 보면 사람들이 대체로 느긋하다. 걱정하는 모습을 볼 수 없다. 기차가 제시간에 오지 않아도, 정차해야 할 역에 서지 않아도 불안하거나 동요하는 모습이 보이지 않는다. 언젠가 코펜하겐에서 기차를 타고 가던 중에 정차해야 할 역에서 서지를 않아서 매우 당황한 적이 있었다. 옆에 있었던 필리핀 여성도 얼굴색이 달라지는 것이었다. 그런데 주변에 있던 이 나라 사람들은 웃으면서 자기들끼리 얘기를 주고받고 있었다. 당황한 표정이 전혀 없었다. 이뿐이 아니다. 자식이 군대에 가든, 교통사고를 당하든, 실직을 당하든 그렇게 걱정하지 않는다. 그 배후에는 정부가 문제를 해결해 주고, 책임진다는 믿음이 있기 때문이다. 행복하면서도 부유한 나라의 경우는 대부분 정부에 대한 국민의 신뢰가 매우 높다. 대표적으로 스칸디나비아 국가들이 그렇다.

우리나라의 경우를 보면 반대의 모습이다. 사람들이 걱정을 많이 한다. 교회에서 기도하는 내용을 자세히 들어보면 이러한 걱정과 근심을 엿볼 수 있다. 예를 들면 건강, 자식, 직장, 사업, 가정에 대한 걱정이다. 행복하다는 나라들의 교회에서는 좀처럼 듣기 어려운 내용이다. 덴마크의 경우, 주로 아프리카나 중동국가에서 고통당하는 사람들을 위한 기도, 전쟁을 종식해 달라는 기도, 테러를 멈추게 해달라는 기도이다. 수능시험을 잘 보게 해달라는 기도, 군대에

간 자식의 안위를 지켜 달라는 기도, 장사가 잘 되게 해달라는 기도는 듣기 어렵다. 부탄도 그렇다. 이 나라는 매우 빈곤한 나라이지만 부탄에서는 주로 다른 사람을 위한 기도, 다음 생을 위한 기도이지 자신의 복을 비는 기원은 없다.

한국인들은 걱정이 많다. 몸이 아파도 걱정, 자식이 군대에 가도 걱정, 자식을 시집보내도 걱정, 시험을 봐도 걱정, 몸이 아파도 걱정이다. 걱정이 태산이다. 미국 텍사스 주에 있는 암 전문병원에서 한국인들을 치료해 본 경험이 있는 세계적인 암 권위자 김의신 박사가 말한 바로는 한국인 환자들은 유독 걱정이 많다고 회고했다. 그에 따르면 이러한 근심과 걱정은 암을 치료하는 데 걸림돌이라고 지적했다.

이러한 근심과 걱정, 불안은 근본적으로 정부에 대한 믿음이 결여되어 있기 때문에 나타나는 현상이다. 정부가 국민을 잘 돌보고 책임진다는 믿음이 없는 것이다. 역사적으로 관은 백성에게 믿음을 주지 못했다. 이보다는 오히려 정부가 국민에게 짐이 되었고, 고통을 주었다. 정부는 가능한 한 가까이할 존재로 인식되지 못한 것이다.

조선조 이래 정부는 국민으로부터 신뢰받지 못했다. 조선 말기 서재필 박사는 당시 관에서 아무리 방을 써 붙여도 백성들이 믿지 않는다고 한탄했다. 100년이 훨씬 지난 지금도 상황은 별로 변하지 않았다. 사람들이 도대체가 정부를 믿지 않는다. 메르스 사태가 발생했을 때 영남지역의 유력 일간지는 '따라 하지 않아야 산다'는 사설을 게재 했다.[5] 메르스가 발병했을 때 정부의 대응을 보고는 정부의 말을 안 듣고, 시키는 대로 따라 하지 않는 것이 상책이라는 것을 국민이 너무 잘 알게 됐다는 것이다. 위기 시에 정부만 믿으면 된다는 생각이 없다. 언젠가 전쟁이 날 것이라는 어느 선교사의 예언을 믿고 수백 명이 해외로 피신하는 해프닝이 있었다. 근본적으로 정부에 대한 믿음이 결여되어 있기 때문에 발생하는 것이다. 전쟁이 나면 목숨 걸고 싸울 생각을 하지 않고, 도망갈 생각을 하는 것은 근본적으로 민중들의 잘못이 아니고 그렇게 만든 정부 탓이다.

정부에 대한 신뢰가 부족하다는 근거는 극단적인 조세저항에서도 드러난다. 우리나라의 유효 개인 소득세율은 OECD 국가 중에서도 낮은 수준이다. 스칸디나비아 국가들의 절반도 되지 않는다. 이렇게 낮은 세금에도 불구하고, 세금을 회피하려는 노력은 OECD뿐 아니라 전 세계적으로 봐도 최상위권이다. 아주 오래전부터 우리는 무엇인가 숨기고, 감추려 했다. 과거에는 땅속에도 묻고, 산속에도 숨기고, 뒤주에도 감추고 했다. 그런데 전자금융이 일상화된 요즈음에도 돈을 쌀독에 숨기고, 화장실에 감추고, 그림 뒤에 숨기는 사람들이 있다. 눈물겨운 저항이다. 이렇게 숨기는 이유는 관에 빼앗기지 않기 위해서 시작된 것이다.

재미있는 사실은 세금 내라고 강요하지 않는 교회에는 헌금이 넘쳐 난다. 대형 교회의 경우 엄청난 헌금이 모인다. 돈이 흘러넘쳐 수백억을 들여 호화스러운 교회건물을 짓고, 대기업 사장 못지않은

---

5   매일신문, 2015.6.17

급여가 담임목사에게 지급된다. 유럽의 교회는 헌금이 부족해서 난리다. 그러면 정부가 공권력을 동원해서 세금을 내라고 으름장을 놓아도 필사적으로 조세저항을 하는 데 비해서 교회에는 자발적으로 엄청난 헌금을 하는 이유는 무엇이겠는가? 교회에는 마음의 끌림이 있고, 관에 대해서는 없기 때문이다. 세금 내도 아깝지 않다는 생각이 없는 것이다. 반대로 조세부담율이 우리보다 서너 배 높은 북유럽 국가들의 경우, 조세저항도 약하다. 그만큼 정부를 신뢰하기 때문에 나타나는 현상이다.

좋은 정부의 핵심적인 요소는 국민의 신뢰를 확보하는 것이다. 국민이 정부를 믿고 아무 걱정 없이 생업에 종사하고, 삶 속에서 즐거움을 찾도록 만들어야 한다. 공자는 이미 2500년 전 정부의 가장 중요한 기능이 국민의 신뢰를 얻는 것이라고 가르쳤다. 배불리 먹게 하는 것, 나라의 국방을 튼튼히 하는 것보다도 더 중요하다는 것이다. 과거 중국의 모택동이 이끄는 공산당군이 미국의 지지를 받은 거대 장개석 군대를 무너뜨린 근본적인 이유는 민심을 얻었기 때문이다.

국민을 아끼는 정부[1]

■ 정부가 민심을 얻으려면 무엇보다 국민을 소중하게 대하고 잘 보호해야 한다. 행복도가 높은 나라일수록 국민을 귀히 여긴다. 사람들이 상처받지 않을까 다치지 않을까 노심초사한다. 코스타리카는 경제적으로는 낙후한 국가이다. 그렇지만 국민을 아끼고, 배려하는 정도에서는 대단히 선두 그룹에 있다. 이 나라는 기본적으로 사람을 소중히 여기는 나라다. 그래서 그런지 몰라도 이 나라 사람들의 표정 어디에서도 걱정하거나 근심하는 모습을 찾아보기 어렵다. 코스타리카는 1948년에 그동안 권력 찬탈의 수단이 됐던 군대를 폐지해 버리고, 여기서 생긴 여력을 교육과 복지에 투입하였다. 무상의료, 무상교육, 온 국민이 혜택을 받는 연금제도가 이미 오래전에 시행 된 것은 이러한 과감한 조치 때문에 가능했던 것이다.

군대를 폐지한 조치에 이어서 코스타리카는 대통령의 재임을 금지해버렸다. 후에 재임 금지 규정은 위헌 결정으로 연임금지 규정으로 바뀌었다. 이 때문에 현직 대통령이 대권에 한 번 더 도전하려면 4년을 기다려야만 하게 되었다. 이뿐이 아니다. 이 나라는 대통령의 권력을 억제하기 위한 다양한 견제장치를 설계해 놓았다. 예를 들면 감사원장을 대통령이 아닌 국회가 임명하고, 원장을 해임하려면 국회 2/3의 의결을 해야 하도록 제도화했다. 한마디로 코스타리카는 권력 남용을 방지하기 위해서 촘촘한 견제장치를 가지고 있고 이를 통해서 권력의 시선이 좀 더 국민을 향하도록 설계되어 있다.

이러한 영향 때문인지는 몰라도 이 나라 대통령은 매우 서민적이고 검소하다. 대통령이라고 해서 일반 국민과 다르게 생활하려고 하지 않는다. 대통령이 출퇴근할 때 직접 차를 몰기도 하고 해외여행을 할 때는 비행기의 일반석을 이용하기도 한다. 당연히 대통령과 국민의 거리가 매우 가깝다. 참고로 군대가 폐지된 이후에는 군부를 등에 업은 혁명은 단 한 번도 없었고, 늘 평화적인 정권 교체가 이루어졌다. 권력을 가진 자가 자신의 권력에 도전하는 사람들을 잡아 가두고, 가혹하게 응징을 한 사례도 지난 70년간 없었다. 다른 중남미 국가들과의 차이점이다.

코스타리카 정부는 국민을 보호하기 위해서 많은 노력을 기울이고 있고, 그런 흔적들을 일상에서 쉽게 목격할 수 있다. 2015년 2월 이 나라의 수도 산호세를 방문했을 때이다. 마침 그때가 구정이어서 '중국의 날' 행사를 하고 있었다. 모인 사람들이 100여 명에 불과한데도 불구하고, 경찰, 소방, 응급인력까지 총출동해서 필자는 무슨 난리가 난 것이 아닌가 의심했다. 후에 알고 보니까, 행사가 있을 때마다 이처럼 시민의 안전을 지키기 위해서 관계기관이 총동원된다는 것이다. 필자의 눈에는 과잉보호라는 생각이 들었다. 이 나라 국민소득은 우리보다 1/3 수준이지만 국민을 보호하고 지키는 노력은 3배 이상처럼 보였다.

근로자들을 보호하는 것도 그렇다. 코스타리카는 세계적으로 근로자를 매우 잘 보호하는 나라로 널리 알려져 있다. 그래서 그런지 몰라도 이 나라 직장인들의 행복도는 최상위권에 속한다. 참고로 스웨덴의 유니버섬이 평가한 자료를 보면 코스타리카 근로자들의 행복도는 조사 대상 57개국 중에서 3위였다. 우리나라는 여기서 49등을 했다.[6]

코스타리카에서는 헌법에 근로자를 보호하는 규정을 아주 자세히 명시해 놓고 있다. 예를 들면, 하루 근무시간을 8시간을 초과할 수 없고, 야간 근무인 경우는 6시간을 초과할 수 없다. 주간에 8시간을 초과할 경우는 작업이 위험하지 않고 힘든 일이 아닐 때만 허용된다고 규정하고 있다. 이 나라 헌법은 또한 동일 노동에 대해서는 동일임금을 지급해야 하고, 안전한 작업장을 제공해야 한다고 규정하고 있다.

특이한 점은 근로자를 기계화하면 안 된다고 명시하고 있다. 또한, 인간다운 삶을 영위할 수 있도록 급여를 지급해야 한다는 것이다. 최저임금은 그 대표적인 수단이다. 이 나라에서 가장 단순한 일을 하는 근로자의 시간당 임금이 우리 돈으로 약 3,000원 정도 된다. 고학력이나 기술을 가진 사람들의 최저임금은 이보다 훨씬 많다. 최저임금이 직종별로 다른 것이다. 코스타리카의 1인당 국민소득이 우리나라의 1/3 수준인 점을 고려하면 최저임금이 상당히 높은 편이다. 중요한 것은 사용자가 이 법을 지키는가 하는 것인데, 코스타리카 정부는 근로자를 지키는 데 매우 단호하다. 특히, 최저임금이나 체불임금에 대해서 엄격히 제재한다. 사용자들도 정부 방침을 철저히 따르고 있다. 코스타리카에서 활동하고 있는 한인 사

---

6 Universum, Global Workforce Happiness Index, 2017. 인터넷 자료

업가들이 이구동성으로 하는 얘기가 이 나라 정부의 근로자 보호 의지이다. 코스타리카에서는 근로자가 직장 생활과 관련해서 정부에 민원을 제기하면 대부분 근로자 편을 들어 준다는 것이다. 우리 나라에서는 매년 거의 1조 원의 임금이 미지급되고 있다. 정부의 근로자들을 보호하려는 의지가 약하기 때문에 나타나는 현상이다.

사무실 내에서도 근로자들이 철저히 보호받고 있다. 예를 들면 직장상사가 직원을 매우 아끼고 친구처럼 대한다. 당연히 상사가 직원에게 소리를 지르거나 폭언을 하는 경우는 극히 이례적이다. 더구나 폭력은 더욱 있을 수 없는 일이다. 금년 상반기 대한항공 총수 일가의 직원에 대한 갑질 행위가 큰 사회적 파문을 일으켰다. 사실 우리 사회에서 그렇게 유별난 것도 아니다. 코스타리카에서는 상상하기 어려운 얘기다. 이 나라에서 거의 20여 년을 거주한 한국 기업인이 들려준 얘기다. 언젠가 직원의 지나치게 무성의한 태도에 화가 나서 물건을 집어 던졌는데 며칠 후 경찰서에서 소환통보를 받았다는 것이다. 직원이 변호사를 사서 소송을 제기한 것이다. 사장이 물건을 집어 던져서 직원이 생명의 위협을 느꼈다는 것이다. 이에 대해서 한국인 사장은 당시 직원을 향해서 물건을 던진 것이 아니었는데도 불구하고 소송을 당했다고 억울해했다.

국제노동총연맹(ITUC=International Trade Union Confederation)에 따르면 코스타리카의 노동자권리 지수는 5등급 중 2등급으로 상위그룹에 속한다.[7] 덴마크를 포함한 북유럽 국가들은 대부분 1등급에

---

7   ITUC, Global Rights Index. 2017. 인터넷 자료

속한다. 우리나라의 경우 최하위 수준인 5등급에 속한다. 이는 중국, 짐바브웨, 방글라데시, 캄보디아, 베트남과 같은 수준이다.

지금까지 코스타리카 얘기를 했는데 이보다 훨씬 더 국민을 잘 챙기는 나라들이 스칸디나비아 국가를 포함한 북유럽 국가들이다. 정부가 국민을 매우 소중하게 대하기 때문에, 국민의 정부에 대한 인식은 매우 긍정적이고, 정부에 대한 신뢰도 또한 높다. 그래서 그런지 몰라도 조세에 대한 저항도 상대적으로 낮다. 예를 들면, 덴마크는 개인유효소득세율이 세계에서 가장 높은 수준이지만 그럼에도 불구하고 세금을 충실히 내는 나라다. 이 나라 국민은 정부가 국민을 위해서 순기능을 하고 있다고 인식하고 있기 때문에 높은 세율도 기꺼이 감수하려고 하는 것이다. 덴마크에서 가장 높은 세율을 부담하는 집단 중의 하나인 개업의들과 대화를 나눠보면 세금에 대해서 그렇게 불평하는 얘기를 들을 수 없다. 의과대학에 다니는 학생들도 그렇다. 이들의 지배적인 의견은 사회의 평화, 조화를 위해서 의료인들이 많은 세금을 내는 것에 대해서 기꺼이 감수하겠다는 것이다.

행복한 나라의 국민들은 표정에 구김살이 없다. 전반적으로 온순하고 부드러운 모습이다. 또한, 일상에서 거친 행동이나 폭력적인 장면을 정말 목격하기 어렵다. 그 이유는 사람들이 평상시에 보살핌을 잘 받기 때문이다. 이에 비해 우리의 경우는 표정이 굳어 있을 뿐 아니라 말과 행동이 거칠다. 이는 기본적으로 사람들의 마음속에 상처가 있기 때문이다. 이런 마음의 상처는 그동안 사람들이 따뜻하게 보호받지 못했기 때문에 나타난 현상이다. 이와 같은 현상을 유발하게 만든 근원은 정부다.

우리나라의 가정폭력, 예를 들면 아동학대나 배우자 폭행은 세계적으로 널리 알려진 얘기다. 교환 학생들이 말한 바로는 이들이 한국에 오기 전에 이미 이러한 사실을 잘 알고 있었다는 것이다. 그런데 이와 같은 가정폭력의 만연은 폭력을 행사하는 남성의 문제보다는 이러한 사회 현상을 방치한 정부의 책임이 더 크다. 근로자들이 작업장에서 수없이 다치고, 죽어 나가는 현상도 정부정책의 결함 때문이다. 우리 사회는 이러한 재해에 대해서 너무 둔감하다. 예를 들면 소방관이 그렇게 죽어 나가도 대책이 별로 없다. 공사현장의 타워 크레인이 무너져 수많은 사람이 죽어 나가도 무슨 변화가 없다.

스위스의 국제경영개발원(이하 IMD)의 통계를 보면 대한민국은 근로자의 건강이나 안전을 얼마나 잘 챙기는가 하는 평가에서 조사 대상 61개국 중 56위를 했다.[8] 거의 최하위 수준이다. 우리나라 산업현장에는 근로자를 함부로 대해도 된다는 인식이 폭넓게 퍼져 있다. 앞에서 인용한 국제노동총연맹(ITUC)의 노동자 권리지수에서 최하등급을 받는 데는 이런 이유가 있기 때문이다. 우리 사회에서 근로자들이 길거리로 나서고, 높은 탑에 올라가서 절규하고 외치는 장면을 흔히 목격할 수 있는데, 이런 모습은 행복한 사회에서 정말 찾기 어렵다.

정부가 존재하는 이유는 국민을 잘 지켜주고 보호하기 위해서이

---

8 IMD, 「World Competitiveness Yearbook」, 2016.

다. 그래서 아까운 세금을 내는 것이다. 우리나라 정부는 이런 면에서 매우 소홀했다. 국민의 뇌리에 정부가 백성을 지켜준다는 생각이 희미하다. 왜? 정부가 최선을 다해서 국민을 지켜주고, 보호해 준 기억이 별로 없기 때문이다. 과거 우리의 역사를 돌이켜 보면 관은 난리가 났을 때 백성을 버리고 도주하기에 급급했다. 이로 인해서 민초가 겪은 고통과 아픔은 너무나 컸다. 관을 신뢰하지 못하는 원초적인 요인이다. 해방 후 발생한 남과 북의 전쟁 때도 그랬다. 이승만 대통령은 극비리에 서울을 빠져나갔고 그 와중에도 일반 민초들에게는 마치 자신이 서울에 있는 것처럼 행세하면서 수도를 사수할 것이라고 거짓 방송을 했다.

이뿐이 아니다. 전쟁이 나자 권력을 가진 고관대작들은 피난열차에 가족을 모두 태우고 여기에 심지어 응접세트 개밥그릇 피아노까지 챙겼다는 얘기가 회자되고 있다. 이에 비해 민초는 타고 갈 자리가 없어 열차 지붕 위에 몸을 실었는데 추위 때문에 얼어 죽고 열차에서 떨어져 죽은 사람들이 많았다는 것이다. 미쳐 피난 가지 못한 사람들의 경우는 적군에게 부역을 했다는 이유로 갖은 고초를 겪었다. 힘이 없는 민초들은 적군과 아군에 의해서 이중으로 고통을 받았다. 당시 있었던 얘기다. 인민군 복장으로 위장한 국군이 노인 혼자 있던 집에 들이닥쳤는데 이 촌로가 얼떨결에 "인민군 만세."를 불렀던 것이다. 노인은 즉시 살해되었다. 동네 사람들은 그가 살기 위해서 그렇게 한 것이라고 안타까워했다. 그는 사회주의나 자본주의를 전혀 모르는 그저 살고 싶은 욕구를 가진 사람이었다.

전시가 아닌 평상시에도 그렇다. 관은 일반 국민을 가혹하게 대했다. 조선 말기 서재필은 조선 백성은 세계에서도 가장 불쌍한 민족이라고 한탄했다.[9] 정부의 가혹한 억압과 착취 때문이었다. 해방 이후도 크게 달라진 것이 없었다. 권력을 가진 자는 장기집권을 하고, 권력을 남용했다. 권력을 유지하기 위해서 국민에게 늘 위기설을 조장해서 불안하게 만들었다. 금년 여름 개봉되어 상당한 흥행을 일으킨 『공작』이라는 영화가 이러한 내용을 담고 있다. 우리나라의 위기는 대부분 권력자에 의해 '제조'된 것이 많았다. 권력자들은 또한 자신에게 저항하는 세력을 가혹하게 응징했다. 이 과정에서 수많은 사람이 억울하게 희생되었다. 불법적인 연행과 구속, 폭력과 고문, 인명 살상이 자행되었다. 멀쩡한 사람을 좌익사범으로 몰아 목숨을 앗아가거나 수십 년 감옥에 가두기도 했다. 이러한 공포 속에서 언론의 자유는 지퍼로 닫혔고, 정치적 의사표현은 억압되었다. 공권력이란 국민을 보호하는 데 사용되어야 하는데 우리의 경우는 권력자를 위해서 사용되었다. 대한민국은 기본적으로 권력을 가진 자의 나라이다. 우리나라의 권력자를 지키는 기술은 세계 최고수준이지만, 국민을 지키고 보살펴 주는 기술은 그 반대다. 세월호 사건은 그 단적인 예다.

2016년 교육부의 고위 관리가 일반 국민을 짐승에 비유해서 호되게 비난을 받은 적이 있다. 그의 의도는 국민은 배불리 먹여 주기만 하면 만족한다는 것이었다. 사실 이러한 사고는 우연한 것이 아닌 것 같다. 세월호 사고가 난 당일 그 급박한 순간에 대통령이 청

---

9 서울대 정치학과 독립신문 강독회, 「독립신문 다시읽기」, 푸른역사, 2004.

와대 밖에서 미용사를 불러 머리를 손질한 것도 최고 권력자의 국
민을 보는 관점을 여실히 드러낸 것이다. 만약 민초를 끔찍하게 아
끼는 대통령이었다면 이날만큼은 정말 구조하는 데 여념이 없어서
머리 손질은 물론이고 식사도 제대로 하지 못하고 발을 동동 굴렀
을 것이다.

좋은 정부는 국민으로부터 두터운 신임을 얻는 것이다. 국민의 신
뢰는 무엇보다 정부가 민초를 잘 보살피고 소중하게 대할 때 얻어지
는 것이다.

국민을 아끼는 정부⁽²⁾

■ 여기서는 교도소 얘기를 좀 하려고 한다. 어느 나라든 사람이 얼마나 소중히 다뤄지는지 보려면 교도소와 같은 그늘에 가려진 시설을 보면 알 수 있다. 일반적으로 교도소는 죄인을 수용하는 곳이기 때문에 재소자들의 인권이 등한시되기 쉬운 곳이다. 우리나라가 그런 경우에 해당한다. 이미 오래전부터 지적되어온 사실이다.

이에 비해 진정 선진사회라고 하는 나라들은 설령 재소자들이라 하더라도 이들의 인권을 보호하기 위해서 대단한 노력을 기울인다. 이들 국가의 기본적 철학은 사람은 상황이나 신분과 관계없이 누구든 인간이라는 이유 하나만으로도 존중받아야 한다는 것이다. 덴마크는 그 대표적인 나라다.

2003년 8월 초 덴마크의 한 교도소를 방문했다. 필자가 머물고 있던 오덴세시에서 약 30분 떨어진 고도(古都) 뉴복(Nyborg)시에 있는 교도소이다. 처음 찾은 곳은 교도소장실이었다. 그는 매우 온화한 사람이었다. 우리 기준에서 볼 때 교도소장 이미지와는 전혀 어울리지 않는 인물이었다. 소장에 따르면, 이 교도소에는 수감자가 231명이 수용되어 있었다. 놀라운 사실은 죄수 231명에 교도관이 무려 325명이 근무하고 있다는 점이다. 수감자보다 이들을 관리, 감독하는 인력이 훨씬 더 많다는 얘기다.

이 교도소장은 나에게 약 1시간 정도 교도소에 대한 소개를 마친

후 나를 수감자들이 있는 곳으로 안내했다. 인상적이었던 것은 소장이 허리춤에 열쇠 꾸러미를 갖고 다니며 자신이 직접 몇 개의 감방 문을 열고 다녔다는 것이다. 이렇게 기관장이 외부 손님과 교도소 현장을 둘러보는데, 직원 어느 누구도 따라다니거나 배석하는 사람이 없었다는 사실도 우리와는 너무 다른 점이었다.

소장이 마침내 나를 데리고 간 곳은 수감자들이 머무는 곳이었다. 이곳은 10명의 수감자들이 머무는 곳이었는데, 여기에는 방 10개와 거실이 하나 있고 공동 부엌이 하나 있었다. 이는 수용자 한 명당 방 하나씩을 준다는 의미이고, 이들이 공동으로 사용할 거실과 부엌이 주어진 것이다. 설명을 들어 보니까, 이 나라에서는 재소자 1명당 방 하나씩 주는 것을 원칙으로 하고 있고 이것을 철저히 지킨다는 것이다.

교도소장이 말한 바로는 1인 1실 원칙을 고수하다 보니까 재소자들의 심리적 고립감이 문제가 된다는 것이다. 그래서 하루 몇 시간씩 자유 시간을 주어 수감자들이 같이 어울려 대화할 수 있도록 만들어 주고 있다는 것이다. 나는 이곳에서 어느 재소자의 방에 인도되어 그 방의 주인과 대화를 할 수 있었다. 재소자들이 수감생활을 하는 소위 감방은 약 2평 정도 되어 보였다. 이 방에는 침대가 있고, 캐비넷, 냉장고, TV, 선풍기 등과 같은 살림 도구들이 있었다. 필자가 보기에 덴마크의 교도소는 우리나라 작은 원룸 아파트 같아 보였다. 이 방의 주인은 결혼을 한 사람이었다. 그는 나와 면담을 하는데 전혀 얼굴을 붉히거나, 꺼려 하지 않았다. 그가 말한 바로는 재소자들은 언제든 가족을 볼 수 있고 면회시간을 특별히 제한받지 않고 몇 시간이고 만날 수 있다는 것이다.

덴마크에서 연구년을 마치고 돌아와, 우리의 교도소를 돌아볼 수 있는 기회가 있었다. 우리와 저들의 감방여건은 그야말로 차이가 너무 컸다. 조선 말기, 우리나라를 찾았던 매켄지 기자는 교도소를 둘러보고는 조선의 감방은 '지옥'이 있다면 가장 근접한 곳일 거라고 매우 비판적으로 기술하고 있다.[10] 그로부터 50~60년이 지난 1950~60년대 우리나라 교도소에 대해서 이방인들이 역시 유사한 표현을 하고 있다. 한국의 교도소는 인간이 있을 곳이 못 된다는 것이다.[11] 그 후 반세기 이상 지난 지금 이들이 다시 우리의 교도소를 보게 된다면 어떻게 생각을 할까 궁금하다. 여전히 상대적인 격차가 크기 때문이다. 금년 9월 10일 중앙일보는 "재소자, 가축 아닌 사람이다"라는 기사 제목을 붙여 우리나라 교도소의 열악함을 보도했는데 나는 충분히 일리가 있는 지적이라고 생각한다.

이러한 격차는 기본적으로 재소자를 보는 시각에서 큰 차이가 있기 때문이다. 저들은 죄를 범한 사람이라 하더라도 한때 판단을 잘못한 것으로 생각하고, 이들을 교도소 바깥사람들과 크게 다르지 않게 대한다. 재소자들을 최대한 인격적으로 존중하고 인간적으로 대해서 교화하려고 한다. 그래야만 바깥세상에 나가서 쉽게 적응을 할 수 있고, 또한 한때 완악한 마음을 먹었던 것을 순화시킬 수 있다고 믿고 있는 것이다.

---

10 Mckenzie, F. A., 「The Tragedy of Korea」, 1908
11 Breen, M. 「The Koreans: Who They are, What They Want, Where Their Future Lies」, 1998

이에 비해 우리의 감옥은, 말 그대로 '나쁜' 사람들을 가두고, 격리하고 고통스럽게 하는 데 중점을 두고 있다는 느낌을 지울 수 없었다. 이에 따라 교도소 안과 바깥세상을 가르는 물리적, 심리적 담장은 높을 수밖에 없는 것이다. 필자가 본 우리의 교도소는 담장 밖 세상의 풍경과 너무나 달랐다. 한국의 감방은 과거 필자가 군복무할 때의 군대와 같았다. 위압적이고, 엄격하고, 위계질서가 강조되는 분위기 때문이다. 이런 분위기는 교도관이나 재소자들의 행태에서 확연히 느낄 수 있었다.

예를 들어, 교도소장은 군대의 부대장처럼 예우가 된다. 소장이 교도소를 순시한다고 하니까, 관계되는 부서들이 야단법석을 떨었다. 그가 가는 곳마다 수행원이 따라 붙었고 그의 발길이 닿는 곳에는 큰 목소리로 외쳐대는 경례소리가 요란했다. 재소자가 수감된 감방을 둘러볼 때는, 군대에서 점호하는 것처럼 재소자들이 "하나, 둘, …" 번호를 외치며, 맨 마지막 사람이 인원에 이상이 없음을 보고했다. 서구 기준에 비하면, 한국의 교도소장은 작은 신이라 할 수 있을 정도로 대단한 존재였다. 교도소의 제반 물리적 여건도 열악했다. 앞에서 덴마크의 경우, 재소자 1인당 2평 정도 되는 감방 하나씩 주어졌다고 했다. 우리의 경우를 보면 4~5평 크기의 방에 열악한 경우는 거의 십여 명이 수용된다는 것이다. 조선 말기 매켄지 기자가 우리의 감방을 둘러보았을 때 감방 하나에 18명이 수용되어 있었다고 지적했는데 이런 면에서 그때보다 좀 여건이 나아지기는 했지만, 1인 1감방 원칙을 유지하고 있는 서구와의 기준에서 볼 때 우리의 여건은 예나 지금이나 그 상대적인 격차는 좁혀지지 못했다.

사실 이러한 문제는 군대에 간 우리 젊은이들의 군복무 여건에서도 나타난다. 세계적으로 사병의 복무여건이 우리나라처럼 열악한 경우가 별로 없다. 그동안 우리나라 군대는 피 끓는 젊은이들을 데려다 철저히 가두고 통제하는 데 주력해 왔다. 병사들이 자신을 노예에 비유하는 얘기가 회자되는 이유다. 군에서 제대한 후 몇 개월간은 다시 군에 끌려가는 악몽을 꾸는 경우가 종종 있는데 이는 군생활이 얼마나 힘든지를 보여주는 단적인 예다. 세계적으로 자식을 군대에 보내면서 눈물을 흘리는 경우는 매우 이례적이다. 군대에 문제가 있다는 얘기다. 문재인 정부 들어와 사병들의 급여를 대폭 인상하고 근무시간이 끝나면 사병들의 부대 바깥출입을 허용하려는 움직임은 세계적인 기준에서 볼 때 적절한 조치라고 생각한다. 군인도 사람이다. 사람은 누구나 신분과 관계없이 동일하게 행복을 추구할 권리가 있다.

얘기를 정리해 보면, 소위 진정 선진 사회라고 하는 나라들은 어떤 부류의 사람도 기본적으로 인간으로서의 존엄성과 인격이 보호되어야 한다는 믿음이 굳건하다. 서구사회의 교도소가 우리보다 나은 것은 경제적으로 여유가 있기 때문이라기보다는 그들의 가치체계가 인간적 존엄성을 보호하는 데 우선순위를 두기 때문이다. 즉, 생각의 차이지 돈의 차이가 아니라는 의미이다. 만약 그렇다면 우리의 교도소 여건은 저들의 1인당 국민소득이 예를 들면 10,000 달러 일 때보다는 좋아야 한다. 현실은 그보다 훨씬 못하다. 참고로 유길준이 19세기 말 영국 리버풀에 있는 교도소를 둘러보고는 이미 그 당시 재소자 1명당 감방 하나씩 주어졌고 교도소 안에 넓고 아름다운 도서실을 마련해서 옛사람의 훌륭한 책을 읽어 자기의 허물을 스스로 깨닫고 뉘우치도록 만들고 있다고 기술하고 있다.[12] 130년 전의 얘기다.

교도소의 여건을 개선하려면 많은 돈이 들어간다. 예를 들면, 감방당 수용인원을 줄여야 하는데 그렇게 하려면 교도소를 늘려야 한다. 이 모든 것이 돈이다. 나는 이러한 예산확보는 우리 국민이 어떤 삶의 철학과 가치관을 갖느냐에 따라 얼마든지 가능하다고 본다. 지금처럼 그늘에 가려진 사람들을 인간 취급하지 않고, 그저 가둬놓고 통제하려는 생각이 지배하는 여건하에서 이와 같은 예산확보는 어렵다. 대신에 이러한 사고가 지배하는 사회에서는 사회 불안요인이 증가하고, 이러한 불안요인을 해소하는 데 큰 비용이 소요되며, 또한 사회통합이 어렵게 되는 문제점을 갖고 있다는 사실을 분명히 인지해야 한다.

이와는 반대의 상황을 생각해 볼 수 있다. 사회의 소외된 자들을 좀 더 배려하고 소중히 여기는 사회 말이다. 이는 더불어 사는 삶이 중요하다는 믿음이 있어야 가능한 것이다. 이러한 믿음을 가진 사회에서는 국가적으로 소외된 자들에 대해 많은 투자가 이루어진다. 대신, 사회적으로 여유 있는 자들이 물질적으로 양보를 해야 한다. 북유럽의 경우를 보면 교도소에 있는 재소자는 우리나라의 재소자보다 훨씬 더 좋은 여건에서 생활을 하지만, 반대로 잘사는

---

12   유길준 지음, 허경진 옮김. 「서유견문」, 한양출판, 1995

사람들은 우리보다 훨씬 여유가 없다. 우리의 부유층, 권력층은 세계 최고 부자 나라들보다도 더 잘 입고, 잘 먹는다. 한마디로 더 좋은 여건에 있다. 또한, 우리가 먹고 마시고 자는 데 쏟아 붓는 돈은 세계 최고 수준이다. 그러나 그 이면에 우리의 교도소는 매우 열악하다. 병사들의 근무여건도 마찬가지다.

글을 맺기 전에 한 가지 지적하고 싶은 것이 있다. 2000년대 초반 미군 병사가 우리나라 교도소에 수감되어야 했던 것이다. 그런데 이 병사가 수용될 교도소는 감방의 크기를 제외하고는 한국의 전직 대통령이 수감되었던 교도소보다 훨씬 더 여건이 좋았다는 것이다. 그 이유는 미국 정부가 그렇게 요구했기 때문이다. 미군 병사가 수감되는 교도소와 대한민국의 전직 대통령이 수감되는 교도소의 수준이 같은 것이다. 이는 우리에게 엄청나게 자존심을 상하게 하는 얘기지만, 다른 한 편으로 보면 미국 정부의 자국민을 보호하려는 의지와 그 수준을 가늠해 보게 하는 좋은 사례라고 생각한다. 미국은 범죄자라 하더라도 철저히 인권을 보호하려고 하는 것이다.

우리나라와 미국의 1인당 국민소득은 2배 이상 차이가 나지 않는다. 그러나 양국이 국민을 얼마나 소중히 여기는가 하는 면에서는 수십 배의 차이가 나지 않겠나 생각한다. 이러니 시중에 "국민은 개·돼지"라는 비유가 도는 것이다. 코스타리카 여행을 할 때 들은 얘기다. 이 나라를 여행하는 미국 시민이 갑자기 질환으로 위급한 상황이 발생하면 미국 플로리다에서 헬기를 띄워 자국민을 후송해 간다는 얘기가 이곳에서 회자되고 있다. 미국은 자국민을 끔찍이 챙긴다. 해외에서 자국민이 어려움을 당하면 전직 대통령까지 나서 자존심을 접고 국민을 챙기려 한다. 금년 6월 13일 열린 북미 정상 회담에서 미국이 챙긴 주요 의제 중의 하나는 70년 전의 한국전쟁 기간에 희생된 미군들의 유해를 송환받는 것이었다. 미국이 그동안 끈질기게 요구해온 주장이다. 미국 시민이라는 사실에 자부심을 갖게 만드는 요인이다. 우리 정부가 깊이 새겨야 할 대목이다.

정부를 위한 국민이 아닌 국민을 위한 정부

■ 언제부터인가 시위 현장에서는 "대한민국은 민주공화국이다. 모든 권력은 국민에게서 나온다."는 노래가 전국적으로 유행하고 있다. 시위현장에서 헌법 조문을 이렇게 노래로 만들어 사람들이 외치는 것은 세계적으로 극히 이례적이다. 한 발짝 물러서서 왜 이러한 현상이 나타났을까 생각해보면, 그동안 이 나라는 제대로 된 민주공화국이 아니었다는 얘기다. 민주 국가의 주인은 일반 국민이고 정치인은 일종의 대리인일 뿐이다. 대리인은 주인의 생각을 살펴야 하고 주인을 두려워해야 한다. 우리나라는 정반대인 경우가 많다. 권력을 가진 자가 주인 행세를 하고, 일반 국민은 이들에게 머리를 숙여야 했다.

우리 사회에서 일반 민초의 존재는 너무나 미약하다. 민의 얼굴이 없다. 민은 권력자를 위해서 존재할 뿐이다. 권력자가 권력을 얻는데 이용되는 수단이고 권력자의 영광을 드러내는 데 사용되는 도구일 뿐이다. 세계적으로 권력자에게 국민이 무릎을 꿇고 눈물을 흘리며 도와 달라고 하는 장면은 매우 이례적이다. 덴마크에는 "어느 누구에게도 고개를 숙이지 않는다(There is no bowing and scraping in Denmark)."라는 말이 유행한다. 사람이 사람에게는 절대 고개를 숙일 수 없다는 말이다. 그것은 굴욕적이라는 것이다. 하물며 무릎을 꿇는다는 것은 상상을 할 수 없는 것이다. 그런데 우리 사회에서는 그것도 주권자인 일반 국민이 대리인인 정치인에게 무릎을 꿇고 고개를 숙이는 일이 너무 많다. 세월호 유족이 대통령에게 무릎을 꿇고 눈물을 흘리며 도와달라고 호소하는 모습은 그 전형이다. 오히려 대통령이 무릎을 꿇고 어린 학생을 구조하지 못해서 정말 죄송하다고 눈물을 흘려야 하는 것 아닌가? 정상적인 나라였다면 말이다.

기업과 권력자와의 관계도 그렇다. 한국에서 특파원을 지낸 미국의 클리포드 기자는 『흔들리는 한국 (Troubled Tiger)』이라는 책을 저술했다. 이 책에서 그는 "한국의 기업은 정부를 위해서 존재한다 (Business exists to serve government)."라고 꼬집고 있다.[13] 본래 정부가 기업을 위해서 존재하는 것인데 거꾸로 된 것이다. 이유는 이렇다. 우리나라 기업은 정부에 너무 예속되어 있다. 기업의 운명이 관에 의해서 너무 쉽게 좌지우지된다. 사유재산에 대한 보호가 너무 미약하기 때문이다. 세계적으로 대통령이 대기업 회장을 마음대로 오라 가라 하고, 앉혀 놓고 받아적게 하고, 야단을 치는 나라는 극히 이례적이다. 사주(社主)를 위협해서 자리에서 물러나게 하기도 한다. 여기에다 이들을 압박해서 노골적으로 '용돈'을 챙기는 행위까지 서슴지 않는다. 기업을 '먹잇감'의 대상으로 본 것이다. 전두환이나 노태우 씨가 대표적인 인물이다.

클리포드 기자는 그의 책에서 "과거 전두환 대통령은 마치 포커 게임에서 카드를 만지작거리듯이 기업을 자유롭게 주물렀다."고 기술했다. 대통령만 그런 것이 아니다. 작은 권력을 가진 사람들은 그

---

13 Clifford, M. L. 『Troubled Tiger』, 1994.

들 나름대로 기업을 '스퀴즈(squeeze)'한다. 우리가 일상적으로 언론을 통해서 접하는 내용이다.

해외에서도 유사한 사례가 발생한다. 언젠가 중남미 지역을 방문했을 때 지역의 한인회장에게 들은 얘기다. 한인회와 대사관의 관계에 대해서 물었더니 그가 재미있는 표현을 했다. 대사관에서 한인회 임원을 '집합'시키면 한 번씩 만나서 대접을 한다는 것이다. 집합이란 말은 군대에서나 사용되는 용어이다. 대사관과 한인회 임원진 관계의 성격을 가늠해 볼 수 있는 대목이다. 요즈음은 「김영란법」 때문에 대사관 측에서 법에서 정한 수준으로 식사가격을 맞추라고 요구까지 한다는 것이다. 그가 이런 말도 덧붙였다. 저들은 고시를 패스한 엘리트여서 우리와는 차원이 다른 사람들이라는 것이다. 동급이 아니라는 얘기다. 교민들이 대사관 '나리'들에 비해 스스로를 낮추고 있었다.

우리나라가 민주주의를 시작한 지는 벌써 70년이 되었다. 그러나 과거 군주제 시절의 관존민비적 사고의 잔재가 여전히 남아 있다. 그 흔적은 국민이 관의 눈치를 보고 권력자에게 조아리고 무릎을 꿇는 데서 나타난다. 민주사회에서 주인은 국민이고, 국민이 생업에 종사하느라 대리인을 선임해서 정부를 만든 것이다. 당연히 대리인 역할을 하는 정부는 국민을 위해서 존재하는 것이고 국민을 돌보는 일에 노심초사해야 한다.

공존의 규범을 촉진시키는 정부[1]

■ 언젠가 독일의 아우토반을 달린 적이 있다. 잘 알려진 바와 같이 아우토반은 속도제한이 없는 고속도로다. 이 아우토반을 달리면서 인상적으로 느낀 것이 있다. 몸집 큰 화물트럭이나 버스들이 차선을 넘나들며 몸집이 작은 차들을 위협하는 모습을 단한 번도 본 적이 없었다. 보통 작은 승용차들은 시속 160~180km로 빨리 달리는 데 비해서 이들은 가장 우측 차선에 붙어서 시속 90~100km를 유지하고 있었다. 전혀 속도에 대한 욕심이 없는 것처럼 말이다. 필자가 얘기하려고 하는 것은 강자와 약자가 서로 평화롭게 공존한다는 것이다.

이러한 현상을 직장에서도 목격할 수 있다. 우리 사회에서 직장상사를 "갑"이라 하고 직원을 "을"이라 부른다. 갑은 강자이고 을은 약자를 의미한다. 행복한 나라의 직장에서는 사실상 이러한 강약의 구분이 없다. 덴마크의 경우, 상하 간의 관계가 거의 완벽히 사라졌다. 이 나라의 관리자는 철저히 직원을 지원하는 역할을 하고 늘 격려하는 존재이다. 이들은 자신의 위세를 드러내지 않는 그림자와 같은 존재로 매우 겸손하고 솔선수범한다. 심지어 교도소의 소장도 매우 투철한 섬김의 리더십을 발휘하는 사람이다. 대학에서도 박사과정 학생을 지도하는 교수가 자신의 학생을 전화로 오라 가라 하지 않는다. 볼일이 있으면 메일을 보내서 약속을 잡거나 아니면 학생 방에 가서 시간이 되는지 물어보고 대화를 나눈다. 학생을 몸종처럼 부리는 상황은 '절대' 발생하지 않는다. 당연히 직장에서 약자들이 겪는 애환이란 것이 없다.

우리 사회로 눈을 돌려보면 정 반대다. 대한민국은 강자의 사회이다. 길거리에서는 차가 강자이고 사람이 약자다. 사람이 차를 피하지 차가 사람을 기다려주고 지켜주지 않는다. 도로에서는 몸집 큰 차가 작은 차를 위협하는 일이 빈번하다. 고속도로는 열대우림의 정글과 같다. 대형 트럭이나 버스들이 차선을 넘나들며 작은 차들을 위협한다. 여기서는 도로 교통법보다는 힘의 논리가 작용한다.

직장에서도 그렇다. 약자가 존중받고 보호받지 못한다. 우리 사회에서 직장 생활이 대단히 힘들다고 얘기한다. 그 주된 이유 중의 하나는 직장상사 때문이다. 우리나라의 직장상사는 호된 시어머니처럼 부하직원을 닦달하고 고통스럽게 한다. 직원들을 옴짝달싹 못하도록 만들고 가혹하게 몰아붙인다. 직원이 마치 자신의 하인처럼 대한다.

대구에서 직장 생활을 했던 브라질 여성의 얘기다. 그녀가 한국의 직장에서 가장 이해하기 어렵고 특이했던 점은 상사가 부하직원을 세워놓고 장시간 야단을 치고 고함을 지르는 모습이었다는 것이다. 상당히 충격적이었다고 회고했다. 브라질에서는 이런 상황이 발생할 수도 없지만, 만약 발생한다면 당장 그만두라고 "stop it!" 외쳤을 것이라고 주장했다.

이 지역에서 직장 생활을 한 또 다른 필리핀 여성은 자신의 팀장을 작은 신(small god)에 비유했다. 왜? 상사가 사실상 자신의 모든 것을 통제하기 때문이다. 매우 특이하다고 주장을 했다. 사실 이런 얘기를 하는 외국인들이 많다. 요즈음 봇물처럼 터져 나오는 여성들의 성폭력 피해사례도 같은 맥락에서 볼 수 있다. 절대 권력을 가진 신과 같은 직장상사가 부하 여직원을 유린하는 것이 과거에는 너무 일반적이었다. 그러나 이러한 불의에 여성들이 감히 도전할 수 없어 수면 하에 있던 것이 용기 있는 여검사의 폭로 때문에 '미투(me too) 운동'으로 번진 것이다.

앞에서 길거리나 직장의 사례만 얘기했으나 이보다 더 중요한 약자들이 있다. 장애인은 그 대표적인 집단이다. 우리나라 장애인들은 보통 사람들과 같이 공존할 수 없었다. 이방인들이 우리나라에 와서 살아보고는 공통적으로 하는 얘기가 있다. 예를 들면, 교환학생들이나 외국인 교수들이 이런 얘기를 한다. 어디든 장애인들이 보이지 않는다는 것이다. 길거리에서 극장에서 대학에서 장애인을 보기 쉽지 않다는 것이다. 장애를 가진 사람이 없어서일까? 전혀 그렇지 않다. 장애인들이 보이지 않는 이유는 이들이 사회활동을 하도록 여건을 만들어 놓지 않았기 때문이다. 우리나라 장애인들은 주로 집에 숨겨놓거나 시설에 가둔다. 한 마디로 우리 사회에서는 장애를 가지면 너무 서럽게 살아야 한다. 금년 5월 장애인의 날에 광화문에서 이들을 위한 거리시위가 있었다. 이날 이 퍼포먼스에 참여한 어느 장애인의 호소가 우리를 매우 슬프게 만든다. 20년간 갇혀있었다는 이 장애우는 "오늘 세상에 나와 보니까 내가 살아 숨쉰다는 것을 느낀다."라고 절규했다. 우리나라 장애인의 현실을 보여주는 단면이다.

여성도 그렇다. 우리나라 여성은 남성에 비해서 극단적으로 차별

받았다. 과거 필자는 어느 광역자치 단체의 확대간부회의에 정기적으로 참여해 본 적이 있다. 보통 40~50명이 참여하는 큰 회의인데 이 중에서 여성은 고작 3~4명이었다. 우리나라 인구의 절반이 여성인데, 여성이 보이지 않는 것이다. 길거리에서 장애인이 잘 보이지 않듯 말이다. 근로자도 고용주에 비해 약자이다. 학생은 교수나 교사에 비해 약자다. 어린아이들은 어른에 비해 약자다. 숫자로 보면 이들이 전체인구에서 절대다수를 차지할 것이다. 국민의 다수가 불행하다면 그 사회는 행복할 수 없다.

강자와 약자가 공존할 수 있는 사회가 행복한 사회이다. 이것이 가능하려면 약자를 배려하는 마음이 필요하다. 이보다 더 중요한 것은 약자를 배려하는 마음을 갖도록 하는 법과 제도이다. 결국, 정부의 역할이 필요하다는 얘기다. 정부는 본래 약자를 위해 존재한다. 강자는 정부가 지켜주지 않아도 스스로 자신을 방어할 수 있는 힘을 가지고 있다. 계몽주의 시대 정치철학자들의 말에 따르면 원시 상태에서는 힘이 센 사람이 약한 사람들을 괴롭히고 고통스럽게 했기 때문에 사람들이 국가라는 존재를 만들어 약자를 보호하도록 임무를 부여한다는 것이다. 이러한 관점에서 볼 때 약자가 고통스러워 절규하는 사회는 정부기능이 제대로 작동하지 못하는 사회다.

공존의 규범을 촉진시키는 정부[2]

■ 북유럽 국가들의 가장 두드러진 특징은 공존의 규범이 확립되어 있다는 점이다. 사람들이 전반적으로 평화롭고 잘 조화를 이루며 산다. 나는 행복한 국가의 가장 두드러진 특징으로 사람들 간의 관계성을 꼽는다. 행복한 사회는 동반자 의식이 강하고 더불어 살아야 한다는 의식이 강하다. 이러한 생각이 밑바탕에 깔려 있는 사회는 당연히 타인을 품을 수 있는 여백이 넓다. 예를 들면 다른 사람이 실수하더라도 관대하고 너그럽게 대하며 가능하면 칭찬하고 격려한다. 이 모든 것이 공동체를 잘 돌아가게 하는 윤활유 역할을 한다.

덴마크의 예를 보자. 이 나라에는 강한 공존의 규범이 존재한다. 사회 전반적으로 '같은 배에 탔다.'는 생각이 확고히 뿌리 내리고 있다. 공동운명체이기 때문에 당연히 서로 힘을 합치고, 협력해야 한다는 생각이 강하다. 서로 아끼고, 존중한다. 노사 간의 관계도 그렇고, 상·하 간의 관계, 관과 민의 관계, 이웃 간의 관계에서 이런 현상이 두드러진다. 어떤 분야든 도대체가 싸움이 없고 다툼이 없다. 덴마크는 세계에서 가장 관계성이 좋은 나라로 평가되고 있다. 나는 이 나라 사람들의 행복의 비결은 좋은 관계성에 있다고 생각한다.

한국 사회로 눈을 돌려 보면, 공존의 규범이 보이지 않는다. '같은 배에 탔다는' 동반자 의식이 매우 취약하다. 공존의 규범이 강조되는 사회에서는 사람들의 마음에 늘 타인과 더불어 살아야 한다는 생각이 자리 잡고 있다. 우리에게는 이것이 없다. '나' 이외의 다른 사람을 품을 수 있는 여백이 너무 협소하다. 예를 들면, 장애아를 위한 학교를 세우려 하면 모두가 나서서 반대한다. 서울의 어떤 지역 주민들은 무릎을 꿇고 애원하면서 자기네 지역에는 장애아를 위한 특수학교 건립을 절대 허용할 수 없다고 주장한다.

장애아를 둔 학부모들도 무릎을 꿇고 도와 달라고 호소한다. 눈물겨운 얘기다. 이는 비단 이 지역만의 문제가 아니고 전국적인 현상이다. 그러면 장애 학생들은 어디로 가야 하는가? 이런 문제는 비단 특수학교 설립에서만 나타나는 현상이 아니다. 요즈음 청년들의 삶이 너무 어렵다는 얘기가 확산되자 서울에서 이들을 위한 작은 공간을 마련해 주려고 하니까 이웃 주민들이 5평짜리 빈민아파트라고 외치며 들고 일어났다. 동네 아파트 가격이 내려간다는 이유로 반대하는 것이다. 독일에서 온 교환 학생들의 말에 따르면 "만약 자신의 나라에서 이런 일이 언론에 보도되면 그 지역 주민들은 사회에서 거의 매장될 것."이라고 주장한다.

생각이 다른 사람에 대해서는 미움의 마음이 넘친다. 보수적인 사고를 가진 사람들은 진보적인 사람들에게 종북주의자, 심하면 '빨갱이'로 몰아붙인다. 이들에게 북한으로 가서 살라고 외치는 사람들도 있다. 교회에서 장로가 대표 기도를 할 때에는 형제자매를 사랑하게 해달라고 눈물을 흘리며 기도하고는 점심시간에 교인들과 식사할 때는 "촛불집회에 참석하는 사람들은 빨갱이야."라고 주장한다. 신앙의 힘도 생각이 다른 사람에 대한 미움의 마음을 녹이지 못하는 것이다.

도산 안창호 선생은 생전에 우리 동포에게 서로 사랑하고, 서로에게 미소를 선물하자고 외쳤다. 그는 우리 민족의 가장 큰 문제점 중의 하나는 시기하고 질투하는 것이라고 지적하며, 이것 때문에 하나가 되지 못한다고 한탄했다. 이는 비단 국내에서만 그런 것이 아니고 당시 국외 교포사회에서도 그랬다는 것이다. 도산에 따르면 "대한 사람이 미국 사람이나, 영국 사람이나, 다른 나라 사람을 대할 때엔 어떠한 공포심이 없는데, 해외에서 한인이 한인을 대할 때에는 공포심도 있고, 질투심도 느낀다"는 것이다.[14] 문제는 100년이 지난 지금에도 이러한 현상은 변화가 없다는 사실이다. 지금도 국외 교포사회에서 회자되는 얘기는 한국 사람 조심하라는 것이다. 도산 선생의 말에 따르면 그 근본 원인은 우리 마음속에 사랑의 공기가 없기 때문이라는 것이다.

타인을 위한 측은지심의 마음, 용서하는 마음, 포용적인 마음, 이해하는 마음이 부족하다. 반대로 상대방을 무시하는 마음은 오히려 다른 사회보다 강하다. 고등학교 졸업자라 무시하고, 지방 사람이라고 무시하고, 공부 못한다고 무시하고, 국내 학위라고 무시하고, 공장에 다닌다고 흉보고 장애인이라고 무시한다. 당연히 사회적 마찰계수가 높을 수밖에 없다. 우리 사회 어느 분야든 심각한 갈등과 다툼이 있다. 심지어 교회도 그렇다. 교회에서 폭력이 발생

---

14   도산 안창호, 『나의 사랑하는 젊은이들에게』, 지성문화사, 2011.

하고, 교회가 소송에 휘말린 경우가 빈번하다. 세계적으로 교회에서 고소나 고발이 이처럼 빈번한 경우는 매우 이례적인 현상이다.

김구 선생은 생전에 자신의 소원을 얘기했다. 그는 부강한 나라보다는 아름다운 나라가 되기를 소망했다. 그는 물질은 생활하기에 부족함이 없으면 충분하다고 주장한다. 그가 말하는 아름다운 나라는 조화가 있고, 품격이 있으며, 동포 간에 서로 사랑하고 감싸주는 그런 국가를 의미한다. 선생은 미움과 증오의 마음을 버리고 화합하는 마음을 가져야 한다고 호소한다. 싸우는 것은 적과 하는 것이고, 동포 간에는 사랑해야 한다는 것이다.[15]

이미 오래전에 우리의 선구자들은 행복한 나라의 조건이 무엇인지 알고 있었던 것이다. 나는 이들의 주장을 이제 본류에 나오도록 할 때가 되었다고 생각한다. 한국 사회는 이제 물질적으로는 세계 어느 나라와 견주어도 부족함이 없지만, 행복하지 못하다. 그 주된 원인 중의 하나는 공존의 규범이 부재하기 때문이다. OECD의 통계를 보면 우리나라의 공동체성은 조사 대상 38개국 중 38위다.[16] 서로 믿고 의지하고 배려하는 사회적 지지가 최하위라는 얘기다. 이는 본질적으로 관계성의 문제이다. 대한민국 최대의 과제는 관계성의 복원이고 공존의 규범을 확립하는 것이다. 거시적으로는 남과 북이 공존하고 영호남을 가르는 증오의 마음이 사랑의 마음으로 대체되어야 한다. 작게는 각계각층의 사람들이 반죽이 잘 된 밀가루처럼 서로 잘 어울리고 조화롭게 살 수 있어야 한다. 한 가지 더 바

---

15 김구 저, 도진순 주해, 『백범일지』, 돌베개, 2003.

16 OECD, Better Life Index, 2017, 인터넷 자료.

람이 있다면 인간과 자연이 공존할 수 있으면 더 좋겠다는 것이다. 이 한반도 하늘을 공존의 규범으로 뒤덮었으면 하는 마음이다. 누가 이것을 가능하게 할 것인가? 두말할 것도 없이 정부가 그 역할을 해야 한다. 정책과 제도를 통해서 말이다.

국민의 존재감을 최대한 드러나게 하는 정부

■ 인간은 자신을 최대한 표현하고, 자기다움을 드러낼 수 있을 때 기쁨을 얻고 희열을 느끼게 된다. 자신의 강점을 살릴 수 있고 자신이 소망하는 것을 이룰 때 사람들은 살아있다고 느끼고, 에너지가 있으며, 당당하다. 희랍 시대부터 지적된 행복한 삶의 원천이다. 반대로 자신의 얼굴을 갖지 못하는 타율적인 삶, 자신의 뜻을 펼칠 수 없는 삶은 불행한 것이다. 소위 행복도가 최상위권에 속하는 나라들을 보면 이러한 조건을 충족시켜 주기 위해서 최대한 노력을 하고 있다. 예를 들면 사람들에게 자신이 누구인지 분명하게 인지하도록 유도하고, 자신의 특성을 최대한 살릴 수 있도록 해서 존재감을 갖고 살 수 있도록 여건을 만들어 준다.

덴마크의 예를 들면, 이미 초등학교 때부터 아이들이 자신이 누구인지 찾을 수 있도록 시스템이 설계되어 있다. 교사들도 이런 방향에서 조언을 한다. 이뿐이 아니다. 학생들이 가지고 있는 생각이나 감정을 최대한 드러내도록 격려하고, 자극한다. 덴마크 초·중등 교육은 "격려로 시작해서 격려로 끝이 난다."는 말이 회자되고 있다. 교사들은 학생들에게 용기를 갖고 도전하도록 만든다. 이러한 교육 방식에 노출된 젊은이들의 경우 망설이거나 주저하지 않는다. 필자는 지난 15년간 교환 학생들을 가르쳤는데 유럽, 특히 북유럽에서 온 학생들은 수업시간에 매우 적극적이다. 자신의 생각을 표현하는 데 전혀 거리낌이 없다. 교수의 강의에 도전하는 것도 서슴지 않는다.

작은 예지만 대학에서 학위논문을 심사할 때 논문을 작성한 학생이 심사위원들의 지적에 일방적으로 동조하거나 수동적으로 답을 하게 되면 논문 통과가 어렵다. 이보다는 적극적으로 자신의 관점을 주장하고 드러내야 합격할 수 있다. 심사위원의 체면을 높여주기 위해서 "위원님 지적대로 수정하도록 하겠습니다."라고 하면 탈락할 가능성이 높다. 자신을 낮추고 저자세로 임하면 불리하다. 우리의 경우는 반대이다. 심사위원의 심기를 불편하게 하면 불행한 결과를 맞을 수 있다. 덴마크의 이러한 교육 방식에 노출된 젊은이들의 경우 주관이 뚜렷하고 태도가 당당하며 도전적이다.

직장에서도 그렇다. 덴마크 직장은 최대한 근로자들에게 자신의 색깔을 드러내도록 유도한다. 자신의 특성을 최대한 살리도록 유도하는 것이다. 방법은 자율을 주는 것이다. 예를 들면, 출·퇴근을 개인의 상황에 맞게 설계하도록 권한을 부여한다. 업무를 처리하는 방법도 최대한 자율권을 준다. 또한, 이 나라에는 어느 직장이든 모든 구성원이 토론을 해서 대부분 합의를 이루어 의사결정을 한다. 이때는 직위와 관계없이 누구든 자유롭게 얘기할 수 있다. 이 나라에는 "어느 누구의 의견도 소중하고, 존중받아야 한다."는 말이 회자되고 있다. 따라서 사람들이 직장에서도 존재감을 갖게 되고, 일터에서 자아를 구현할 수 있고, 자신의 흔적을 충분히 남길 수 있다. 덴마크 사람들의 직장 행복도는 세계 최고인데 충분히 이해가 된다.

우리의 경우는 어떨까? 사람들이 매우 소극적이고, 자신을 드러내기를 꺼린다. 한국인을 만나 본 외국인들의 한결같은 지적은 한국인은 매우 소극적(restrained)이고, 감정을 잘 표현하지 않는다는 것이다. 필자가 재직하고 있는 대학에는 요즈음 많은 교환 학생들이 오고 있는데, 이들도 정확히 같은 얘기를 한다. 심지어 아프리카나 동티모르에서 온 학생조차도 한국 학생들은 매우 소극적이라고 지적한다. 예를 들면, 자신의 주장을 솔직하게 표현하지 못하고 다른 사람의 눈치를 많이 본다는 것이다.

덴마크 코펜하겐에 있는 디자인 스쿨 관계자에게서 들은 얘기다. 이 학교에는 여러 나라에서 온 학생들이 있는데 유독 한국에서 온 교환 학생들이 독특하다고 입을 모았다. 이유를 물은즉 한국 학생들은 대화할 때 자신의 솔직한 감정을 드러내지 않는다는 것이다. 예를 들면, 학교생활이 어떠냐고 물어보면 늘 예외 없이 "좋다."는 대답만 한다는 것이다. 다른 나라 학생들에게 물어보면, "오늘은 최악의 날이었다.", "오늘은 힘들었다."와 같은 얘기도 쉽게 한다는 것이다.

필자가 교환 학생들을 가르칠 때 간혹 우리나라 학생들도 등록할 때가 있다. 교환 학생들과 우리나라 학생의 태도를 비교해 볼 기회다. 앞에서 지적한 바와 같이 교환 학생들, 특히 북유럽에서 온 학생들은 수업시간에 자신의 생각과 감정을 표현하는 데 전혀 망설이거나 주저하지 않는다. 때로는 필자의 강의에 도전하기도 한다. 이에 비해 우리나라 학생들은 매우 조용하고, 순응적이다. 자신이 하고 싶은 얘기가 있어도 억누르고 주로 수업시간이 종료된 후에 한다. 더구나 교수의 얘기에 도전하는 것은 상상을 하지 못한다.

직장도 그렇다. 일터에서 자신을 최대한 표현하기는 극히 어렵다. 요즈음 우리나라에서 "사축(社畜)"이란 말이 회자되고 있다. 이는 직장인을 회사에서 키우는 동물에 비유한 말이다. 근로자들이 가축처럼 사육된다는 의미이다. 이런 여건에서 자아를 찾기란 어렵다고 봐야 한다.

직장인들 사이에서 회자되는 노비란 말도 같은 맥락이다. 우리나라 직장인들은 자신을 노비나 노예에 비유하고 있다. 근로자들이 일터에서 어떻게 다루어지는지 단적으로 보여주는 단어이다. 이러한 말이 유행하게 된 근본적인 원인은 일단 직장에 들어서는 순간 자신을 버려야 하기 때문이다. 부연하면, 생각이 있어도 표현하면 안 되고 듣고 본 것이 있어도 못 본 척해야 한다. 조직이 극단적으로 사람들을 가두고 억압하기 때문이다. 심지어 고객 앞에서도 꼼짝 못 하게 만든다. 세계적으로 많은 항공사가 있는데 우리나라 국적 항공사만큼 승무원이 고객에게 저자세인 경우는 필자의 지식으로는 없다. 남미의 항공사들은 누가 고객이고 누가 승무원인지 구분할 수 없을 정도로 당당하다.

극히 타율적인 삶이 우리의 직장 생활이다. 우리나라 직장은 조직만 있을 뿐이지 근로자의 '얼굴'이 없다. 존재감이 없다는 말이다. 당연히 직장 생활이 재미있을 리가 없다. 우리나라 직장인들의 행복도나 동기부여 순위는 세계적으로 바닥권인데 나는 충분히 일리가 있는 통계라고 생각한다. 반면 덴마크는 늘 1~2위를 한다.

앞에서도 지적했듯이 인간은 자신을 최대한 표현하고, 자신의 능력을 최대한 발휘할 수 있을 때 행복을 경험하게 된다. 한국인은 이러한 행복의 권리를 오랜 기간 박탈당한 상태에서 살아왔다. 이제 이러한 권리를 되찾아 주어야 한다. 우리 헌법 전문에도 "국민 각인의 능력을 최고도로 발휘하도록 해야 한다."고 명시되어 있다.

이러한 책임은 정부에 있다. 정부는 다양한 정책적 수단을 동원해서 우리 국민이 자아를 실현하고 존재감을 갖고 살 수 있도록 도와야 한다. 학교에서, 일터에서, 군대에서, 혹은 여가를 통해서, 혹은 좋은 가정을 만들도록 해서 말이다. 필자는 정부가 충분히 그런 정책적 수단을 가지고 있다고 생각한다. 행복한 나라들의 사례가 그것을 입증한다.

국민의 눈을 뜨게 하는 정부

■ 좋은 사회는 건강한 상식을 가진 분별력 있는 시민을 전제로 한다. 민주주의가 유지되기 위한 전제조건이기도 하다. 대한민국은 이와 같은 분별력 있는 성숙한 시민의 폭이 좁다. 그 증거는 많은 사람이 터무니없는 말에 동요된다는 것이다.

그 이유는 무엇일까? 우리 사회의 제반 시스템이 사람들의 눈을 뜨게 만들기보다는 감게 만들어 비판적인 생각을 하지 못하도록 만들었기 때문이다. 그 결과 무엇이 옳은지 그른지 어떤 삶이 좋은 것인지 판단하고 고민하는 능력을 앗아가 버렸다. 교육의 예를 보자. 학교가 아이들에게 생각의 지평을 넓혀주고 자신이 살고 있는 공동체에 대해서 고민하도록 가르치지 않는다. 서재필 박사는 이미 100여 년 전에 당시 우리의 교육은 아이들을 우물에 가두고 있다고 탄식했다. 넓은 세상을 보지 못하게 만든다는 것이다. 당시 교육이 아이들에게 맹목적으로 고전을 외우게 하는 것을 보고 한 말이다. 지금도 그렇다. 아이들의 기능적인 지식은 대단한데 비판적인 사고, 세계적인 사상의 흐름, 공동체에 대한 사고는 매우 취약하다. 교육이 출세를 위한 것이기 때문이다. 교육은 눈을 뜨게 만들고 깨우치는 것인데 우리는 그렇지가 못하다.

교회를 가 봐도 비슷하다. 교회가 성숙한 신앙인을 만들기보다는 순종하고 복종하는 교인을 만들고 있다. 교회에서 흔히 듣는 얘기는 목회자의 말에 '아멘' 하라는 것이다. 순종하라는 얘기다. 목회자를 비판하면 '벌을 받는다.'는 얘기를 TV로 생중계되는 설교에서 버젓이 한다. 우리나라 목회자를 작은 신에 비유하는데 그에 비해서 교인들의 존재는 너무 왜소하다. 직장도 마찬가지다. 고개를 들고 뭔가 비판적으로 생각하는 것을 차단한다. 맹목적으로 조직에 충성하도록 요구한다.

상황을 이렇게 만든 데에는 대표적으로 정부의 책임이 크다. 대한민국은 극단적인 관 주도적 국가이다. 이는 관이 모든 것을 결정하고 민초는 그저 정부가 결정하는 대로 맹목적으로 따라가는 방식을 의미한다. 이러한 통치방식이 조선조는 물론이고 해방 이후에도 이어졌다.

박정희는 이러한 통치스타일을 대표하는 인물이다. 그는 5,000년 가난을 끊어야 한다는 강한 신념을 지니고 있었고 이러한 목표를 구현하기 위해서 치밀한 시나리오를 만들어 관료기구를 통해서 실행해 나갔다. 박정희는 그가 구상하는 이상적인 사회가 있었고 이러한 사회에 적합한 '교과서'를 만들었다. 일반 국민은 이 교과서대로 생각하고 행동해야 했다. 예를 들면 누구든 사회혼란을 유발하는 언행이나 행동을 하면 안 되고 오직 일에 전념하도록 했다. 미풍양속을 해치는 말이나 행동, 옷차림도 안 되고 노래나 소설도 통치권자의 기준에 맞아야 했다. 관료들은 이러한 지침을 집행하는 집단이었다. 당시 경찰이 머리가 긴 젊은이들을 단속하고 치마가 짧은 여성들을 단속한 것은 그런 예다. 불응하는 자에 대해서는 응징이 따랐고, 특히 정권에 대해서 비판적인 사람에게는 가혹한 응징이 수반되었다.

문제는 이 과정에서 민의 역할이다. 민주사회란 관과 민의 관계가 동반자이고 민의 주체성을 강조하는 것인데, 우리의 경우는 일반 국민은 정부가 시키는 대로 따라 하는 단순연기자 역할이었다. 이러한 시스템은 민초에게 어떤 사회가 좋은 사회인지 고민할 기회를 앗아가 버렸다. 즉 자신이 살고 있는 공동체에 대한 관심의 눈을 감겨버렸다. 그 이유는 사람들을 '우물'에 가두었기 때문이다. 수평선 너머 다른 세상을 보지 못하도록 한 것이다. 대한민국은 사람들을 철저히 가두는 사회다. 우리 사회에 만연해 있는 편견, 고정관념은 대부분 이러한 사회적 결함에서 유발된 것이다. 해묵은 이념 논쟁도 여기서 비롯된 것이다. 국민을 일방적으로 세뇌한 후유증이다.

한국 사회는 뛰어난 지도자, 걸출한 지도자, 강력한 리더십을 가진 사람을 찾는다. 위대한 지도자가 나와서 이 나라를 구해주기를 기대한다. 나는 이것을 신기루와 같은 것으로 생각한다. 뛰어난 지도자가 있어야만 나라가 발전하는 것은 아니다. 북유럽 국가들을 보면 우리에게 널리 알려진 지도자가 그렇게 많지 않다. 그러나 세계에서 가장 부유하면서도 행복하다. 이들 국가는 지도자가 특별한 마력을 가지고 있다는 어떤 환상도 가지고 있지 않다.

여기서는 국민 각자의 성숙한 판단을 기반으로 집합적인 지혜를 모아서 나라가 운영된다. 현대사회는 매우 높은 복잡성을 가지고 있다. 누구도 이러한 복잡성을 개인적으로 해결하기 어렵다. 이보다는 집합적인 지혜가 필요하다. 오늘날은 위대한 지도자보다는 위대한 시민이 필요한 시대이다. 분별력 있고, 성숙한 시민을 키우는 것은 이런 맥락에서 매우 중대한 일이다. 분별력 있는 시민은 자신의 이익이나 이해관계에 지배당하지 않고, 인기영합주의 소위 포퓰리즘에 부화뇌동하지 않는다. 이들은 권력자가 '검은색'을 '빨간색'이라 해도 믿지 않는다.

국민의 눈을 뜨게 하는 일, 이것도 역시 키는 정부가 쥐고 있다. 우리나라 민주주의 발전에 핵심적인 관건이기도 하다. 건강한 민주주의는 성숙하고 분별력 있는 시민을 전제로 한다. 시민(citizen)은 자신의 이익뿐 아니라 공동체의 안녕에 대해서도 깊은 관심을 가진 자다. 그동안 우리 사회는 성숙한 시민을 양성하는 데 너무 소홀했다. 이보다는 의도적으로 국민의 눈을 감게 만들었다. 나는 덴마크를 매우 이상적인 사회로 생각한다. 그 이유는 이와 같은 성숙한 시민의 폭이 두텁기 때문이다. 이러한 사회는 웬만해서는 동요하거나 흔들리지 않는다. 매우 단단하다. 누가 성숙하고 분별력 있는 시민을 만드는가? 정부다. 정부는 국민을 분별력 있게 만들기도 하고 '눈뜬장님'을 만들게도 할 수 있다.

청렴하고 공정한 정부

■ 국제투명성 기구는 매년 각국의 청렴도 순위를 발표하고 있다. 여기서 늘 톱 10에 드는 국가는 국가 행복도 또한 대부분 최상위권에 속한다. 이 청렴도 평가에서 늘 최상위에 드는 나라가 덴마크이다. 이 나라와 다리 하나 건너에 있는 스웨덴이나 노르웨이도 청렴도 평가에서 늘 상위 10위 안에 들어간다.

필자는 여행을 다니면 그 나라 사람들의 민심을 알아보기 위해서 택시를 의도적으로 이용한다. 일반적으로 택시 기사들은 영어를 조금씩 구사할 수 있는 사람들이다. 이들은 대체로 누구 눈치 보지 않고 솔직하게 자신의 생각을 드러낸다. 이들에게 하는 질문 중의 하나가 경찰이나 정치인의 부정이나 비리이다. 많은 나라를 돌아다녔는데 대부분 비판적이었다. 특히 정치인에 대해서 그랬다.

그런데 그 중에서 예외가 있었는데 대표적인 경우가 덴마크였다. 이 나라의 택시 기사들은 이민자가 많은데 한결같이 덴마크의 경찰이나 공무원들은 정말 정직하고 깨끗하다고 입을 모았다. 탄복을 하는 모습이었다. 이런 경우는 매우 이례적이다. 물론 정치인들에 대해서도 같은 의견이었다. 덴마크에서도 정치인들에 대한 평가는 경찰이나 일반 공무원에 비하면 상대적으로 낮다. 그럼에도 불구하고 정치인들이 부패했다고는 얘기하지 않는다.

청렴한 국가들의 행복도가 높은 이유가 무엇일까? 여러 가지 요인을 생각 볼 수 있겠지만, 무엇보다 억울한 사람이 생기는 것을 방지하기 때문이라고 생각한다. 부정과 비리가 만연한 나라는 룰이 공정하게 적용되지 않는다는 의미이다. 불법이나 편법이 통용되는 나라다. 스포츠 경기에서 어느 특정 팀에게 룰이 유리하게 적용되면 편파 판정으로 인한 분쟁이 발생할 수 있다. 억울함 때문이다. 만약 이것이 스포츠 경기가 아니고 인신이 구속되는 재판과 같은 경우라면 억울함의 정도가 하늘에 닿을 것이다. 특히, 가해자가 피해자가 되고 피해자가 가해자로 둔갑하는 상황이 벌어진다면 그 후유증은 치명적이다. 여기서 초래되는 억울함, 분노, 극도의 좌절감, 무기력감은 이루 말할 수 없을 것이다.

부패의 정도가 강할수록 이러한 부정의 정서가 강하고 이는 사회적 불신과 사람들 간의 관계성에 균열을 초래해서 사회적 결속을 어렵게 한다. 부패한 국가는 위기 시에 치명적이다. 부패한 국가일수록 위기 시에 목숨을 바쳐 나라를 구할 생각보다는 줄행랑을 하는 사람들이 많다. 베트남 전쟁에서 남베트남이 세계 최강 미군의 강력한 지원을 받고도 북베트남에게 무너진 결정적인 이유는 부패 때문이다. 부패한 사회는 사람들을 흩어지게 하고 냉소적이고 무관심하게 만든다. 과거 장개석 군대가 이끈 국민당 군이 모택동이 이끄는 공산당 군에게 무너진 것도 결국 부패 때문이었다.

대한민국은 어떤 나라인가? 결속력이 약한 나라이다. 이 결속력을 와해시키는 요인 중의 하나가 부패이다. 부패한 사회는 약육강식의 논리가 작동한다. '게임의 규칙'이 힘이 있거나 돈이 있는 사람에게 유리하게 작용하기 때문이다. 룰이 공정하게 적용되지 않기 때문에 약자들은 억울함을 호소하고 사회에 대한 불만, 불평을 하게 된다. 아주 오래된 현상이다.

우리는 오랜 부패의 역사를 가지고 있다. 잘 알려진 바와 같이 조선왕조는 부패와 다툼으로 무너졌다. 다산 정약용은 당시 사회 어느 부분도 부패하지 않은 곳이 없어 어디부터 손을 대야 할지 모르겠다고 탄식했다. 그가 저술한 『목민심서』에 따르면, 지방수령들이 새로운 부임지로 갈 때는 텅 빈 수레로 가지만, 떠날 때는 수레가 철철 넘치게 채워간다고 한탄을 했다.[17] 17세기 우리나라에 표류한 하멜이 글을 남겼는데, 이 책에 보면 당시 우리나라 지방수령의 임기는 3년이었는데 상당 부분이 임기를 채우지 못하고 파직되었다는 것이다. 부정과 비리 때문이었다.[18] 하멜이 다녀간 지 300년이 훨씬 지난 지금은 상황이 어떨까? 정도의 차이는 있지만 지금도 여전하다. 많은 지방 자치 단체장이 비리와 연루되어 중도하차 하고 있다. 세계적으로 보면 매우 부끄러운 일이다. 덴마크의 경우 지난 20년 사이 자리를 잃은 단체장은 단 2명이다. 노르딕 국가 더 넓게는 북유럽의 경우도 별반 다르지 않다.

2003년으로 기억한다. 당시 나는 부패방지위원회 주관으로 시행된 세미나에서 주제발표를 한 적이 있다. 세미나 후에 식사를 같이 하며 이남주 위원장과 대화를 나눈 경험이 있다. 이 위원장은 이날 필자에게 이런 얘기를 하는 것이었다. "우리나라 어느 곳 하나 부패하지 않은 곳이 없어서, 어느 분야라도 들춰내기가 겁이 난다."는 것

---

17 정약용 저, 다산연구회 편역, 『목민심서』, 창비, 2015.

18 강준식 역, 『하멜표류기』, 웅진닷컴, 2002.

이다. 그 이유는 조그마한 것 하나라도 들춰내기 시작하면 걸려 나오는 것이 너무 많기 때문이라는 것이다. 아예 건드리지 말아야지, 손을 댔다가는 걷잡을 수 없는 상황에 이르기 때문이다. 우리 주위를 둘러보면 그의 말이 틀리지 않았다는 것을 알 수 있다. 예를 들면 언론에서 부정이나 비리를 보도하지 않는 날은 매우 드물다. 대학은 부패와는 거리가 멀어야 한다. 그런데 현실적으로 우리나라의 많은 대학관계자가 횡령이나 배임으로 처벌받고 있다. 심지어 종교단체도 그렇다. 많은 교회가 비리와 연루되어 심각한 다툼이 발생하고 법정까지 간다. 다산이 200년 전에 탄식했던 내용이 근본적으로 달라지지 않은 것이다.

부패는 사회적 갈등을 유발하고 사회적 불신을 증폭시킨다. 조화로운 사회, 평화로운 사회를 만드는 데 치명적인 걸림돌이다. 이와 더불어, 부패는 자원의 배분을 왜곡시키고 선의의 경쟁을 억눌러 국가경쟁력을 저하시킨다. 부패를 연구하는 학자들에 따르면 부패와 경제성장은 밀접히 관련되어 있다는 것이다. 한국 사람들은 두뇌력이 세계 최고이고, 기능올림픽에서 늘 1등을 하는 나라이며 근면성도 어떤 나라도 따라올 수 없는 최고 수준이다. 이러한 조건을 가진 나라 중에서 우리보다 못 사는 나라는 찾아보기 어렵다.

부패로부터 자유로운 나라를 만드는 것은 행복한 사회를 만들기 위한 필수적인 조건이다. 이와 더불어 경제적 번영을 누리기 위해서도 부패로부터 자유로워야 한다. 대한민국은 모든 조건을 다 갖추었는데 반칙과 편법 때문에 점프를 하지 못하고 있다. 그런데 우리 사회를 청렴하게 만들기 위해서는 관이 청렴해야 한다. 정부가 부패하면 그 사회는 부패하게 마련이기 때문이다. 어느 사회든 정부는 가장 중요한 준거 모델이다. 사람들은 준거집단을 보고 따라 행동한다. 나는 우리나라 기업이 비자금을 만들고 회계자료를 정직하게 작성하지 않아 탈세하는 것도 정부 탓이 매우 크다고 생각한다. 종교계가 심각하게 혼탁한 것도 관의 영향이 크다고 생각한다.

스칸디나비아 국가의 청렴성이 높은 이유는 이들 국가의 정부가 청렴하기 때문이다. 아시아에서 가장 청렴한 싱가포르의 경우도 관이 부패하지 않았기 때문이다. 언제부터인가 우리 사회의 부패를 "한국병"이라고 부르고 척결하자고 외쳤다. 예를 들면 대한제국의 서재필은 "부패를 대한의 병통"이라고 부르면서 개혁을 외쳤다. 해방 후 문민정부를 연 김영삼 대통령도 한국병의 대표적인 요인으로 부패를 꼽고 이를 일소하겠다고 외쳤다. 사실 역대 어느 정부도 부패척결을 외치지 않은 정부가 없다. 그러나 그에 비해 큰 진전이 없다. 이명박, 박근혜 정부에서 드러난 문제를 보면 이러한 생각을 실감하게 한다. 오히려 퇴보했다는 생각마저 든다. 그 이유는 부패척결을 위한 근본적인 틀을 바꾸기보다는 부분적인 것만을 건드렸기 때문이다. 이와 관련해서 부패청정국의 사례를 참고할 필요가 있다. 이는 뒤에서 좀 더 상술하기로 한다.

지속 가능성을 증진시키는 정부

■ 앞에서 잠시 언급했듯이, 필자는 세상에서 행복하다는 나라들은 어떤 특징이 있을까 호기심이 생겨 찾아다녔다. 이 중에서 가장 인상적이었던 나라가 덴마크, 코스타리카, 부탄이었다. 이들이 갖는 재미있는 공통점 중의 하나는 아름다운 자연을 가지고 있고 자연을 매우 소중히 간직하려고 한다는 점이다. 참고로 행복도가 최상위권에 속하는 나라들은 사실 모두 이런 면에서 유사하다.

코스타리카의 예를 보자. 이 나라를 돌아다녀 보면, 매우 아름다운 자연에 놀라게 된다. 특히, 생태관광을 하면 매우 환상적인 경험을 하게 된다. 코스타리카는 중남미의 스위스라 할 정도로 매우 아름다운 자연을 가지고 있다. 이보다 더 중요한 것은 이와 같은 천혜의 아름다운 자연을 철저히 보호하려는 이 나라 사람들의 노력이다. 이 때문인지는 몰라도 코스타리카 국민은 동·식물을 잘 보호하고 지켜주는 나라로 널리 알려졌다.

이 나라에서 생태관광을 할 때이다. 같이 걷던 가이드가 나무에서 거미줄을 타고 내려오던 벌레를 손으로 잡아서 길옆으로 조심스럽게 갖다 놓는 것이었다. 그러면서 하는 말이, 사람들이 길을 걷다 이 벌레를 밟을 것 같아서 옮겨 놓았다는 것이다. 아주 작은 벌레의 생명조차 소중히 여기는 것이다.

코스타리카는 연중 온도가 따뜻하고, 환상적인 자연을 가지고 있어 많은 관광객이 몰려오고 있다. 그러나 관광수입을 늘리기 위해서 환경을 훼손하는 무리한 개발을 하지 않고 있다. 이 나라를 여행해 보면 도로 대부분이 매우 비좁고 터널이나 케이블카를 보기 어렵다. 주요 관광지에 호텔이나 음식점이 무분별하게 난립해 있지 않다. 먹고 사는 문제보다 자연을 잘 보호하는 것이 더 중요하다는 국민적 공감대가 있기 때문에 가능한 것이다. 참고로 코스타리카는 대부분 자연 친화적인 에너지에 의존하고 있고 식품도 유기농 중심이다. 이 나라의 1인당 국민소득은 우리나라의 1/3 수준이다. 그럼에도 불구하고 환경이 경제보다 더 상위가치로 인식되고 있는 것이다.

부탄은 코스타리카보다 훨씬 더 자연을 소중히 여기는 나라다. 이 나라는 국가 발전의 정도를 GDP보다 GNH(Growth National Happiness), 즉 국민 총 행복으로 측정하고 있다. GNH를 구현하기 위한 네 가지 기둥 중의 하나가 자연환경을 보존하는 것이다. 이 나라 사람들은 자연이 인간에게 정서적 안정, 감정적 풍요로움을 제공한다고 믿고 있다. 경제적 번영을 배제하지는 않지만, 환경을 훼손하는 발전은 바람직하지 않다는 것이다. 부탄은 헌법에 "이 나라의 산림 면적이 영구히 60%가 되어야 한다."고 규정하고 있다. 이 작은 은둔의 왕국은 세계에서도 빈국에 속하는 나라이다. 그럼에도 불구하고 환경을 훼손해가면서까지 개발을 하려고 하지 않는다.

부탄은 의외로 방문객이 많다. 2013년 부탄을 방문할 때 경험한 사실이다. 파로 국제공항에 도착할 때, 사람들이 비행기 안에서 일제히 환호했다. 많은 나라를 돌아다녔지만 이처럼 비행기 안에서 승객들이 환호하는 경우는 처음이다. 많은 사람들이 부탄이라는 나라에 대해서 호기심을 가지고 있지만 방문하기 어려운 나라여서 그랬을 것이다. 어쨌든 부탄을 방문하려는 사람은 계속 증가하고 있는데, 이 나라는 방문객 수를 제한하고 있다. 부탄을 방문하려면 1인당 하루 250달러를 내야 한다. 체류비이다. 이렇게 하는 나라가 없다. 체류비를 부과하는 이유는 방문객을 제한하려는 의도이고, 이를 통해 부탄의 자연을 잘 보존하려는 것이다.

부탄은 관광객이 밀려와도 개발을 극히 억제한다. 도로는 대표적인 예다. 이 나라 도로는 산 주변을 따르는 매우 굴곡이 심한 구조인데, 이들을 직선화하기 위해 터널을 뚫는다든지 도로를 확장하지 않는다. 호텔시설도 매우 제한적이다. 관광지에 상업적 시설도 매우 제한적이다. 음식점이나 위락시설을 보기 어렵다. 환경을 오염시키거나 훼손시킬 여지가 별로 없는 것이다. 경제가 최우선이라는 생각이 지배하지 않기 때문에 가능한 것이다.

덴마크는 우리나라보다 국민소득이 거의 두 배나 되는 매우 부유한 나라이면서 행복도는 세계 최고이다. 안데르센의 나라로 알려진 덴마크는 말 그대로 동화 같은 나라이다. 필자가 가장 이상적인 나라로 생각하고 있다. 덴마크는 코스타리카나 부탄처럼 아름다운 산과 강을 가진 나라는 아니지만, 환경을 보호하기 위한 노력이 각별하다. 대표적인 사례가 자전거 이용이다. 덴마크는 자전거의 나라이다. 이 나라 자전거 수는 국민 수보다 더 많다는 얘기가 회자되고 있다. 길거리가 온통 자전거다. 필자가 2014년 2학기에 근무했던 코펜하겐 대학교 사회과학 대학의 경우, 교직원의 60~70%는 자전거로 출퇴근한다. 학생들은 말할 것이 없다. 비나 눈이 내리고, 바람이 불어도 또한 매우 추운 날에도 자전거를 타고 출퇴근한다. 비가 오면 우비를 입는다. 지도자들도 그렇다. 2014년 10월에 만난 이 나라 국회의장은 의전이 없는 날은 자전거를 타고 출근한다는 것이다. 이 나라 사람들에게 자전거를 이용하는 이유를 물어보면, 환경에 도움이 되고 건강에도 도움이 되기 때문이라는 것이다.

환경에 민감하다는 사실은 사회 전반에서 나타난다. 덴마크에는 100년이 넘은 건물들이 많고, 이들이 고가에 거래되고 있다. 어떤 건물은 너무 낡아 보이는데 안에 들어가 보면 리모델링을 해서 훌륭하게 꾸며 놓았다. 코펜하겐에 있는 음식점들은 상당 부분 100~200년 된 건물 지하에 들어 있다. 건물은 오래됐어도 임대료는 비싸다. 2014년 필자가 연구년 관계로 코펜하겐 대학교에 가게 돼서 집을 구하러 다녔는데, 집이 없어서 많은 곳을 돌아다녔다. 그런데 필자가 둘러본 집 중에는 200년 된 해군 막사를 아파트로 사용하는 곳이 있었다. 외관상 매우 낡아 보였는데 임대료는 터무니없이 비싸서 놀랐다. 비는 방도 없었다. 우리나라 같으면 벌써 오래 전에 재개발을 했을 것이다.

위 3개국을 통해서 필자가 얘기하려고 하는 것은 행복한 나라들은 뭣인가 균형을 취하려는 성숙성이 있다는 것이다. 대표적으로 자연과 인간의 공존이다. 이 뿐이 아니다. 일과 삶의 균형을 취하려 한다. 이를 통해서 가정을 유지하려고 한다. 이들 국가에서는 저출산의 문제가 심각하지 않다. 지속 가능성을 중시하기 때문이다. 이에 비해 한국 사회는 지속 가능성이 심각하게 위협받고 있다. 무엇보다 경제논리가 너무 강조되어, 환경이 심각하게 훼손되고 있기 때문이다. 우리는 경제성장에 대한 강박증과 조급증이 있는 나라다. 경제가 어떤 가치보다 우위에 있다.

경제를 강조하는 나라는 필히 물질주의를 유발하게 된다. 물질주의는 탐욕을 유발한다. 탐욕은 어떤 삶이 좋은 삶인지 성찰하는 마음을 앗아가 버리고 도덕과 윤리를 차단해 버린다. 우리 사회는 물질적 욕망이 매우 강한 사회이고, 이것이 개발의 논리를 더욱 강화시킨다. 뭐든지 돈이 된다 싶으면 개발하려고 한다. 이러한 탐욕 때문에 30~40년밖에 안 된 아파트들이 재개발이란 명목으로 허물어진다. 여기서 나오는 산업 쓰레기를 어떻게 처리할 것인가? 관광객이 머무를 호텔이 부족하다고 초등학교 옆에까지 호텔을 짓겠다고 야단이다. 관광객이 몰리는 곳에는 도로를 넓히고 숙박시설이 우후죽순처럼 들어선다. 식당이 들어서고 위락시설이 들어선다. 문제는 이 과정에서 자연이 심각하게 훼손된다는 점이다. 훼손되는 속도가 너무 빠르다. 과거 삼천 리 금수강산이라고 했는데, 이는 옛말이다. 아주 한적한 시골의 경우에도 곳곳에 폐비닐과 버려진 농기계들이 산과 들에 방치되어 있다. 임마누엘 페스트라이쉬 경희대 국제대학 교수는 이러한 현상을 "잔혹한 환경파괴"라고 비유했다.[19]

도시지역의 경우는 대기오염이 대단히 심각하다. 서울은 세계에서 가장 오염도가 높은 나라 중의 하나이다. 외국에 본사를 두고 있는 회사들의 경우 본국에서 우리나라에 있는 지사에 근무할 직원을 선발하는데 어려움을 겪고 있다는 것이다. 환경오염 때문이

---

19 중앙일보, 2016.5.7

다. 앞에서 얘기한 페스트라이쉬 교수의 증언이다. 나는 그의 말에 일리가 있다고 생각한다. 우리가 그동안 환경에 그만큼 무관심했기 때문이다.

나는 현재와 같이 경제우선주의가 지속되는 한 우리 사회의 지속 가능성은 심각한 위기에 직면할 것이라고 생각한다. 간단히 말해서 경제지상주의는 공동체를 붕괴시킬 것이다. 우선 인간과 자연의 공존을 무너뜨리게 된다. 환경파괴는 먹거리, 마실 거리를 붕괴시키고 기후변화를 통한 생태계 교란을 통해서 인류를 위협할 것이다. 특히 대한민국이 문제다. 다음으로는 가정을 붕괴시킬 것이다. 경제지상주의는 경쟁력을 강조하고 이는 효율과 성과에 집착하게 만든다. 이러한 상황에서는 근로자들이 더욱 고된 직장 생활을 하게 되고 이에 따라 가정은 더욱 등한시되고 위협받게 된다. 2017년 언론에서는 저출산, 일·가정 양립이 초미의 관심사이자 화두였다. 금년에는 인구붕괴 얘기가 심각하게 논의되고 있다. 경제지상주의가 지속되는 한 이런 국가적 과제들은 단순히 신년 화두로 그칠 가능성이 높다. 사실 우리는 늘 그래 왔다.

마지막으로 경제 우선적 사고는 사람들의 관계성을 붕괴시킨다. 경제지상주의는 물질을 중시하는 것이다. 앞에서도 지적했듯이 물질은 탐욕을 유발하고, 탐욕은 필히 관계성을 훼손시킨다. 사이가 좋던 형제가 갑자기 늘어난 부모의 재산을 두고 싸우는 경우가 많은데 그런 예다. 재벌가에서 흔히 볼 수 있는 가족 간의 소송도 마찬가지다. 물질은 사랑의 마음을 갖게 하는 것보다는 더 많은 것을 얻었으면 하는 욕심의 마음을 갖게 한다. 다툼이 생길 수밖에 없

다. 대체로 물질을 강조하는 나라는 관계성이 취약하다. 우리나라
가 그 대표적인 예이고, 미국도 여기에 속한다.

chapter 3

좋은 정부 만들기

정치 바꾸기

1) 왜 정치를 바꾸어야 하는가?[1]

■ 세계적으로 소위 부유하면서 행복도가 높은 동화 같은 나라를 자세히 들여다보면 거의 예외 없이 '좋은 정치(good politics)'가 작동하고 있다. 북유럽 국가들이 그렇고 스위스가 그렇다. 정치란 사람들이 집단으로 살아가는 데 필요한 중요한 원리이다. 만약 세상에 오직 한 사람만 있다면 정치는 필요 없다. 이에 비해 여러 사람이 어울려 살게 될 경우에는 사람들의 생각이 서로 다르기 때문에 사고의 충돌을 조율할 필요성이 생긴다. 이러한 갈등을 해결하는 원리가 정치이다. 좀 풀어보면 정치란 사회구성원의 다양한 목소리가 경합을 하고 조율되는 공론의 장이라고 할 수 있다.

행복도가 높은 국가들의 경우에는 정치의 장이 매우 폭넓게 열려 있어, 누구든 이 정치의 장에 진입해서 자유롭게 자신의 목소리를 낼 수 있고 이러한 목소리가 존중된다. 북유럽 국가들은 전형적으로 이 부류에 속한다. 이들 국가에서는 다양한 집단의 목소리가 충분히 표출되고 이것이 잘 조율되어 사회 전반적으로 갈등이 없다. 따라서 사회가 조용하고 평화롭다. 사람들이 느긋하다. 불안하거나 걱정하는 모습을 보기 어렵다. 어떤 면에서 한국 사람이 살기에는 무료하고 따분한 나라들이다. 그래서 이들 국가를 '재미없는 천국'

이라고 부른다. 사실 시끄러울 것 같은 이스라엘도 너무나 평온하다. 정치제도가 사회갈등을 흡수하는 구조이기 때문이다.

이에 비해 우리나라의 경우는 사회적 갈등이 너무나 심각하다. 세계 최고 수준이다. 사람들 간에 의견의 대립은 얼마든지 발생할 수 있다. 문제는 이러한 대립이 평화적으로 해결되지 못하고, 파국으로 이어진다는 것이다. 갖가지 이유로 길거리로 나오는 사람들, 높은 탑에 올라가 억울하다고 외치는 사람들, 극단적인 방법으로 자신의 생명을 버리는 사람들이 우리 사회에는 너무나 많다.

덴마크 로스킬드 대학교에서 박사논문을 준비 중이던 40대의 한국 입양인은 우리나라에서 흔히 목격하게 되는 철탑농성이나 길거리의 과격한 시위를 끔찍하다고 얘기하면서 정치인들은 도대체 무엇을 하는지 모르겠다고 의아해했다. 정치는 이런 것 해결하라고 있는 것이다. 대한민국의 정치는 민초의 애환을 담아내지 못하고 있다. 정치가 제대로 작동하지 못하고 있는 것이다. '정치 실종'이라는 말이 적합하다. 정치가 제대로 작동되지 못하기 때문에 사람들이 정치 바깥으로 나가는 것이다. 심지어 대통령도 길거리로 나간다. 정치는 없는데도 불구하고 정치인에게는 세계 최고 수준의 사무실과 급여와 보좌관이 제공된다. 정치 개혁이 필요한 이유다.

정치 개혁이 필요한 또 다른 이유가 있다. 영국 출신의 연구자 오밸런스(O'Ballance)는 그의 저서 『한국전쟁: 1950-1953』에서 "한국인들은 역사적으로 끊임없이 억압받고 착취당했다(Koreans had been consistently oppressed and exploited)."라고 기술하고 있다.[20] 이와 유사한 지적이 많다. 우리 민족은 너무 오랜 기간 가혹하게 억눌려왔다. 우리에게 인권, 사상의 자유, 표현의 자유란 좀처럼 가져보기 어려운 '재화'이다. 억눌린 삶을 살았기 때문에 한국인의 표정은 살아있지 못하다. 표정이 없고 위축되어 있다. 우리는 자신의 속내를 드러내는 것을 매우 꺼린다. 드러내면 위험하기 때문이다. 이러한 불행한 삶을 뒤바꿔 놓기 위해서도 정치 개혁이 필수적이다.

이와 더불어 일반 국민의 삶은 어려운데 권력을 쟁취하기 위해서 끝없이 다툼만 하는 정치인들, 또한 권력을 얻기만 하면 자리를 이용해서 사욕을 채우는 권력자를 방지하기 위해서라도 정치 개혁은 피할 수 없는 최우선의 과제이다.

반기문 씨는 2017년 유엔 사무총장을 마치고 귀국길에서 가진 공항 기자 회견에서 그의 평상시 모습과는 다르게 강력하게 대권에 대한 도전 의사를 밝혔다. 자신이 이 쓰러져 가는 나라(?)를 구하겠다는 것이다. 그의 모토는 정권 교체가 아닌 정치교체였다. 일견 일리가 있는 얘기였다. 왜? 그동안 여야가 정권 교체를 했지만 소용없었다. 민주화를 외치는 세력이 정권을 잡았던 경우도 정도의 차이는 있지만, 별반 다르지 않았기 때문이다.

2017년 초 미국의 오바마 대통령은 매우 아름다운 퇴진을 했다. 우리의 경우는 이런 사례가 단 한 번도 없었다. 모두 오점을 남기고 퇴임을 했다. 그것도 김영삼, 김대중 대통령을 제외하면 모두 쫓

---

20 O'Ballance, E., 「Korea: 1950–1953」, 1985.

거나거나 살해되거나 교도소에 수감되거나 자살하는 극히 불명예
스러운 대통령들이었다. 품격 있는 나라에서 상상하기 어려운 현상
이다. 이 얘기는 정권 교체는 문제를 해결하는 데 별로 효과가 없
다는 의미이다. 부연하면 가진 권력을 남용해서 부정과 비리를 행하
고 자신의 권력에 도전하는 사람들에게 가혹하게 보복하는 행위를
근절하기 위해서는 정권 교체만으로는 한계가 있다는 것이다. 나는
이러한 한계는 근본적으로 정치의 작동원리, 즉 정치 시스템을 바
꿈으로써 채워질 수 있다고 생각한다.

2) 왜 정치를 바꾸어야 하는가?[2]

■ 행복한 사회의 두드러진 점은 공동체성이 강하다는 것이다. 사람들이 더불어 살아야 한다는 생각이 확고하고, 이는 좋은 관계성으로 나타난다. 그런데 우리 사회를 돌아보면, 어느 분야를 보더라도 평화롭고 조화로운 곳이 드물다.

예를 들어, 아파트 입주민들 사이에도 다툼이 매우 심하다. 구청이나 시청에서는 이러한 싸움을 조정하느라 많은 어려움을 겪고 있다. 어떤 아파트에는 입주자 대표회의가 둘이 있는 곳도 있고 서로 고소 고발을 수십 차례 한 경우도 있다. 문제를 평화적으로 해결하지 못하는 것이다. 필자도 이러한 다툼을 조정하는 자리에 참여해 본 적이 있다. 입주자 대표회의와 아파트 관리소장 간의 분쟁 건 때문이었다. 이 분쟁의 주요 원인은 아파트 주민들이 두 그룹으로 나뉘어 치열하게 대립하는 과정에서 관리소장이 희생양이 된 것이었다. 싸우는 이유는 주로 주도권 다툼 때문이다.

종교계도 상황은 다르지 않다. 어떻게 보면 일반사회보다 더 심각하다고 할 수 있다. 개신교의 경우를 보면, 요즈음 목회자들의 기도는 교회가 거듭나기를 기원하는 것이고 세상에서 손가락질당하지 않기를 기원하는 것이다. 한국의 교회는 세계적으로 매우 주목받아 왔다. 교회가 급속히 성장하고, 세계에서 가장 큰 교회는 대부분 한국에 있기 때문이다. 우리나라가 기독교에 뿌리를 둔 나라가 아님에도 불구하고 이러한 성장은 분명 이례적이고 이에 따라 주목의 대상이 된 것이다. 그러나 이러한 외형적인 성장에도 불구하고 내부를 들여다보면 아쉬운 점도 많다. 무엇보다 교회 내부적으로 분규가 많다. 우리나라 대형교회 중 상당 부분은 내홍에 휩싸여 있다. 세계에서 가장 큰 교회가 우리나라에 있는데 이 교회부터가 심각한 분규를 겪고 있다.

어떤 교회는 다툼 때문에 한 교회에 두 목사가 있다. 다툼의 원인도 다양하다. 가장 큰 요인은 주도권 다툼 때문이다. 한국 사회의 갈등을 유발하는 가장 주된 요인이다. 우리나라 교회에서 이해하기 어려운 부분은 장로와 같은 임원선출을 둘러싸고도 다툼이 발생한다는 것이다. 교회임원은 봉사직인데 이를 두고 분쟁이 벌어지는 것이다. 장로 선거가 끝나고 나면 늘 후유증이 있고 심한 경우는 교회를 떠나는 사람들이 나타나기도 한다. 그런데 이러한 다툼은 교계의 최고 지도자를 선출하는 데서도 나타난다. 과거 교단의 총회장선거에는 거액의 선거자금이 지출되었고, 선거가 끝나고 나면 불공정 시비 때문에 법정으로 가는 사례도 종종 있었다. 사랑, 용서, 섬김이 기독교의 가장 근간이 되는 가르침인데도 불구하고 이런 현상이 발생하는 이유는 무엇일까?

필자는 해외여행을 할 때 가능하면 여행 중에도 현지 교회를 방문한다. 예배에 참여도 하지만 시간이 되면 방문한 교회의 목사들과 면담을 하기도 한다. 2015년 캐나다 밴쿠버를 방문했을 때의 얘기이다. 시간이 돼서 시내에 있는 밴쿠버 제일장로교회를 방문했다. 정년이 다 된 원로목사와 장시간 얘기를 나눈 적이 있다. 그는 이미 한국 교회에 대해서 많이 알고 있었다. 앞에서 지적한 그런 내용 말이다. 캐나다 교회는 상당히 쇠퇴하고 있다. 그러나 한국 교회가 가지고 있는 부끄러운 모습은 없었다. 이 원로목사의 말씀으로는 캐나다 교회에서 장로선출이나 교단의 총회장선출건 때문에 심각한 분규가 있었던 사례를 기억하지 못한다는 것이다. 이런 자리는 봉사하는 역할이기 때문에 서로 피한다는 것이다. 특히, 총회장 출마자들이 거액을 들여 선거운동을 한다는 것은 상상할 수 없는 얘기라고 잘라 말했다.

서재필은 우리 사회의 시기, 미움, 다툼을 대표적인 한국병이라고 지적했다. 나는 이러한 한국병을 유발한 근원은 정치에 있다고 생각한다. 정치는 사회의 관계성을 규정하는 가장 근원적인 요인이다. 정치는 어느 사회든 최상부 구조를 형성하기 때문이다. 상부 구조는 하부 구조의 성격을 좌우한다. 정치인들이 거짓말을 하면 일반 국민도 따라서 배운다. 정치인들이 부정을 하면 일반 국민도 그대로 영향을 받는다.

아주 오랜 기간 한국의 정치는 심각한 다툼을 이어 왔다. 조선조의 권력자들은 수백 년간 처절한 다툼을 계속했다. 투쟁의 대상은 권력이었다. 정치는 권력을 얻기 위해서 정파 간의 경쟁과 경합을 하는 장이다. 우리는 경쟁을 하는 수준을 훨씬 뛰어넘어 상대를 철저히 무너뜨리려고 한다. 조선조에는 특정 정치세력이 권력을 잡으면 상대 정파를 누명 씌워서 제거하거나 귀양을 보내곤 했다.

우리에게 널리 알려진 『목민심서』를 저술한 다산 정약용은 조선조의 사대부들이 티끌만 한 일로 살육을 일삼는다고 탄식을 했다.[21] 이러한 전통이 해방 이후에도 그대로 이어져, 심지어 한국전쟁 중 피난지에서도 권력다툼을 했다. 문제는 정치권의 이러한 모습이 사회 곳곳에 그대로 모방되고 학습되어 나타나고 있다는 사실이다. 앞에서 예를 들었지만 종교계조차 그렇다. 어떤 분야든 주도권을 차지하기 위한 다툼이 치열하고 이 과정에서 사람들이 반대편에 선 사람을 미워하고 시기하고 모함하는 것이 우리의 현실이다. 사회의 에너지가 타인을 미워하는 데 소진되고 있다. 더 큰 문제는 이러한 현상에 대해서 그렇게 심각하게 생각하지 않는다는 것이다. 사람 사는 곳에는 당연히 이러한 현상이 있는 것으로 치부해 버린다.

나는 이와 같은 한국병을 근본적으로 치유하기 위해서는 정치의 개혁이 필수적이라고 생각하고 있다. 이와 관련해 세계적으로 정말 행복하고 아름다운 나라들의 정치를 눈여겨볼 필요가 있다. 특히, 평화롭고 조화롭게 사는 스칸디나비아 국가들의 사례를 분석해 볼 필요가 있다. 필자는 '좋은 정치' 없이 '행복한 나라를 만들기'는 불가능하다고 생각한다.

---

21 정약용 저, 송재소 역주, 『다산시선』, 창작과 비평사, 1981.

3) 정치의 틀을 바꿔라[1]

■ 우리나라 정치의 본질적인 문제는 크게 두 가지다. 하나는 정치가 국민의 고통과 애환을 담아내지 못한다는 것이다. 국민이 도탄에 빠져 신음하고 있어도 이것이 정치권에 도달하지 못한다. 넓게 보면, 국가의 다양한 문제들이 정치의 장에서 드러나지 못하는 것이다. 다른 문제는 권력을 가진 자들이 권력 다툼에 허송세월하고 권력을 차지하게 되면 권력을 남용해서 부정과 비리를 행하고 인권을 짓밟으며 자신의 권력에 도전하는 자들을 응징하는 것이다.

이러한 문제가 발생하는 근본적인 원인은 정치의 틀이 잘못 설정되어 있기 때문이다. 즉, 정치 시스템에 결함이 있다는 말이다. 이 얘기는 아무리 정치인을 개혁적인 인물로 교체해도 정도의 차이는 있을지 몰라도 문제가 계속 발생할 것이라는 의미다. 그동안 우리나라에서도 많은 대통령이 오고 가고 했지만 '백약이 무효'였다. 한국병이라고 할 수 있는 부정이나 권력 다툼은 여전히 그대로다. 국회의원들의 경우도 총선 때마다 거의 절반이 교체됐지만, 문제는 전혀 해결되지 못하고 있다. 사람의 문제가 아니다. 시스템의 문제다.

세계적으로 정치가 작동되는 원리는 크게 두 가지로 나누어 볼 수 있다. 하나는 다수결주의라 부르고, 다른 하나는 합의주의라고 부른다.

다수결주의는 말 그대로 "다수의 뜻이 지배하는 정치구조"를 의미한다. 민주주의 기본원리이기도 하다. 이 원리는 다수를 점한 세력에게 정치권력을 집중하는 것이다. 그에 따라 일사분란하고 결단력 있는 리더십과 신속한 의사결정을 가능하게 하는 장점이 있다. 이와 더불어, 일관된 정책추진이 가능하고 정치적 책임을 묻는 것이 분명하다는 것이다. 다수결주의는 일반적으로 양당제를 기반으로 한 대통령 중심제에서 나타나는 현상이다. 우리나라와 미국은 그 대표적인 사례이다. 다수결주의 정치 시스템에서는 다수를 점하는 정치세력이 권력을 독점하기 때문에 야당은 다음 선거에서 권력을 획득하기 전까지는 침묵해야 한다. 이들의 역할이란 집권세력의 문제점이나 실수를 찾아내고 이를 대중에게 드러내는 것이다. 사실상 여당이 실패하기만을 기다린다.

이에 비해 합의주의는 "가능한 많은 사람의 뜻을 모아서 통치해야 한다고 생각하는 정치원리"이다. 다수결주의와 다른 점은 합의주의는 다수에 의한 지배를 최소한의 기준으로 삼는다는 것이다. 즉, 다수주의를 받아들이되 면도날 같은 차이의 다수결보다는 가능한 다수의 규모를 최대한 넓히려고 하는 것이다. 예를 들면, 51%를 얻어 집권당이 된 세력이 나머지 49%의 세력을 적으로 배제하기보다는 이들에게도 권력행사에 동참하도록 해서 다수의 범위를 최대한 확대하는 것이다. 이것이 합의주의의 기본정신이다. 합의주의는 정치인들이 의사결정을 할 때 여·야에 관계없이 폭넓은 참여를 유도하고 폭넓은 동의를 지향한다. 합의주의는 일반적으로 다당제를 기반으로 한 내각제에서 나타난다.

다수결주의는 설령 수학적으로 과반이 아니라 단순히 다수의 위치를 점한 정치 세력에게 권력을 집중시키는 데 비해서 합의주의는 다양한 방법으로 권력을 공유하려고 한다. 다수결주의의 치명적 문제점은 배타적이고, 경쟁적이고, 적대적이라는 것이다. 이러한 시스템하에서는 다수를 얻은 세력은 지배하는 것이고, 기타 세력은 여기에 저항하고 반대하는 논리이기 때문이다.

다수결주의가 지배하는 대표적인 나라가 미국이다. 미국은 세계 최강국이고 경제적으로 부국이지만 세상이 가지고 있는 사회적 모순을 모두 가지고 있다. 우선 빈부격차가 그렇다. OECD 국가 중 가장 크다. 당연히 사회적 갈등이 매우 심각하다. 범죄도 세계 1위이다. 교도소에 수감된 재소자 수가 인구 대비 세계 어떤 나라보다도 많다. 대량 총기 살인이 일상적으로 발생한다. 의료 보험에 가입되지 않은 사람이 수천만에 이른다. 돈 때문에 병원을 가지 못하는 사람들이 너무나 많다. 흑백 간의 갈등으로 인한 폭동이 종종 발생한다. 정치가 이런 사회문제를 해결하지 못하고 있다.

왜 그런가? 정치 자체가 대결적이기 때문이다. 미국은 가끔 정부가 문을 닫는다. 이를 "Shut down"이라고 부른다. 2018년 새해 벽두에도 셧다운이 있었다. 마침 이때 필자가 만나려던 미 해군 목사가 이 셧다운 때문에 움직일 수 없어 만나지 못하는 해프닝이 있었다. 여야가 특정 사안을 두고 합의에 이르지 못해서 예산안이 처리되지 못했기 때문에 나타난 현상이다. 미국에는 특정 사안을 놓고 정치 파국이 종종 발생한다. 그런데 우리는 훨씬 더 심하다. 대통령조차 정치적으로 해결하지 못하고 거리로 나선다.

합의주의는 다양한 정치세력이 권력을 공유하는 구조이기 때문에 타협적이다. 정파 간에 서로 뜻을 모아서 통치를 하는 방식이다. 설령 특정 정치세력이 다수를 점해서 집권한다 하더라도 권력을 독점하는 것이 아니고 기타 세력, 예를 들면 야당에게도 권력행사의 일정공간을 제공하는 구조다. 다수결 주의가 작동하는 정치구조하에서 통치하기 위해서는 필히 행정부를 장악해야만 하지만 합의주의 하에서는 내각에 참여하지 않는 정치세력도 통치의 파트너가 될 수 있다. 집권세력이 이들과 협의해서 합의를 기반으로 정책을 결정하기 때문이다. 이런 맥락에서 합의주의를 포용적 민주주의라고 부르기도 한다. 북유럽 국가와 스위스는 그 대표적인 예다.

이러한 합의주의 시스템하에서는 늘 다양한 정파 간에 소통이 활발히 이루어져 의견 조율이 되고, 이는 일반 국민의 다양한 생각과 의견을 정치에 반영되도록 만든다. 정치채널, 즉 정치통로가 넓기 때문에 가능한 것이다. 당연히 상호공존의 가치가 뿌리내릴 수 있는 여지가 큰 것이다. 합의주의는 기본적으로 다른 정파를 고려해야 하기 때문에 사회적 의식을 촉진시키고 연결성을 높여 궁극적으로 공동체성을 증진시킨다. 정치가 공존의 규범을 촉진시킨다.

합의주의 하에서 정책 결정은 다양한 의견 조율의 과정을 거친다. 여야는 물론이고 사회의 다양한 이익집단과 긴밀한 협의를 거친다. 덴마크의 경우, 주요법안은 이와 관련된 이해당사자, 예를 들면 사용자 그룹과 노동자 그룹의 의견 조율을 충분히 거쳐서 합의에 이를 때만 의회에 회부되고, 의회에서도 모든 정치세력이 참여해서 합의 처리한다. 당연히 다수결주의보다는 더 많은 목소리가 고려되고 더 많은 대안과 정보가 검토되기 때문에 정책의 질이 높아지고 지속성이 있으며, 장기적이며, 안정성이 있다. 정책의 수용성 또한 높고 집행과정에서 반발도 약할 수밖에 없는 것이다. 다수결주의 시스템에서는 권력을 독점하는 세력이 정책 결정을 주도하기 때문에 정권이 교체되면 기존의 정책이 중단되기도 하고 재검토되거나 거꾸로 가는 상황도 흔히 발생한다. 우리나라를 생각하면 된다. 때로는 전임자에 대한 미움 때문에 후임 대통령이 전 정권의 모든 흔적을 지우려 하는 경우도 있다. 이는 비단 중앙 정부뿐 아니라 지방 자치 단체에서도 나타나는 현상이다. 이로 인한 국가적 손실과 낭비는 막대하다.

합의주의를 채택한 나라들의 경우는 대부분 다당제를 기반으로 하고 있다. 다당제하에서는 대체로 특정 정파가 과반수를 점하기 어렵기 때문에 집권하기 위해서는 정파 간의 연합이 필요하다. 연합을 위해서는 당연히 상대의 존재를 인정하고, 양보하는 마음이 필요하다. 자신의 주장만을 고집하기보다는 타협이 필요하다. 덴마크 의회를 방문했을 때 만난 요나스 (Jonas)라는 의원은 이 나라 정당들은 자신의 주장에 70%만 근접해도 타협을 한다는 것이다. 정치 시스템이 타협을 유도하기 때문에 가능한 것이다.

다수결 주의는 하나의 정치세력이 권력을 독점하는 구조이다. 이를 승자독식의 원리라고 부른다. 승자가 모든 것을 차지하는 데 비해서 패자에게는 국물도 없는 '게임'이다. 이러한 게임에서는 권력을 얻는 것과 잃는 것의 차이가 클 수밖에 없다. 당연히 이러한 상황에서는 정당들이 권력을 얻기 위해서 필사적으로 노력하고 상대를 무너뜨리려고 한다. 여기서는 승자만이 존재할 뿐이기 때문이다. 따라서 권력에 대한 투쟁이 격화된다. 다수결주의는 기본적으로 적대성과 투쟁을 유발하고, 이는 사회를 갈라놓고 대립적으로 만든다. 이에 비해 합의주의는 권력을 공유하는 구조이기 때문에 다른 정치 세력을 의식하지 않을 수 없고 이는 상대정당을 포용하도록 만들어 정치 세계에 동반자의식을 증진시켜 공존의 규범을 촉진시킨다.

정치권에서의 이러한 사고는 사회의 다른 분야에 영향을 미치게 되어 있다. 덴마크의 경우를 보면 대학에서도 어떤 의사결정이든 전원합의를 원칙으로 한다. 합의를 이끌어내려면 많은 시간이 걸릴 것으로 생각할 수 있는데, 타인의 의견도 존중되어야 한다는 생각이 공유되어 있어서 우리가 생각한 것보다는 신속히 의사결정이 이루어진다.

합의주의는 다당제하에서 나타나는 모델인데 이 다당제가 정착되기 위해서는 선거 제도가 뒷받침되어야 한다. 미국과 같은 1인 소선구제를 채택한 나라에서는 다양한 정치세력이 권력을 얻을 수 없다. 미국이 전통적으로 양당제를 유지할 수 있었던 핵심적인 원인이다. 이에 비해 북유럽 국가들의 경우는 전통적으로 다당제를 유지하고 있는데 이는 선거 제도가 미국과는 현격히 다르기 때문이다. 코펜하겐 시는 4개 선거구로 나뉘어 있는데 선거구별로 10~20명의 의원을 선출한다. 이때 투표결과로 나타난 주민들의 정당 지지율을 기초로 해서 정당별 의석이 결정된다. 이러한 선거 제도하에서는 1인을 선출하는 소선거구제에 비해서 군소정당들도 의석을 확보하는 것이 용이하다.

덴마크와 인접한 독일은 소선거구제를 채택하고 있지만, 비례의석을 지역구 의석(299석)과 동일한 비율로 설계하였다. 비례대표 의석은 정당투표를 통해서 배분된다. 이러한 선거 제도 또한 다양한 정치세력이 의회에 진출할 수 있도록 유도하고, 이들이 다양한 사회의 목소리를 대변하기 때문에 이러한 사회에서는 소외되는 집단이 최소화된다. 한국 사회는 그 반대쪽에 있다. 이는 근본적으로 정치의 결함이고, 엄밀히 얘기하면 정치구조의 결함 때문이다. 한국 정치가 가난하고 배우지 못하고 저임금에 시달리는 사회적 약자들을 위한 권리를 좀 더 대변하기 위해서는 필히 선거 제도의 개혁이 필요하다. 정치 개혁의 중요한 테마 중의 하나다. 지금 정치권에서 진행되고 있는 선거 제도 개혁에 대한 논의는 이러한 맥락에서 매우 의미 있다고 생각한다. 아쉬운 것은 선거 제도가 갖는 의미나 중요성을 일반 대중이 잘 모르고 있다는 것이다.

4) 정치의 틀을 바꿔라[(2)]

■ UN은 2012년 이후 매년 회원국의 행복도 순위를 발표하고 있는데 여기서 늘 최상위 10위 안에 드는 나라들이 있다. 모두 부유하면서 국민의 만족도가 높은 나라들이다. 이들의 공통점이 하나 있는데 그것은 대부분 앞에서 논의한 합의주의적 정치 시스템을 가지고 있다는 것이다. 스칸디나비아 3개국이 그렇고, 스위스가 그렇다. 넓게는 북유럽 국가들이 여기에 포함된다. 합의주의와 행복도는 어떤 관계에 있을까? 간단히 설명하면 이렇다. 이 정치 시스템은 기본적으로 대화와 소통을 촉진시키는 특성이 있다. 합의주의하에서는 대화, 협의, 타협은 선택이 아닌 필수(must)이다. 소통은 타인을 이해하게 하고, 그 결과 연결성을 높여 사회 구성원 간의 공감대 형성과 관계성을 증진시키고 궁극적으로 공존의 규범을 생성시킨다. 또한, 합의주의는 권력의 공유와 분산을 기반으로 하는데 이는 권력의 남용과 부패를 줄이는 데 이바지하고 언론의 자유, 인권의 보호, 정의구현에 상대적으로 유리하다.

구체적으로 덴마크의 사례를 보도록 하자. 덴마크는 합의주의 모델의 대표 선수이다. 인어공주의 나라로 알려진 동화 같은 이 작은 왕국은 세계적으로 가장 '좋은 정치'를 하는 나라로 알려져 있다. 2016년 6월 19일 미국 'CNN 인터내셔널'의 앵커를 맡고 있는 조나단 맨(Jonathan Mann)이 덴마크의 '국민소통의 장(folkemodet)'을 찾았다. 이 나라는 6월 중순 약 5일간 본홀름(Bolnholm)이라는 작은 섬에서 총리부터 각 부 장관과 국가 및 지방 정치인들이 국민과 함께 모여서 대화를 한다. 일종의 정치축제라고 할 수 있다. 여기서 국가의 최고 권력자인 총리가 당해년도 자신의 정책과 향후 정국 구상에 대한 얘기를 하기도 하고, 참여한 국민들로부터 평상시 궁금했던 질문을 받기도 한다. 일반 국민의 경우는 다양한 협회를 만들어이 국민 소통의 장에 와서 토론회를 개최하며, 정치인들은 이러한 토론회를 돌아다니며 어떤 주제가 논의되는지 살펴본다.

CNN의 조나단 맨은 이 '국민소통의 장'에 대한 소문을 듣고 취재차 방문한 것이다. 그는 덴마크의 이러한 제도를 소개하면서 이 나라의 정치를 극찬했다. 그의 말에 따르면 미국의 정치 하면 사람들이 '분노', '갈등', '적대감', '소모적 경쟁'을 떠올리는데 덴마크의 정치는 '열의', '관심', '흥미', '참여'로 대변된다는 것이다. 덴마크 정치에 대해서 그는 경이로움을 느낀다고 표현했다. 그의 말에서 인상적이었던 것은 다음이다. 맨에 따르면 미국 대통령 오바마가 워싱턴에서 열린 노르딕정상회의에 참석한 덴마크의 수상과 기타 노르딕 최고권력자들을 만나고 나서 "가능할지는 모르겠지만 세계를 노르딕 국가들이 다스리게 하면 어떨까." 하는 생각을 잠깐 했었다는 것이다. 오바마가 이렇게 생각했던 이유는 미국의 정치는 매우 적대적이고, 부정적(negative)임에 비해서 북유럽의 정치는 상당히 따뜻하고 호혜적이기 때문이라는 것이다.

그러면 덴마크의 정치는 어떤 이유로 높게 평가되는가? 덴마크의 정치구조는 권력을 공유하도록 설계되어 있다. 한국이나 미국의 경우 반대로 권력을 집중시키는 구조다. 우리나라의 경우 정치권력이 1개의 정당에 독점되고, 이것도 대통령 1인에게 집중되어 있다. 우리나라 대통령을 절대군주에 비유하는 이유다.

덴마크와 같이 합의주의 정치 시스템을 가진 나라들은 대체로 의원내각제와 다당제 구조를 가지고 있다. 내각제하에서 행정 수반은 총리인데, 총리는 대통령과 비교되지 않을 정도로 의회 눈치를 많이 봐야 한다. 왜? 의회의 눈에 나게 되면 불신임당하고, 그러면 물러나야 한다. 따라서 내각제에서는 의회와 내각이 긴밀히 소통하고 협의한다. 덴마크 총리는 최소한 2주에 한 번 의회에 가서 의원들의 질의에 답해야 한다. 총리에 대한 질문은 주로 각 당의 당수들이 하게 되는데, 거침없이 질문한다. 이것이 끝나면 본회의장 밖에서 기다리는 기자들의 가혹한 질문에 답해야 한다.

덴마크는 또한 다당제 국가이다. 선거 제도를 의도적으로 다당제를 유발하도록 설계하였다. 이 나라의 선거 제도하에서는 과반수를 얻는 정당이 나오기는 사실상 불가능하다. 이웃 스웨덴이나 노르웨이도 마찬가지다. 또 다른 인접국가인 네덜란드나 독일도 마찬가지다. 덴마크는 대선거구를 기반으로 한 비례대표제를 택하고 있다. 앞에서 이미 설명했듯이 수도 코펜하겐의 경우 4개의 선거구로 나누어져 있고, 선거구별로 10~20명의 의원을 비례대표제로 선출한다. 각 정당은 보통 선거 6개월 전에 당원대회를 열어 각 당의 공직후보자를 선출해서 그 명부(list)를 관할 자치 단체에 제출한다. 공천 과정은 매우 평화적이다. 근본적으로 국회의원이 별것 아니기 때문이다. 만약 우리나라처럼 국회의원이 되면 팔자가 달라진다고 하면 이 나라도 좀 달라질 것이다.

공천이 결정되면 본 선거가 시행되는데, 이 선거도 너무 조용하고 평화적이다. 선거라는 느낌이 거의 들지 않는다. 선거는 주로 미디어 중심으로 이루어지고 거리에서 팸플릿을 나누어 주고, 때로는 쇼핑센터 같은 곳에서 합동유세를 하는 정도이다. 선거운동은 철저히 자원봉사자 중심이다. 덴마크를 포함한 스칸디나비아 국가의 경우 개인 선거비용은 사실상 제로이다.

본 선거 단계에서 유권자가 투표할 때에는 선호하는 정당에 기표하거나 특정 정당의 후보에 기표할 수 있다. 선거가 종료되면 우선 정당별 득표율을 산출해서 이를 기준으로 정당별 의석수를 확정한다. 정당별 의석수가 확정되면 정당 내에서 개별 당선인들이 확정된다. 덴마크에서는 정당별 득표율과 의석수의 괴리를 최소화하기 위해서 40개의 보정의석(supplementary seats)을 두고 있다. 이는 일종의 예비의석이다. 보정의석은 의석수가 정당 득표율에 미치지 못하는 정당의 경우에 그만큼 이 보정의석을 활용해서 채워주는 데 사용된다. 의도는 국민의 정치적 의사를 더 정확히 반영하고, 이러한 제도를 통해서 정치의 대표성을 높이려고 하는 것이다. 이 나라 사람들이 중시하는 가치는 강력한 리더십과 의사결정의 신속성이 아니라 국민의 다양한 생각과 염원이 정치의 장에 도달되어 대변되도록 하는 것이다. 즉, 국민의 목소리가 정치의 장에 정확히 반영되도록 하는 데 중점을 두고 있다는 얘기다.

덴마크는 2015년에 총선을 시행했는데 13개의 정당이 의석을 나눠 가졌다. 이 선거에서 어느 정당도 과반의석을 차지하지 못했다. 사민당이 가장 많은 의석을 점유했지만 26%에 그쳤다. 그런데 제1당이라 하더라도 연립정부 구성에 실패하면 집권세력이 되지 못한다. 사민당은 연립정부 구성에 실패했고, 제3당인 자유당이 우파 그룹인 덴마크 인민당, 자유연합, 보수인민당과 연합세력을 구축해서 집권당이 되었다. 일반적으로 연립정부를 구성하게 되면 장관의 수도 그에 비례해서 배분하는데 연정을 구성하는 협상 과정에서 자유당과 기타 연합 세력 간의 협상 실패로 자유당 단독으로 내각을 구성하였다. 그럼에도 불구하고 나머지 3개 정당은 자유당을 지지한다고 선언하고 지금까지 자유당 집권을 돕고 있다.

이와 같은 다당제 구조의 정치 시스템하에서 집권하기 위해서는 정파 간의 연합이 필요하다. 이러한 연립정부 구조하에서 권력의 행사는 당연히 집합적으로 이루어져야 하고, 어느 특정 정당이 독점하지 못한다. 만약 그렇게 되면 연정이 붕괴될 수 있기 때문이다. 덴마크의 경우 자유당이 단독정부를 구성했지만, 집권의 지속 가능성을 확보하기 위해서는 자유당에 대한 지지 선언을 한 나머지 3개의 우파 정당들과 권력을 공유해야 한다. 권력의 공유란 국정을 논하는 데 있어 집권당이 연정의 파트너인 다른 3개 정당과 긴밀히 협의하고, 타협해서 합의를 도출하는 것을 의미한다. 이 4개 정당 간에는 최소한 동반자 정신이 공유되어야 한다.

현실적으로 보면 연립세력 이외의 다른 정당들과도 늘 머리를 맞대고 협의한다. 다음 총선에서 짝짓기가 어떻게 바뀔지 모르기 때문이다. 신뢰를 잃은 정당은 미래에 연정을 구성할 때 어려움을 겪기 때문에 평상시 다른 정당에 대해서 열린 자세를 취한다. 덴마크 정치에서는 여·야가 명확히 구분되지 않는다. 양 세력이 동반자 의식을 가지고 정치를 논한다. 여(與)라고 해서 위세를 부리지 않는다.

겸손하다. 당연히 야(野)도 억지로 여의 약점을 잡고 망신을 주려고 하지 않는다. 거친 말, 막말을 하지 않는다. 의원생활만 30년을 한 이 나라 국회의장이 말한 바로는 자신의 의정 생활 중에서 여야가 싸운 장면을 기억하지 못한다는 것이다. 심지어 상대 정당 의원에게 손가락질하는 모습도 보지 못했다고 주장했다. 덴마크와 인접한 네덜란드 틸버그 시청을 방문했을 때 만난 어느 대학 교수도 비슷한 얘기를 했다. 그의 말에 따르면 네덜란드 의원들은 도대체가 싸울 줄 모른다는 것이다.

요약하면 이렇다. 합의주의적 정치모델은 국민의 다양한 목소리를 정치권에 도달하게 만들고, 대변하도록 만든다. 또한, 정당 간에 대화와 소통을 촉진시키고, 협업하도록 만들며, 권력을 공유하게 하고, 집합적으로 행사하도록 만든다. 여야가 함께 권력을 행사하고 이를 통해 정치가 말 그대로 국민 모두를 대변하고 따라서 모든 국민이 정부의 지원자가 된다. 합의주의를 포용적 민주주의라고 부르는 데는 이유가 있는 것이다. 이러한 합의주의 시스템에서의 정치는 이기고 지는 게임보다는 문제 해결의 수단으로 인식되고 있다. 스칸디나비아 정치를 소개한 영국 애버딘 대학교의 아터(Arter) 교수는 스칸디나비아 국가들의 정책은 매우 합리적으로 결정된다고 설명하면서, 정책을 만들 때 정치인들이 당파적이기보다는 다량의 자료와 데이터를 기반으로 철저히 분석해서 결정한다고 주장한다. 여기서 정치란 일이나 문제 해결의 과정으로 생각하지 이기고 지는

게임으로 접근하지 않는다는 것이다.[22]

우리의 정치는 반대편에 있다. 국민의 애환이 정치에 도달되지 못한다. 정치 불신의 근원이다. 정치권은 다툼과 대립으로 특징화되고 있다. 한국의 정치는 이기고 지는 것만 있지 문제 해결이 없다. 정치의 에너지가 상대방을 흠집 내고, 무너뜨리는 데 허비되고 있다. 2017년 12월에 자유 한국당 원내 대표로 선출된 김성태 의원은 취임 일성으로 자신을 '투쟁전문가'로 소개하고 자유 한국당의 당면과제는 첫째도 둘째도 문재인 정권과 맞서 싸우는 것이라고 외쳤다. 원내대표가 투사 역할을 하겠다는 것이다. 이렇게 외치는 것을 보고 잘했다고 박수하는 사람들도 많다.

비뚤어진 한국 정치의 단면이다. 근본적인 원인은 정치의 구조가 잘못 설계되어 있기 때문이다. 재설계할 필요가 있다고 생각한다. 지금의 정치 시스템은 과거 국민의 욕구가 단순하고 낙후한 국가 경제를 빠른 시일 내에 성장시키는 데 혹시 도움이 됐는지 모르겠다. 그러나 이 제도는 심각한 후유증을 유발했다. 극단적 빈부격차, 극심한 사회적 갈등, 개인의 자유와 인권의 희생, 폭력성 등은 몇 가지 대표적인 사례다. 지난 60년간 1인당 국민소득은 300배 증가했는데 사람들은 못 살겠다고 절규하고 헬 조선을 외치고 있다. 이러한 외침을 계속 방관한다면 2016년의 '촛불시위'보다 더 강한 '민란'이 발생할지도 모른다.

---

22   Arter, D. 「Scandinavian Politics Today」, 2008.

5) 정부형태를 대통령 중심제보다는 내각책임제로 바꾸자[1]

■ 앞에서 두 가지 정치모델을 얘기했는데 이 두 모델을 가르는 가장 핵심적인 요인이 정부형태이다. 정부의 형태는 정치의 성격을 좌우하는 매우 중요한 요인이다. 정부의 구조는 다양한 형태를 취할 수 있는데 크게 대통령중심제(대통령제), 의원내각제(내각제) 그리고 혼합형으로 나눌 수 있다. 참고로 선진국 클럽이라고 하는 36개 OECD 국가 중에서 순수 대통령제를 선택한 나라는 미국, 한국, 칠레, 멕시코 4개국에 불과하고 절대다수가 의원내각제나 혼합형을 채택하고 있다. 여기서는 편의상 정부형태를 크게 대통령제와 내각제로 나누어 논의한다. 나누는 기준은 입법부와 행정부의 관계이다. 내각제는 국가의 최고 우월적 지위가 입법부에 있고 행정부는 어떤 방식으로든 입법부에 종속되거나 통제를 받는 구조이다. 이에 비해 대통령 중심제는 입법부와 행정부가 대등한 위치에서 견제와 균형을 취하는 것으로 따라서 수평적 구조다.

여기서 잠시 앞에서 언급한 혼합형 정부에 대해서 짚고 넘어간다. 핀란드나 오스트리아가 대표적인 예다. 이들 국가의 경우, 통치 권력이 대통령과 총리에게 이원화되어 있다. 대통령은 국민에 의해서 직접 선출되고 어느 정도 통치 권력도 부여받는다. 총리 임면권, 국방이나 외교에 관한 권한, 법률안 서명 및 거부권, 의회 해산권, 사면권은 대표적인 예다. 그러나 이는 제도상의 권한이고 평상시에는 잘 행사되지 않는다. 그래서 때로는 유보적 권한(reserve powers)이라 부르기도 한다. 예를 들어 총리 임명권의 경우, 제도상으로는 대통령에게 그 권한이 있지만 실제로는 의회 다수당이 행사한다. 대통령은 추인할 뿐이다. 다른 권한도 마찬가지다. 대통령은 대부분 총리와 내각 그리고 의회의 결정을 존중하고 따른다.

혼합형 정부에서 대통령은 국가를 대표하고 국민의 전체적 이익을 대변하며 사회를 통합하고 결속시키는 것이 주된 임무이다. 추상성이 높은 임무이다. 현실적으로 그는 정치나 안보에 변고가 생길 때만 주로 존재감을 드러내는 인물이다. 따라서 평시에는 기념일에 축사를 하고 외국에서 손님이 오면 접견하는 일에 주로 등장한다. 국가의 '어른'으로서의 역할이다. 정치현안에 대해서 코멘트를 하거나 관여하지 않는다. 그는 초당파적 위치에 있다. 2017년 오스트리아 총선 후 젊은 총리가 의회에서 선출됐는데 그가 극우정당과 손을 잡았다. 매우 이례적인 경우였다. 하지만 중도당의 대통령이 그의 그러한 결정에 대해서 비난하거나 비판하는 코멘트를 하지 않았다.

어떤 면에서 대통령은 그림자와 같은 존재이고 형식적 존재이고 상징적인 존재이다. 이들 국가에서 언론의 조명을 받는 것은 총리이지 대통령이 아니다. 혼합형 혹은 분권형 대통령제에서 국민의 일상적 삶을 좌우하는 통치 권력은 총리가 행사한다. 그런데 이 총리는 의회에서 선출되고 의회에 의해서 불신임받을 수 있는 인물이다. 필자는 이와 같은 이유에서 혼합형 정부도 넓은 의미의 내각제에 포함시켰다. 이렇게 될 경우 내각제의 스펙트럼은 더 넓어지는 것이다.

스위스도 언급할 필요가 있다. 이 작은 나라에는 행정부를 대표하는 사람이 7명이 있는데 이들을 연방위원회 위원이라고 부른다. 이들은 각자 1개의 중앙부처를 관리, 감독한다. 이들 중 1명을 매년 선출해서 대통령 역할을 하도록 한다. 대통령의 역할은 바로 앞에서 설명한 바와 같이 나라를 대표하고 상징하는 것이며 국가적 행사가 있을 때 축사를 하는 정도이다. 기타 대부분의 중요한 결정은 7명이 모두 합의해서 결정한다. 스위스에는 대통령이 7명이 있는 셈이다. 연방위원의 선출이나 대통령의 선출권은 모두 의회에 있다. 스위스의 경우도 이런 면에서 국가의 최고 우월적 지위는 의회에 있다고 봐야 하고 그래서 나는 스위스도 편의상 내각제에 포함시켰다.

유엔의 연례 행복 보고서에서 최상위 10위에 들어가는 나라는 우연히도 모두 부국이었다. 또 다른 특징은 어느 국가도 순수한 대통령제를 택한 나라가 없다는 사실이다. 모두가 앞의 기준에서 본 내각제 국가들이다. 이들은 스칸디나비아 3개국, 핀란드, 아이슬란드, 스위스, 네덜란드, 뉴질랜드, 호주, 캐나다이다. 일반적으로 선진 사회일수록 내각제를 채택하고 있다. 이와 대조적으로 저개발국가는 대통령제를 채택하는 비율이 높다. 대표적으로 아프리카, 남미 국가들이 그렇다. 참고로 2017년 IMF 통계 기준 1인당 국민소득 30,000달러 이상인 나라 28개국 중에서 순수한 대통령제를 채택한 나라는 미국뿐이다.

그러면 이처럼 광의의 내각제가 선호되는 이유는 무엇인가? 무엇보다 내각제는 민주주의를 유지하는 데 더 유리하다는 것이다. 민주주의는 사람들이 인간답게 살 수 있도록 하는 정치원리이다. 이 정치제도는 사람들로 하여금 자신을 자유롭게 표현할 수 있도록 하고 인간의 존엄을 지켜주며, 누구나 평등한 존재로 인정해준다.

많은 연구결과 내각제가 대통령제보다 민주주의 구현에 훨씬 더 우월하다는 결론을 내리고 있다.[23] 좀 더 자세히 그 이유를 들여다 보기로 한다. 내각제는 상호성(mutuality)으로 대변된다. 부연하면, 의회와 내각이 매우 협력적 관계에 있다는 것이다. 내각제하에서는 선거에서 드러난 유권자의 정치적 의사를 의회에 집중시킨다. 의회는 이러한 국민의 뜻을 구현하기 위해서 의회의 다수세력을 중심으로 집행내각을 구성하고 내각을 이끌 총리를 선출한다. 우리가 통상 행정부라고 부르는 것이다. 의회의 다수세력이 행정부를 지지하기 때문에 선거에서 나타난 국민의 정치적 의사는 대부분 구현된다. 책임정치는 내각제의 장점이다.

내각은 고정된 임기가 없으며 언제든 의회의 신임을 잃으면 퇴진해야 한다. 따라서 총리와 그 내각은 의회의 신임을 유지하기 위해서 의회와 긴밀히 협의하고 소통한다. 덴마크의 각료들은 매주 의회에 출석해서 의원들의 질의에 답해야 하고 행정부가 구상하는 정책에 대해서 의회에 출석해 의원들에게 설명하고 협의해야 한다. 또한, 의회에서 상임위원회가 열릴 때에도 각료들과 총리가 늘 참석해서 의원들과 함께 정책을 논의한다.

내각제는 집합적으로 지혜를 모아 통치하도록 유도하는 구조다. 우선, 의회와 행정부가 긴밀히 머리를 맞대는 것이 그렇다. 또한, 행정부 내에서도 각료들이 긴밀히 협의한다. 내각제는 흡사 복수의 대통령이 통치하는 시스템이다. 내각제하에서 총리와 장관은 상하

---

23   Lijphart, A. 「Patterns of Democracy」, 1999.

관계가 아니다. 이에 비해 대통령제에서 장관은 대통령의 참모일 뿐이다. 미국에서 장관을 비서(secretary)로 부르는 이유이다. 내각제에서 총리와 장관은 서로가 평등한 관계다. 따라서 총리는 계급으로 이끄는 것이 아니고 정치력과 설득으로 장관들을 이끈다. 특히, 연립정부의 경우는 각료도 여러 정당 출신들로 구성되기 때문에 더욱 총리의 정치적 리더십이 필요하다. 여기서는 의사결정을 할 때 모두가 동일하게 한 표를 행사한다. 대통령제가 수직적 구조라면 내각제는 수평적 구조다.

이 수평적 구조는 근원적으로 의사소통의 필요성을 증대시킨다. 내각제는 기본적으로 권력을 공유하는 구조이다. 권력이 공유된 상황에서는 엄청난 소통이 필요하다. 이러한 소통은 관계성을 증가시키고 동반자의식을 높인다. 이와 같은 시스템에서는 의회와 행정부가 극단적으로 대립해서 정치적 교착이나 파국을 맞을 가능성은 상대적으로 낮다. 그런 상황이 발생하면 내각은 신임을 잃어 물러나야 하고 총선을 통해서 새로운 정부를 구성해야 하기 때문이다.

내각제의 단점으로 정권의 불안정성을 든다. 왜? 이 제도하에서는 내각에 대한 책임을 묻는 것이 단순히 불신임 투표로 결정되기 때문에 정권의 존속기간이 짧을 수 있다는 것이다. 특히, 집권세력 내에서의 결속력이 약할 경우 권력다툼으로 인한 이탈은 쉽게 불신임 투표를 가능하게 한다. 잦은 정권의 교체는 정국을 혼란하게 할 수 있다. 그러나 현실을 보게 되면, 내각제 국가의 정권수명이 대통령제보다 더 긴 것으로 분석되고 있다. 정치선진국의 경우가

더욱 그렇다.[24]

대통령제는 상황이 현저히 다르다. 대통령제는 상호독립성(mutual independence) 혹은 이원적 구조(duality)로 대변된다. 이 제도하에서는 국민의 정치적 의사가 의회와 대통령에게 나뉘어 표현된다. 양 집단 모두 국민으로부터 정치적 정당성을 위임받았다고 주장할 수 있는 것이다. 이 경우 서로가 협력할 의무는 없는 것이다. 물론 대통령과 의회를 이어주는 교량이 있기는 하다. 그것이 정당이다. 이는 대통령이 속한 정당이 의회에서 다수 의석을 점할 때 의미가 있다. 그러나 그 반대가 되면 문제가 심각해진다. 대통령제의 대표선수라 할 수 있는 미국의 경우, 이러한 소수정부가 빈번하다.

이원화된 권력구조는 협력이나 협의보다는 대립이나 갈등을 유도한다. 특히, 행정 수반의 정당이 의회에서 소수당일 때 더욱 그렇다. 대통령제에서의 행정 수반은 국민 전체로부터 선출된 매우 강력한 지지기반을 갖는 인물이다. 그는 선거를 통해서 자신이 통치하도록 위임을 받았다는 강한 사명의식을 갖게 된다. 의회도 지역을 기반으로 국민으로부터 직접 선출된 사람들이 모인 곳이다. 대통령제는 이처럼 양자가 정치적 정당성을 주장하는 분열된 정치구조다.

이처럼 이원화된 권력구조는 행정부와 의회의 협력에 걸림돌이 된다. 특히, 서로가 자기주장을 고집할 경우 해결방법이 없다. 대통령제하에서 정치적 교착이나 파국이 더 빈번히 발생하는 이유도 이

---

24 Stephan, A. and Skach, C., "Constitutional Frameworks and Democratic Consolidation: Parliamentarism versus Presidentialism", World Politics, 1993, 46(1): 1-22.

와 관련이 있다. 미국과 같이 세계 최고의 정치선진국이라고 하는 나라도 예외가 아니다. 의회와 행정부가 벼랑 끝 대치를 하고 심하면 예산안이 통과되지 못해서 정부가 문을 닫는 경우도 종종 발생한다. 내각제를 하는 영국이나 독일, 이보다 더 좋은 정치를 하는 북유럽에서는 상상할 수 없는 얘기이다. 정치후진국의 경우는 정치가 파국에 이르면 군부가 혁명을 일으키는 경우도 종종 발생한다. 헌정의 중단이 발생하고, 이는 정치적 불안성을 증가시킨다.

대통령제하에서 정치적 갈등이 발생하는 또 다른 이유는 권력에 대한 다툼 때문이다. 내각제가 권력을 공유하는 것이라면 대통령제는 권력을 독점하는 구조다. 정치권력 중에서 가장 중심이 되는 것은 통치 권력이다. 대통령제에서는 1인이 통치 권력을 독점한다. 이에 비해 내각제는 통치 권력을 국가원수와 총리가 나누고 내각에서는 총리와 각료가 나누어 가진다. 내각은 각료들이 집합적으로 지혜를 모아서 국정을 이끌어 간다. 더구나 내각제 국가는 다당제가 많아서 연정을 하기 때문에 내각구성도 여러 정파로 구성된다. 따라서 내각제는 강력한 협치 구조를 갖는다.

반면, 대통령제는 보통 양당제가 기반이 되는데 통치 권력을 1개의 정당이 독점하고 그것도 1인에게 집중시킨다. 나머지 정파들은 다음 선거 때까지 침묵하고 있어야 한다. 이러한 구조하에서는 권력을 차지해야 한다는 욕망이 매우 강할 수밖에 없고, 권력을 얻기 위해서는 상대를 이겨야 한다. 대통령제에서 정치는 게임이다. 이기고 지는 것만 있다. 선거에서 40%의 지지를 받아도 패배자가 되면 아무것도 얻는 것이 없다. 당연히 이 '게임'에서는 무조건 이겨야 하고 이기기 위해서는 수단과 방법을 가리지 않게 된다. 상대의 약점을 잡고 비방하고, 상대의 실수를 부각시키는 정도는 아주 얌전한 것이다. 우리나라의 경우 군과 국정원까지 동원시켜 상대를 무너뜨리려 한다. 미국의 트럼프는 러시아 정부까지 동원해서 경쟁상대를 무너뜨리려 했다. 오바마 대통령 때의 얘기다. 그가 취임식을 하고 이어진 연회에서 부인 미셸 여사와 춤을 추는 바로 그 순간에 인접한 거리에서 공화당 핵심 50인이 모여서 그를 실패한 대통령으로 만들기 위한 회의를 하고 있었다는 것이다. 미국 정치의 문제점을 지적하는 CNN의 다큐멘터리에 나오는 내용이다. 대통령제하에서의 정치는 적대적이고, 투쟁적이다. 왜? 권력을 얻는 것과 잃는 것의 차이가 크기 때문이다. 대통령제는 승자독식의 원리, 제로섬 게임이 작동하는 구조다. 이러한 구조는 벼랑 끝 대치, 극한투쟁을 유도한다. 우리나라 정치가 그 대표적인 사례다.

대통령제에서의 선거는 치열할 수밖에 없다. 선거에 모든 것을 건다. 사생결단이다. 여기서는 정당이나 공약이 부각되지 않고 인물 중심이 된다. 네거티브가 만연하고 선거에 천문학적인 자금이 투입된다. 미국의 경우 대통령 선거에 1조 원 이상이 투입된다. 우리나라도 국가규모에 비해 많은 돈이 선거에 지출된다. 선거가 끝나고 나면 후유증이 심각하고 패배한 사람들의 심리적 상처도 크다. 내각제에서 좀처럼 발생하기 어려운 현상이다. 대통령중심제는 권력을 얻기 위한 '정치 게임'을 위해서 엄청난 자원이 소모되는 구조다.

또 다른 문제는 선출된 대통령이 극히 무능하거나 그의 정책이 일반 국민으로부터 심각하게 외면당해도 대통령에게 책임을 물을 수 없다는 것이다. 또한, 심각한 비리나 부정, 스캔들이 발생해도 마찬가지다. 탄핵이라는 절차가 있으나 이는 매우 논란이 많고 절차가 복잡해서 실행하기 어렵고 설령 실행한다 하더라도 국가적 혼란과 국력소모는 막대하다. 이에 비해서 내각제하에서는 내각을 교체하는 것이 그렇게 힘든 일이 아니다. 바꿔 말하면 정국을 타개하는 것이 상대적으로 용이하다. 2016년 박근혜 대통령에 대한 탄핵은 매우 생생한 사례다. 현직 대통령이 상상하기 어려운 불법적 행위를 자행했지만, 통치자에게 책임을 묻는 것이 매우 복잡하고 어려웠다. 문제를 드러내는 데도 시간이 많이 걸렸지만, 드러난 문제를 처리하는 데도 시간이 너무 많이 소모되었다. 만약 헌재가 탄핵을 기각했다면 더욱 문제가 심각해졌을 것이다. 이와 관련된 국가적 혼란, 국민이 겪는 좌절감, 경제에 대한 충격을 비용으로 환산하기 어렵다. 정치 시스템의 결여에서 오는 것이다.

6) 정부형태를 대통령 중심제보다는 내각책임제로 바꾸자⁽²⁾

■ 작년 미국의 트럼프 대통령이 취임했다. 그는 당선된 이후 줄곧 논란이 되는 행보를 보이고 있다. 언론사 관계자들을 불러서 '똑바로 보도해라.' 야단을 치지 않나, 일부 언론에 대해서는 면전에서 '쓰레기 같은 보도'라고 혹평했다. 미국의 뉴스 전문 채널 CNN을 가짜 뉴스를 생산하는 방송사로 비하하고 미국의 적이라고 몰아붙였다. 표현의 자유를 생명처럼 여기는 나라에서 도저히 상상하기 어려운 일이 발생했다. 의회를 무시하고, 헐뜯는 발언도 서슴지 않았다. 또한, 전임 정권의 정책을 180도 뒤집어 흔적을 지우려 하고 있다. 그는 취임 후 불과 3일 만에 환태평양 경제 동반과 협정(TPP)을 폐기하고, 오바마 대통령이 각고의 노력 끝에 성사시킨 오바마 케어를 뒤집으려 했다. 세계 최고의 정치 선진국에서 나타나고 있는 현상이다.

트럼프가 이렇게 독재자처럼 거침없이 행동하는 데에는 이유가 있다. 그는 미국 국민이 자신이 구상하는 생각과 가치, 공약을 선택했고 자신은 이러한 선택을 존중해야 한다고 믿고 있는 것이다. 대통령으로서 국민이 부여한 명령에 대한 사명감을 강하게 느끼고 있고 자신이 국민의 호민관이 되어야 한다고 생각한 것이다. 물론 의원들도 선거를 통해서 당선된 사람들이지만, 대통령의 처지에서 보면 이들은 편협한 지역구를 대변한다고 생각할 것이다. 대통령만이 전체 국민을 대변한다고 생각하는 것이다. 이러한 부풀려진 사명감이나 사고가 전·후, 좌·우를 보지 않고 외길로 가게 만드는 위험요인이다.

우리나라의 경우는 이에 더해서 대통령에 대한 견제장치가 사실상 부재하다. 미국은 국회나 감사원이 그나마 견제를 하지만 우리나라에서는 이마저도 작동되지 않는다. 대한민국은 OECD 국가 중 가장 권력이 집중화된 나라다. 심각한 권력의 남용, 권력의 사유화가 발생하는 주된 이유이다. 이는 대통령제의 특징이기도 하다. 인간은 견제받지 않으면 권력을 남용하고 싶어 한다. 대통령제는 1인에게 권력을 몰아주는 제도이다. 당연히 내각제보다는 권력 남용의 가능성이 높을 수밖에 없다. 미국의 경우조차 제왕적인 대통령을 경험했다. 1960년대의 닉슨이나 존슨은 그 대표적인 인물이다. 특히 닉슨은 권력을 사유화하고, 그에게 저항하는 정적을 응징했다.

　우리나라의 경우는 이보다 훨씬 심각하다. 역대 어느 대통령도 아름답게 퇴임을 한 사례가 없다. 바로 직전의 박근혜 대통령은 그 생생한 사례다. 박근혜 정부는 언론사의 입을 틀어막고, 그래도 저항하면 권력기관을 통해서 협박하고 윽박질렀다. 국내 정치를 어느 정도 알고 있는 외국인 교수들은 한국에는 표현의 자유가 없고 민주주의가 없다고 말한다. 필자는 청와대가 언론사에 전화해서 이래라저래라 한다는 얘기를 최순실 사건이 불거지기 훨씬 전에 외국인 동료 교수에게서 들었다. 당시 나는 이 말이 우리나라를 무시하는 것처럼 들려서 불쾌하게 생각을 했고, 그럴 리가 없다고 우겨댔다. 그런데 이완구 총리가 언론사를 협박했다는 보도와 이정현 홍보수석이 KBS 보도국장에게 위협을 가한 보도, JTBC가 최순실 씨 태블릿 PC 보도와 관련해서 권력기관으로부터 협박전화를 받았다는 보도를 보고는 너무 실망하게 되었다.

박 대통령은 언론을 노골적으로 억압했을 뿐만 아니라 기업에게 자신의 퇴임 후 여생을 보낸 재단에 돈을 내도록 압박했으며 자신의 측근에게 특혜를 주도록 권력을 사적으로 사용했다. 이 과정에서 자신의 말을 듣지 않는 사람을 응징했다. 예를 들면 멀쩡하게 일을 잘하고 있는 직업공무원들을 아무 근거 없이 공직에서 내쫓았다.

대통령제는 대통령 1인에게 권력을 집중시키고, 그가 정치를 주도하고 나라를 이끌어 가도록 하는 제도이다. 한 사람에게 나라의 운명을 맡기는 것이다. 대통령의 어깨가 무거울 수밖에 없는 구조이다. 비유를 들자면 대통령 혼자서 나라를 떠받들고 있는 셈이다. 이에 비해 내각제는 짐을 나눠 가지는 형태이다.

이러한 1인 중심의 통치 구조하에서는 당연히 대통령의 존재감이 돋보이고 미디어의 주목이 그에게 쏠리게 되어있다. 대통령은 특별한 존재이고, 무엇인가 다른 존재이고, 그래서 그의 영광이나 영화를 드러내도록 하려고 노력한다. 우리나라에서는 대통령을 'VIP'라고 부른다. 대통령은 특별한 존재라는 것이다. 당연히 그에게는 특별한 의전이 필요하고 예의를 갖추어야 한다고 생각하게 된다. 박근혜는 이에 더해서 다른 대통령보다 더 '특별한' 사람처럼 행세했다. 일종의 군주 같았다. 지방에 행차하게 되면 난리가 난다. 공무원들이 의전을 준비하느라 죽을 고생을 했다. 변기를 새로 설치하고 화장하는 시설을 갖추고 수도꼭지를 바꾸는 등 내각제의 수상들이 상상하지 못하는 일이 벌어진다. 우리나라 대통령의 행차는 덴마크 여왕의 행차에 비해 비교가 되지 않을 정도로 훨씬 더 요란하다.

한 사람에게 권력을 집중시키고, 그를 우상화하고, 그에게 모든 것을 기대하는 구조는 바람직하지 않다. 과거 사회·경제체제가 미분화하고 사람들의 생각이 미숙했던 시절에는 슈퍼맨과 같은 위대한 지도자가 나와서 국가를 발전시키는 것이 가능했을 수도 있다. 우리나라의 박정희나 싱가포르의 리콴유가 대표적이 사례이다. 이들은 자신이 생각하고 판단하고 결정하는 대로 모든 국민이 일사불란하게 따르도록 하는 방식을 취했다. 이러한 방식의 장점은 의사결정이 신속하고 집행도 신속하다는 것이다. 우리나라의 경제가 단기간에 성장한 것도 바로 이러한 방식 때문이었다.

대통령제가 이때는 도움이 됐을 수 있다. 그러나 현대와 같이 사회문제가 복잡하게 얽혀 있는 상황에는 사회의 다양한 지혜가 집적될 필요가 있다. 요즈음 유행하는 집단지성이라는 말이나 콜라보레이션(collaboration)이라는 말이 유행하는 이유이다. 정치에 대입해 보면, 오늘날에는 위대한 지도자가 필요한 것이 아니고 위대한 시민이 필요한 시대이다. 대통령제는 지도자에게 너무 큰 기대를 하는 제도이다. 현대사회의 문제는 지도자 1명이 해결하기에는 너무 벅차다. 미국의 정치학 교과서를 보면 "불가능의 대통령직(impossible presidecy)"이라는 말이 있다. 현대사회는 어떤 대통령이 나와도 홀로 문제를 해결하기에는 어렵다는 것이다. 나는 매우 적절한 표현이라고 생각한다.

이런 생각에서 필자는 현대사회에는 대통령제보다는 내각제가 더 적합하다고 생각한다. 근본적인 이유는 후자는 다양한 생각을 모을 수 있기 때문이다. 내각제는 기본적으로 권력을 나누고, 공유하는 구조다. 당연히 사회주체 간에 대화, 협의를 촉진시키는 속성을 가지고 있고, 머리를 맞대게 만든다. 여기서는 어느 한 인물이 돋보이고, 드러나게 하고, 행차를 요란하게 하는 일이 없다. 독일의 총리는 퇴근하면서 마트에 들려 찬거리를 사 가지고 집에 가서 가족을 위해 식사를 준비한다. 덴마크 총리는 일반인과 같이 사우나에서 목욕을 하고, 헬스장에서 러닝을 한다. 그래도 옆에 있는 사람들이 사인을 해달라고 하거나 요란을 떨지 않는다. 평범한 사람이 잠시 지도자 역할을 하고 있다고 생각하기 때문에 나타나는 현상이다.

요약하면 이렇다. 세계적으로 정치적으로나 경제적으로 선두그룹에 있는 나라들은 대부분 내각제를 택하고 있다. 순수한 대통령제를 선택한 나라는 미국 정도이다. 왜 그럴까 생각해 봐야 한다. 정부형태를 연구하는 학자들의 한결같은 주장은 내각제를 선택하라는 것이다. 이에 대해서 우려하는 사람들은 우리나라 같은 분단 상황에서 강력한 리더십과 신속한 의사결정이 필요한데, 내각제는 이에 적합하지 않다는 것이다. 일견 그럴듯한 주장으로 보이지만 필자는 동의하지 않는다.

이스라엘은 우리보다 더 긴박한 상황에 있다. 주변이 온통 적대세력이고 가끔 실제로 공격을 해오기도 한다. 그러나 이 나라의 정치시스템을 보면 다당제를 기반으로 한 내각제 구조로 되어 있다. 이스라엘은 전국이 하나의 선거구이며, 비례대표제로 의원을 선출한다. 지금도 의회에 의석을 가진 정당만 10개이고 제1당이 25% 의석을 가지고 있을 뿐이다. 늘 연정을 구성해서 집행내각이 구성되지만 위기 시의 정부의 대응은 매우 신속하고, 효과적이다.

이뿐이 아니다. 이스라엘의 경제는 번영하고 있고 우리나라보다 국민소득이 높다. 또한, 행복도 조사 결과를 보면 늘 상위그룹에 속한다. 이스라엘을 방문해 보면, 외부에서 생각하는 것과는 정반대로 사람들이 매우 조화롭게 살고 있으며 표정이 매우 밝다. 이들에게서 걱정하거나 근심하는 모습은 찾을 수 없다.

또 다른 우려는 우리나라와 같이 분열적 문화를 가진 나라에서는 내각제가 적합하지 않다는 것이다. 분열구조를 더 악화시키고 정국의 불안을 증폭시킨다는 것이다. 나는 이 논리에도 동의하지 않는다. 한국의 정치 분열과 다툼은 근본적으로 권력의 집중에서 기인한다. 권력의 집중은 권력에 대한 염원을 증대시킨다. 누구나 권력을 얻고 싶어 한다. 권력을 얻으면 팔자가 달라지기 때문이다. 이런 현상은 사회 각계에서 나타난다. 심지어 교회에서도 발생한다. 당연히 권력을 얻기 위한 투쟁이 심할 수밖에 없다. 대통령제는 바로 이와 같은 권력투쟁을 증폭시킨다. 이에 반해 내각제는 권력을 나누는 속성을 갖기 때문에 권력에 대한 집념을 낮출 수 있고, 이는 권력을 얻기 위한 투쟁을 완화시킨다.

스칸디나비아 국가처럼 정치가 가장 진화된 나라들의 경우는 총선에서 1당이 되어도 집권을 하지 않는 경우가 종종 발생하는데, 우리로서는 이해할 수 없는 현상이다. 권력을 가지든 그렇지 않든 격차가 크지 않기 때문에 이런 현상이 발생하는 것이다. 이러한 정치문화에서는 정치란 문제 해결을 위해서 존재하는 것이고, 따라서 권력을 쥐게 되면 부담이 될 수밖에 없는 것이다. 집권을 하지만 책임이 따르기 때문이다. 1당이 되고도 집권을 하지 않거나, 연정에 참여한 소수 정당이 각료지분을 쉽게 포기하는 현상도 마찬가지로 설명될 수 있다.

　우리나라에서 내각제를 택하게 되면 초기에 정치 불안이 생길 수 있다. 가장 큰 문제는 집권당 내에서의 다툼으로 인한 정권의 붕괴이고, 다른 문제는 집권세력 내의 의견 조율이다. 기존의 사분오열된 구조가 당분간 지속될 수 있다. 또한, 다당제가 될 경우는 연정을 구성해야 하는데 이에 따른 불안정성이 기대된다. 그러나 필자는 기본적으로 내각제를 시행하면 성공적으로 정착되리라 믿는다. 무엇보다 한국 사람들은 세계 최고의 교육수준을 가지고 있다. 어떤 정치 시스템이 바람직한지를 판단할 수 있는 능력이 충분히 갖추어져 있다고 생각한다. 앞으로 이와 관련한 공론의 장이 활짝 열려야 한다고 생각한다.

7) 정부형태를 대통령 중심제보다는 내각책임제로 바꾸자[3]

■ 나는 대한민국의 최대 과제는 공존의 규범을 확립하는 것이고 더 나은 사회를 만들기 위해서 늘 사람들의 지혜를 모으는 것이라고 생각한다. 우리 사회는 전반적으로 다투고 미워하는 데 너무 많은 에너지를 소모하고 있다. 이러한 사회적 병리 현상을 치유하기 위한 가장 근본적인 대책은 정치 개혁이다. 정부형태를 바꾸는 것은 이러한 정치 개혁의 핵심이다.

앞에서 지적했듯이 대통령제는 싸움을 조장하는 구조다. 상대를 미워하고 약점을 잡고 망신을 주고 누명을 씌우도록 만든다. 사회를 갈라놓는 구조다. 우리는 이러한 현상을 수백 년간 목격해 왔다. 이제 이런 굴레에서 벗어날 때가 되었다. 이런 맥락에서 나는 앞에서 내각제를 변론했다. 여기서 말하는 내각제란 분권형 대통령제를 포함한 광의 개념으로, 의회가 최고의 우월적 지위를 지니며 국민의 정치적 의사를 의회에 결집시키는 제도이다. 의회가 정치의 중심이 되는 경우를 의미한다. 이렇게 되려면 의회가 좀 더 활성화되어야 하고 문을 활짝 열어야 한다.

이와 관련해서 덴마크의 사례를 눈여겨볼 필요가 있다. 이 나라에서는 매년 가을이면 의회가 문을 열어 일반 시민들을 맞는다. 이날에는 의회에 의석을 가진 정당들이 전국에서 찾아온 지지자나 당원들과 대화하며 즐기는 시간을 가진다. 이때 정당에서는 간단히 먹을 것과 마실 것을 준비하고 당에서 만든 홍보자료를 제공하고 이 자리에 참석한 지지자들과 당수가 현장에서 토크쇼를 할 수 있도록 주선한다. 정당축제인 셈이다.

덴마크 총리는 특정 정당의 리더이기 때문에 당연히 이 국회개방의 날에 자신의 정당 행사에 참여하고 지지자들과 일일이 인사를 한다. 인상적인 것은 최고 통치권자를 너무나 쉽게 만날 수 있다는 것이다. 사람들이 스스럼없이 총리와 포옹을 하고 악수를 한다. 필자와 같은 외국인에게도 총리는 전혀 망설임 없이 사진을 찍는 데 응해 주었다. 이뿐이 아니다. 이 날은 국회의장 사무실을 개방하고 의장이 거의 3~4시간 동안 자신의 집무실에 찾아온 사람들과 인사를 하고 이들이 평상시 가지고 있던 질문에 답을 해 준다.

덴마크 국회의원들은 또한 매년 한 번씩 열리는 '국민소통의 날(folkemodet)' 행사에 참여해서 일반 국민이 가지고 있는 다양한 의견에 귀를 기울인다.

이뿐이 아니다. 덴마크 의회는 어느 협회나 단체든지 의회에 와서 토론회를 하고 싶다고 하면 관련되는 상임위에서 발표할 수 있도록 '멍석'을 깔아 준다. 또한, 법안이 제정되는 과정에서 관계되는 이해당사자들의 의견을 철저히 조율하는 것도 특징이다.

필자는 내각제가 대통령제보다는 정치를 활성화하는 데 유리하다고 생각한다. 그 이유는 전자는 정당 중심의 게임이고 후자는 인물 중심의 게임이기 때문이다. 정치 활성화는 정당이 활성화되어야 가능하다. 우리나라와 같이 정당이 '죽어 있는' 나라에서는 정치가 결코 활성화될 수 없다. 정치 활성화는 정치의 대중화이고 생활화이다. 정치가 대중화된다는 의미는 일반 국민으로 하여금 정치에 대한 눈을 뜨게 만든다는 얘기인데 이는 사람들의 권리의식을 증가하게 한다. 당연히 정치가 활성화된 나라에서는 소외된 사람이나 주변 집단으로 밀려나는 사람의 비율이 낮아질 수밖에 없어 공존이라는 가치가 증진될 수 있다.

정부형태를 연구하는 학자들의 일관된 결론은 내각제는 대통령제와 비교하면 좀 더 나은 삶에 이바지한다는 것이다. 부연하면 내각제는 민주주의를 구현하고 평등성(경제적·사회적 격차 줄이기)을 높이며 복지국가를 구현하고, 범죄와 부패를 억제하며 자연 친화적인 사회를 만드는 데 상대적으로 강점을 가지고 있다는 것이다. 세계 많은 나라를 대상으로 실증적으로 연구한 결론이다. 경제성장에 대한 영향은 양 제도 간에 유의미한 차이가 없지만, 내각제가 실업과 인플레이션을 억제하고 고용을 증진시키는 데 더 유리한 것으로 나타났다.[25]

나는 이제 우리의 삶의 모습을 바꿀 때가 되었다고 생각한다. 처절한 굶주림을 면하기 위해서 회초리를 든 지도자가 지시하는 대로 아무 생각 없이 어디로 가는지 알지도 못하면서 무조건 따라가던 시대는 이제 지났다. 이제는 우리가 어디로 가고 왜 가야 하고 어떻게 사는 것이 좋은 것인지 고민할 때가 되었다. 좋은 삶, 행복한 삶이란 어떤 것인지 고민해 봐야 한다. 필자는 다당제를 기반으로 한 내각제가 좋은 사회를 만드는 데 더 적합하다고 생각한다. 다양한 생각과 욕구가 공존할 수 있도록 유도하기 때문이다. 대한민국은 더 이상 단일가치와 단순한 욕구의 사회가 아니다.

---

25 Lijphart, A., 「Patterns of Democracy」, 1999.

정부형태를 바꾸는 것은 매우 복잡하고 어려운 작업이다. 이는 기본적으로 어떤 사회를 만들 것인가에 대한 합의를 필요로 한다. 이와 관련해서 사회 전반적으로 공론의 장이 열려야 한다. 국가의 성격을 좌우하는 일이기 때문이다. 스위스는 중요한 법안에 대해서는 전국적으로 토론회를 열어 국민의 의견을 수렴한다. 예를 들어 최고경영자와 최하위 근로자의 임금격차가 12배를 넘지 못하도록 하는 법안이 상정되었을 때 거의 3~4년간 전국적으로 각 계 각 층에서 토론회가 열렸다. 심지어 중·고등학교에서도 열렸다. 사회적으로 논란이 되는 이슈였고 중요한 이슈였기 때문이다. 정부형태를 바꾸는 것은 어떤 법안보다도 중차대한 일이다. 바라기는 이와 관련한 공론의 장이 전국적으로 마련되어서 일반 국민이 대통령제나 내각제 혹은 혼합형(분권형 대통령제) 제도의 장단점을 충분히 인지하도록 해서 이를 판단의 근거로 삼도록 할 필요가 있다. 이것이 살아있는 정치 교육이기도 하다. 이러한 분위기를 만드는 것은 역시 국회가 주도해야 한다.

문재인 대통령은 소위 권력구조 개편과 관련한 개헌안을 마련해서 국민 투표에 부치려고 했다. 개헌안의 가장 중심이 되는 내용은 현행 대통령제를 유지하되 임기를 5년 단임에서 4년 연임으로 바꾸자는 것이다. 정부는 이 개헌안을 올해 6월 지방 선거와 함께 시행하려고 했다. 그런데 문제는 이와 관련한 진지한 토론회가 사실상 전혀 없었다는 점이다. 이 개헌안이 무엇을 의미하고 왜 필요한가에 대해서 국민을 충분히 이해시키는 공감대 작업이 사실상 전혀 없었다. 지금의 민주당 자세는 과거 이명박 정부가 4대강 사업을 졸속으로 밀어붙였던 것과 큰 차이가 없다. 그런데도 불구하고 민주당은 이 개헌안이 국민 다수에 의해서 지지받고 있다고 주장한다.

필자가 보기에 이러한 지지율은 단순히 문재인 대통령에 대한 지지도에 편승한 현상이라고 생각한다. 여론조사에 응한 사람들이 권력구조 개편에 대한 어느 정도의 지식을 가지고 답을 한 것은 아니라는 말이다. 만약 민주당의 안과 분권형 대통령제(필자는 이것도 일종의 내각제에 포함함)를 주장한 자유 한국당의 개헌안을 두고 충분한 공론의 과정을 거쳤다면 좀 다른 결과가 나왔을 수도 있다. 이와 관련해서 전국적으로 충분한 정치교육의 기회가 주어졌어야 했다. 이보다 더 좋은 기회가 없었다. 이는 매우 아쉬운 부분이다.

문재인은 평생 민주화를 위해서 그리고 약자를 위해서 투쟁한 인물이지만 대통령이 된 이후의 통치 스타일은 과거의 대통령들과 크게 다르지 않다. 모든 언론의 조명은 대통령에 집중되고 있고 장관은 잘 보이지 않는다. 문재인 정부 들어와 장관이 소신 있게 정책에 대해서 의견을 밝히는 것을 별로 보지 못했다. 외교든 경제든 사법제도 개혁이든 모든 것이 청와대 중심이다. 시스템에 의한 국정운영이 아니다. 지금까지는 콘텐츠보다는 포장이 중심이 되고 있다. 개헌과 관련해서도 그는 자신이 주장하는 권력구조 개편에 대해서 국회와 허심탄회하게 상의한 적이 없다. 또한, 전국적으로 순회하며 자기 생각을 제시하고 국민을 설득하려고 시도한 적이 없다. 그는 이와 관련해서 기자들과 장시간 토론을 한 적도 없다. 문재인은 대통령제를 선택했는데 이러한 결정을 하게 된 자신의 정치적 신념, 비전, 철학을 소상히 밝혀야 했다.

개헌안을 발의하는 모습도 실망스럽다. 문재인 대통령의 개헌안은 국무회의에서 단 40분만에 의결되었고 대통령의 최종서명은 외국에서 전자결재로 이루어졌다. 개헌안 발의에 치열한 공방이나 논란의 흔적이 전혀 녹아있지 않다. 좋은 정치를 하는 나라들의 경우였다면 개헌 안 발의 전에 엄청난 국민적 소통이 있었을 것이다. 국가적 대사를 결정할 때는 필히 이러한 소통이 필요하다. 이번 정부의 개헌안 발의는 너무 촉박하게 추진되었다. 최소 1~2년 여유를 두고 사회적으로 충분한 논의 뒤에 추진하는 것이 바람직했다. 무엇이 급했는지 모른다.

이것도 또한 대통령제의 맹점이다. 필자는 평생 반독재와 민주화를 위해 투쟁한 문재인 대통령이 대통령제를 유지하자는 개헌안을 주장하는 것에 대해서도 매우 아쉽게 생각한다. 너무 이해할 수 없는 현상이다. 지금과 같은 상황이라면 문재인 대통령도 아름답게 퇴임을 할 수 있을지 궁금하다.

8) 만약 대통령제를 유지한다면 상당한 보완책이 필요하다

■ 내각제에 대한 국민적 합의가 이루어지지 못해서 지금의 대통령제를 유지한다면, 많은 보완적 조치가 필요하다고 생각한다. 만약 현행의 대통령제가 유지된다면 무엇보다 통치권자가 권력을 남용하지 않고 국민과 국가를 위해서 헌신하도록 만드는 강력한 견제장치가 필요하다. 우선 국회의 권능을 강화시켜야 한다. 대통령제의 가장 눈에 띄는 점은 삼권분립이다. 국회와 행정부의 대등한 관계가 특징이다. 그런데 우리나라의 국회는 대통령과 힘을 겨루는 역할을 하지 못한다. 이보다는 오히려 대통령에 예속되어 있다는 표현이 더 정확할 것이다. 이는 집권당 의원들이 대통령을 향해서 '잘 모시겠다.', '잘 보필하겠다.', '편안하게 해드리겠다.'는 충성서약을 하는 모습에서 단적으로 드러난다. 이는 군주에게나 할 수 있는 맹세다. 대통령과 국회의원은 주종의 관계가 아니다. 이러한 상황에서 국회가 행정부를 견제한다는 것은 어불성설이다. 촛불혁명으로 등장한 문재인 정부의 국회도 큰 차이가 없다.

국회가 대통령에게 예속되는 이유는 정당의 전근대성 때문이다. 우리나라 국회의원의 공천은 당의 보스에 의해서 결정되는데, 이는 집권당의 경우 대통령을 의미한다. 2017년 4·13총선에서도 새누리당은 청와대의 지시를 받아 공천후보자를 선정하였다. 공천뿐만 아니라 국회의장이나 국회 상임위원장 자리까지도 대통령이 결정한다는 얘기가 회자된다. 공천권이란 정치인의 생명줄을 쥐는 것이다. 대통령이 집권당 국회의원의 생명줄을 쥐고 있는 이상, 이들이 대통령에게 반발하고 도전하기는 사실상 불가능하다. 과거 새누리당의 유승민 의원은 그 대표적 사례다. 그는 대통령에게 고개를 들었다가 정치적으로 가혹하게 보복을 당했다. 과거 박정희나 전두환, 김영삼, 김대중 시절에는 이보다 더욱 심했다.

대통령의 관심이 자신의 이익을 챙기기보다는 권력을 위임한 국민의 이익을 챙기도록 만들기 위해서는 그 권력을 철저히 견제해야 한다. 대통령제하에서는 국회가 대표적인 견제장치이다. 미국정치도 문제가 많지만, 어쨌든 국회가 어느 정도 작동을 해서 대통령을 견제한다. 이는 기본적으로 의원들이 대통령에 예속되어 있지 않기 때문에 가능한 것이다. 미국의 국회의원 후보자 공천권은 정당의 당원들에게 있고 당의 보스가 결정하지 않는다. 정당 민주화가 확립된 나라는 대부분 비슷하다. 당연히 국회의원들이 대통령 눈치를 볼 이유가 없는 것이다. 이런 맥락에서 우리나라 국회의 독립성을 확보하기 위해서는 정당 개혁이 필수적이다. 이에 대해서는 뒤에서 좀 더 논의한다.

또한, 국회의 권능을 강화하기 위해서는 현재 행정부에 속해있는 감사원을 국회 소속으로 바꿀 필요가 있다. 세계적으로 감사원이 행정부에 속해 있고 대통령이 임명하는 경우는 거의 없다. 우리나라의 감사원장은 대통령에게 예속되어 있다. 감사원장이 대통령에 의해서 임명되고, 이후 감사원장은 대통령에게 정기적, 비정기적으로 보고를 한다. 이러한 상황하에서는 감사원이 대통령의 부정이나 비위 사실을 조사하고 이 사실을 공개하기는 현실적으로 불가능하다. 우리나라 감사원의 구조적인 문제이다.

내각제를 채택하고 있는 나라들의 경우는 대부분 의회 산하에 감사원을 두거나 아니면 독립시킨다. 덴마크의 경우 감사원을 의회 통제하에 두지만, 여기서 한 걸음 더 나아가 국회의장의 영향력에서 벗어나도록 하기 위해서 정치적으로 독립시켰다. 예를 들면, 감사위원회를 만들어 여기서 감사원을 지휘하도록 하고 있다. 감사위원회는 의원뿐 아니라 시민대표도 포함되어 있어 의회에 종속되지 않는다. 이웃 일본도 의회 산하에 감사원을 두고 있다.

대통령 중심제를 택하는 나라의 경우도 비슷하다. 미국은 감사원(General Accounting Office)을 의회 산하에 두고 있다. 남미의 코스타리카도 대통령제를 하고 있는데 감사원을 의회에 두고 있고 원장도 의회에서 임명한다. 원장의 임기는 8년이고 무한정으로 재임할 수 있다. 감사원장을 문책하는 방법은 의회에서 2/3의 의결로 탄핵을 하는 것이다. 이 나라는 다당제 국가여서 의회에서 2/3를 확보하기란 매우 어렵다. 사실상 불가능하다. 이러한 상황에서는 감사원장이 소신을 가지고 업무를 수행할 수 있을 것이다. 코스타리카는 대법원 판사나 헌법재판소의 재판관도 의회에서 임명하고 이들을 물러나게 하기 위해서는 의회 2/3의 의결이 필요하다. 이 또한 국회권능을 강화시키는 일환이라고 보여진다.

이 나라는 경제적으로는 좀 낙후한 국가지만 세계에서 가장 평화스럽고, 즐겁게 사는 나라로 뽑히고 있다. 이러한 행복을 가능하게 하는 근원은 정치다. 남미국가들이 대부분 부정, 비리, 혁명, 군중시위로 어려움을 겪고 있는데 유독 코스타리카는 매우 평화적이고 안정적이다.

이 나라에서는 권력은 철저히 견제되어야 한다는 생각이 매우 강하다. 이러한 생각 때문에 1948년 내전 이후 대통령은 계속 연임할 수 없도록 제도를 설계했다. 대통령에 욕심이 있는 사람은 누구든 한 번 쉬고 다시 출마하라는 것이다. 감사원을 의회 산하에 두고, 감사원장의 독립성을 최대한 보장하는 조치도 이러한 맥락에서 이해될 수 있다. 참고로 이스라엘 같은 경우는 감사원장을 선출한다. 왜 이런 방식을 선택했는지 우리 정치인들이 알아야 한다.

감사원의 독립과 더불어 검찰, 경찰, 국세청과 같은 권력기관의 정치적 독립을 확보해서 현직 대통령이라 하더라도 문제가 있으면 조사해서 제재할 수 있어야 한다. 프랑스의 사르코지 대통령은 현직이지만 경찰에 의해서 체포되어 48시간 구금된 상태에서 조사를 받았다. 프랑스 경찰의 독립성이 확보되어 있기 때문에 가능했던 것이다. 우리로서는 상상할 수 없는 얘기다.

세계적 기준에서 볼 때, 우리나라의 권력구조는 매우 미분화된 상태에 있다. 아무리 돌아다녀 봐도 대한민국처럼 권력이 독점된 나라를 찾을 수 없다. 이러한 구조가 제왕적 대통령을 만들고, 제왕적 검찰총장을 만들고, 제왕적 시장을 만드는 것이다. 도대체가 견제와 균형의 논리가 없다. 우리나라 정치인들이 때만 되면 줄지어 해외 시찰을 나간다. 여기에 수십억 원의 혈세가 투입된다. 그런데 해외 시찰을 나가서 배워오는 것이 없다. 만약 제대로 살폈더라면 우리의 정부제도가 이렇게 엉성하지는 않을 것이다. 나는 필시 정치 지도자들이 세금을 축내는 데는 눈을 크게 떴지만 좋은 제도를 살피는 데는 눈을 감았다고 생각한다. 과거 조선조의 박제가는 "우리나라 지도자들이 3국 시대부터 중국에 사신으로 무수히 다녀왔지만 한 사람도 제대로 배워온 것이 없다."고 탄식을 했는데, 200년이 훨씬 지난 지금도 별로 달라진 것이 없다.[26]

---

26 박제가 저, 안대회 역, 『북학의』, 돌베개, 2003.

9) 정치 생태계의 변화를 위한 정당 개혁

　　■　우리나라 정치의 치명적인 문제점 중의 하나는 사회의 다양한 이해관계나 욕구를 반영하지 못한다는 점이다. 돈 있고 힘 있는 사람들, 소위 기득권층의 이해관계는 잘 대변하지만 사회적 약자들의 목소리는 등한시하고 있다. 이는 일정 부분 우리나라 정당구조와 연계되어 있다. 우리나라의 정당은 전통적으로 양당제를 유지해 왔다. 이 양당제 구조하에서는 주류에 속하는 사람들 이외의 목소리는 묻히게 되어 있다. 당연히 소외되는 집단에 속하는 사람들은 아우성을 칠 수밖에 없다. 이들의 목소리도 정치권에 도달하도록 만들어야 한다. 그렇게 하려면 기존의 양당제 구조를 다당제로 전환해야 한다. 물론 지난 2년 사이에 정치 격변으로 인해 현재 우리나라도 5당 체제이지만, 과거의 경험으로 보면 다시 양당제(꼬마 정당은 제외)로 회귀할 가능성이 매우 크다.

세계적으로 보면 순수한 양당제는 매우 드물다. 주요 선진국 중 양당제를 유지하는 나라는 미국과 캐나다 정도이다. 전통적으로 양당제를 유지해온 영국도 다당제 구도이다. 특히, 행복도가 높은 나라는 대부분 다당제 국가이다. 여기서 얘기하는 다당제란 상당기간 어느 정당도 과반을 얻지 못하는 경우를 의미한다. 이처럼 다당제가 절대다수를 차지하는 데는 이유가 있다. 가장 중요한 이유는 다당제가 정치통로를 늘려 국민의 다양한 목소리를 정치의 장에 접근할 수 있도록 만들기 때문이다.

정당은 국민과 정치를 연결시키는 교량 역할을 한다. 정치 선진국

일수록 정치의 문호를 대폭 열어 누구든 자신이 염원하는 세상을 만들고 싶은 사람은 동조자를 규합해서 정당을 만들어 정치에 참여하도록 지원하고 있다. 특히 북유럽 국가들의 경우, 정당까지는 미치지 못하지만 그 준비 단계에 있는 단체들이 국가별로 수만 개 혹은 그 이상이 된다. 보통 이들을 협회라고 부르기도 한다. 덴마크는 '협회(associations)의 나라'다. 세계에서 인구 대비 가장 많은 협회를 가지고 있다. 그만큼 같은 생각을 하는 사람들이 많이 모임을 결성한다는 것이다. 이것이 정치의 태반을 이루고 정치참여를 촉진시킨다.

양당제인가 다당제인가를 좌우하는 요인은 필히 선거 제도와 관련이 있다. 예를 들어 명실상부하게 양당제 국가인 미국의 경우는 1인 1선거구를 기반으로 한 단순 다수 대표제다. 여기서는 누구든 최다득표자가 승자가 된다. 승자독식의 원리가 지배하는 것이다. 이러한 구조에서는 소수 정당이 들어설 자리가 사실상 전혀 없다. 이들이 주류정당을 제치고 1등 하기는 현실적으로 불가능하기 때문이다. 우리나라의 경우 이보다는 조금 낫다. 비례대표제를 혼용하고 있기 때문이다. 문제는 비례대표의 비율이 지나치게 낮다는 것이다. 현재 우리나라 국회의원 수가 300명인데 이 중에서 47석만 비례대표로 선발되고 나머지는 미국과 같은 선거방식을 통해서 선출된다. 결국, 국회의원의 절대다수가 지역구에서 선출되는데 여기서 소수당이 승리하기는 부자가 하늘나라 가는 것만큼 어렵다.

향후 정치의 장을 대폭 개방하기 위해서는 현행의 선거 제도를 바꾸어야 한다. 방법은 여러 가지다. 가장 무난한 방법은 기존의 지역구는 그대로 두고 비례대표를 늘리는 것이다. 독일이 좋은 예다.

이 나라는 299개의 1인 1선거구를 유지하면서 동일한 의석을 비례대표로 선출한다. 뉴질랜드의 경우, 국회 총 의석은 120석인데 이 중 71석은 소선거구, 나머지 49석은 비례대표로 구성되어 있다. 비례대표가 전체의석의 거의 40% 수준이다. 이러한 제도 덕분에 독일은 전통적으로 다당제를 유지해오고 있다. 우리나라의 경우, 지역구 253석에 최소한 100~150석의 비례대표는 유지해야 한다. 이렇게 되려면 국회의원 정수를 늘려야 하는데 우리나라의 인구대비 국회의원 수는 세계적으로 보면 적은 편이다. 정치를 정상화시키고, 국민의 행복을 증진시키는 데 이 정도 비용은 부담할 수 있다고 생각한다.

비례대표 선출은 전국적 단위보다는 광역권역별로 시행하고 10석 정도는 보정의석으로 설계해서 모든 선거가 끝난 후 정당별 득표율과 의석수의 편차를 근접하게 만드는 데 사용하도록 할 필요가 있다. 이렇게 하면 대표성뿐 아니라 그동안 문제가 되어왔던 지역주의 정당의 폐해도 일정 부분 해소할 수 있다.

참고로 우리나라 국민의 전반적인 정서를 고려하면 비례대표를 늘리는 만큼 지역구를 줄여 현재의 국회의원 정수를 유지해야 하나 지역구를 40~50석 줄이는 것은 현실적으로 거의 불가능한 측면이 있다. 왜? 국회의원들이 필사적으로 반대할 테니까 말이다. 2015년인가 중앙선거 관리위원회가 이러한 내용의 선거 제도 개편안을 제시했었지만, 뜻을 이루지 못한 것은 바로 이와 같은 사정 때문이다.

좀 더 개혁적인 방법은 선거구를 광역화해서 대선거구를 기반으로 한 비례대표제를 시행하는 것이다. 앞에서 설명했지만 이미 많은 나라에서 이러한 방식을 택하고 있다. 대구의 예를 들면, 현재 대구에는 12개의 지역구가 있는데 이를 단일 선거구로 하고 비례대표제를 기반으로 의원을 선출하는 것이다. 이러한 선거방식의 장점은 정치인들이 지역구의 작은 이해관계에 함몰되지 않고 좀 더 큰 국가적인 이슈에 집중할 수 있도록 유도한다는 것이다.

다당제로 전환하게 되면 국민의 다양한 이해관계를 좀 더 충실히 정치에 대변할 수 있다는 장점 이외에 몇 가지 긍정적인 효과를 기대할 수 있다. 우선 정당 민주화의 물꼬를 틀 수 있을 것이라고 생각한다. 우리나라의 주류정당은 세계적 기준에서 봤을 때 진정한 정당이라고 보기 어렵다. 정당이란 생각을 같이하는 사람들이 모여 권력을 획득하고, 권력을 통해서 자신들이 추구하는 '뜻'을 구현하고자 하는 집단이다. 여기서 말하는 '뜻'이란 이념이나 사상을 의미하기도 하고, 가치기반을 뜻하기도 한다. 예를 들면 산업화로 인한 환경파괴로부터 자연을 보호하려는 욕망을 가진 사람들이 지구촌 차원에서 늘고 있는데, 이들이 녹색당이란 이름으로 정당을 만들어 정치에 뛰어들고 있다. 이처럼 정당이란 기본적으로 이루고자 하는 염원이나 생각이 기반이 된다. 사람들은 이것을 중심으로 뭉치게 되고, 자신들의 뜻을 관철하려고 노력한다. 이것이 주춧돌이다.

우리나라 정당의 경우는 정당의 주춧돌이 되는 분명한 이념이나 가치기반이 없다. 이보다는 인물이나 지역을 기반으로 하고 있다. 불과 얼마 전까지만 하더라도 우리나라 정당은 개인의 것이었다. 자유당은 이승만, 민주 공화당은 박정희, 민정당은 전두환, 민자당은 김영삼, 평화민주당은 김대중의 것이었다. 정당이 사유화되었던 것이다. 사실 지금도 이러한 잔재가 상당 부분 남아 있다. 이러한 인물 중심의 정당이 존재하는 유일한 목적은 당을 장악하고 있는 오너가 권력을 획득하고, 유지하고, 연장하도록 돕는 것이다. 특히, 군부독재 시절에 이러한 현상이 두드러졌다. 교과서적인 정당과는 전혀 부합하지 않는 모습이다.

이처럼 사당화된 구조하에서 진정한 당원이란 존재할 수 없는 것이다. 정상적인 정당이라면 당비를 내는 회원들이 모여서 당의 규약이나 정강(政綱)을 만들고 선거 때는 공약을 만들어 공직후보자를 선출하고 이들이 선거에서 이기도록 돕는 역할을 한다. 유럽의 정당은 전형적으로 이런 모습을 하고 있다. 이에 비해 우리의 정당은 특정 개인이 만들었기 때문에 당원의 활동이 있을 리 만무하다. 당원의 역할이란 주로 선거 때 동원되는 것이다. 관심이 없는 사람을 동원하기 위해서는 돈이 필요하고, 그래서 선거 때마다 엄청난 돈이 투입되었다. 이러한 구조는 정치를 특별한 사람들이 독점하도록 만들었고, 결국 우리 사회를 특별한 소수가 지배하도록 만들어 버렸다. 대한민국은 보통 사람의 나라가 아니다.

향후 정치 개혁의 방향은 사회의 다양한 욕구가 정치의 장에서 대변되도록 하는 것이고 그렇게 하기 위해서는 그 수단이 되는 정당의 개혁이 필요하다. 정당 개혁의 방향은 정당의 대중화이고, 민주화이다. 전제 군주제 같은 정당시스템을 붕괴시켜야 한다. 문제는 기존의 주류정당을 개혁하기란 용이하지 않기 때문에 신생정당의 출현이나 기존의 소수 정당의 확산을 지원함으로써 독과점적인 정치 시장을 무너뜨리는 것이다. 정치 시장의 문을 활짝 열어야 한다.

행복한 나라 좋은 정부

앞에서 지적한 선거 제도의 개혁은 이러한 목적을 이루기 위한 대표적인 수단이다.

필자는 정의당과 같은 소수당이 국회에서 좀 더 의석을 확대하게 되면 우리나라 정치문화가 많이 변화될 것으로 기대한다. 정의당은 교과서적인 정당이다. 당비를 내는 회원들이 중심을 이루고 있고, 이들이 당의 주요 의사결정에 참여한다. 예를 들면, 공약을 만들거나 당의 공직 후보를 선출하는 데 직접 참여한다. 정당의 민주주의가 실천되고 있는 것이다. 이것이 세계적 기준이다. 세계 어느 나라도 공직후보자를 당의 실세 몇 명이서 결정하는 나라는 없다. 국회의원의 경우 모두 지역의 당원들이 후보자를 결정한다.

선진사회의 경우, 정당은 매우 분권적이다. 미국이나 유럽 주요국의 중앙당은 상당히 형식적이다. 실권은 지방의 당원들에게 있다. 특히, 덴마크와 같이 정당 민주화가 강하게 확립된 나라의 경우는 국회의원 후보자를 당원이 결정할 뿐 아니라 일단 국회의원으로 당선되고 나면 정기적으로 지역에 내려와 당원들에게 의정 보고를 해야 한다. 여기서 한발 더 나아가 국회의원들은 당원으로부터 매년 지역의 후보자임을 인증받아야 한다. 여기서 실패하면 다음 선거에서 후보자가 될 수 없다. 이 나라에서는 당원이 '갑'이다. 덴마크의 정당은 지역위원장과 공직후보자를 분리해 놓았고 지역위원장이 공직후보자를 통제하고 견제하는 구조로 되어 있다. 지역위원장이 매우 강력한 힘을 가지고 있다. 여기서는 지역구의원이 지역 위원장의 눈치를 본다. 정당에 철저히 견제와 균형의 원리가 작동하고 있는 것이다. 우리는 지역위원장이 공직후보자가 되고 동시에 당원들을 관리한다. 속된 말로 북 치고 장구 치고 다하는 것이다. 권력이 1인에게 쏠려 있다. 덴마크 국회의원은 어디 가든 행세를 하지 않는다. 할 수가 없다. 정의당은 이 정도는 아니지만 상당히 근접한 구조하에서 작동이 되고 있다.

필자는 지난 15년간 외국 교환 학생들을 가르치고 있다. 이 강의에서 정당을 가르치는 시간이 있다. 이와 관련해서 지역의 정당을 방문할 때가 있는데 이때마다 느끼는 사실은 지방의 주요 정당 관계자들과 별로 면담할 내용이 없다는 것이다. 관계자들이 자신의 정당에 대해서 잘 모르기 때문이다. 이해하기 어려운 현상이었다. 이유를 분석해 보니까 이러한 일이 발생하는 이유는 우리나라 지역 정당은 단지 중앙의 심부름을 하는 곳이기 때문이다. '심부름센터 직원'이 명쾌한 논리로 무장할 필요는 없는 것이다. 우리나라 정당의 후진성을 보여주는 단면이다. 이에 비해 북유럽 지역의 정당관계자를 만나보면 이들은 대부분 파트타임으로 일하거나 자원 봉사자인데도 불구하고 당의 이념이나 정책에 대해서 폭넓은 지식을 가지고 있다. 대학생과 같은 어린 당원들의 경우도 크게 다르지 않다.

선거 제도의 개혁과 더불어 정당 설립 요건도 완화할 필요가 있다. 우리나라에서는 정당을 새로 만들려고 하면 서울에 중앙당을 두어야 하고 전국 16개 시·도 중 최소한 5개 지역에 하부 조직을 가지고 있어야 하며 이와 더불어 지역별로 최소한 1,000명 이상의 지지자를 확보해야 한다. 이 모든 작업이 오프라인상에서 이루어져야 한다. 세계적으로 이렇게 까다로운 요건을 충족시켜야 하는 나라는 거의 없다. 프랑스, 이탈리아, 네덜란드 같은 경우는 정당에 관한 법 자체가 없다. 설령 정당을 규제하는 법이 있다 하더라도 설립 요건이 우리와 비교하면 매우 관대하다. 정당 설립을 쉽게 하기 위함이다. 예를 들면 중앙당을 수도에 두어야 한다든가, 지역 조직을 몇 개 가지고 있어야 한다는 조건이 없다. 또한, 확보해야 할 당원이나 지지자의 숫자도 우리보다는 훨씬 적다. 대한민국의 정당법은 힘이 있고 재력이 있는 세력만이 정치할 수 있도록 높은 진입 장벽을 설치해 놓았다. 우리나라의 정치 시장이 독과점 구조로 되어 있는 근본적인 이유이다. 우리 사회에서 정치는 보통 사람과는 거리가 먼 것으로 생각되고 있는데 이는 바로 이러한 이유 때문이다.

덴마크의 경우를 보면 우리와 같은 까다로운 정당설립 요건이 없다. 이 나라에서는 두 가지 유형의 정당이 있는데 하나는 지역 정당이고 다른 하나는 전국 정당이다. 지역 정당의 경우는 지방 의회에만 후보자를 내는 경우인데, 이 경우는 정당 설립에 관한 사실상 어떤 규제도 없다. 심지어 정당을 만드는 사람이 미성년자도 가능하다. 유럽에는 이와 같은 지역 정당이나 지방 정당이 무수히 많다. 이웃 일본도 그렇고 코스타리카 같은 중남미 국가들도 그렇다. 물론 이들이 좋은 정치상품을 개발해서 지지기반이 전국적으로 확산되면 지역 정당은 다른 지역으로까지 세를 확산시켜 의회 의석을 좀 더 확보할 수 있고 지방 정당은 전국 정당으로 발돋움할 수 있다.

이에 비해 전국 정당을 설립하려고 하면 한 가지 중요한 요건이 있는데 이는 지난 총선 때 총 유효투표자의 1/175에 해당하는 사람들의 서명을 확보해야 한다는 조항이다. 약 20,000명에 해당하는 숫자인데 이러한 작업이 온라인으로 가능하다. 이외에 중앙당을 코펜하겐에 두어야 한다거나 시도에 지구당을 두어야 한다는 규정 같은 것은 없다.

다양한 정당이 존재하게 되면 정치 생태계가 풍요롭게 되고 이는 정치 시장의 영역을 확장하는 데 이바지한다. 무엇보다 정치 시장의 독과점 구조를 타파해서 활력을 불어넣고 사회의 다양한 계층의 이해관계를 대변하게 한다는 것이다. 한국 정치의 가장 중요한 과제이다. 요지는 이렇다. 선거 제도를 개혁하고 정당 설립 요건을 완화하게 되면 민주적인 신생정당의 출현을 돕고, 이것이 정당 개혁의 자극제가 될 수 있을 것이라는 것이다.

10) 공유되는 가치기반을 확립하기

　■　앞에서 행복도가 높은 사회의 특징으로 좋은 관계성, 즉 공존의 규범을 꼽았는데 그러면 상호공존의 규범에 이르도록 하는 요인은 무엇일까? 여러 가지 요인을 생각해 볼 수 있는데 그중의 하나는 공유되는 가치기반이라고 생각한다. 일종의 국가 비전의 공유라고나 할까? 덴마크 사람들은 '복지국가(welfare state)'를 지향한다. 사실상 합의가 있다. 큰 방향에서는 생각이 같고, 이것을 어떻게 구현할 것인가에 대해서 생각이 조금씩 엇갈리고, 그래서 정파가 갈라진다. 복지국가를 실현하려면 세금을 많이 걷어야 하는데 여기에 대해서도 사회적으로 큰 이견이 없다. 이외에도 '참여', '평등성', '연대감'이라는 가치도 국민들 간에 공유되고 있다. 덴마크 사람들은 큰 방향에서 지향하는 바가 같다. 비전을 공유하기 때문에 사람들을 결속시키기 쉽고, 다툼이 있다 해도 잔가지 수준에서 발생한다.

　덴마크에서 연구년을 보낼 때 이 나라 치과의사와 교제를 했다. 그는 연 소득 2억 원 정도를 버는 고소득자였고, 세율이 무려 70%가 적용되고 있었다. 참고로 당시 대학교 정교수 연봉이 1억 원 정도 되었다. 정교수에게 적용되는 세율도 60%에 가까웠다. 덴마크는 세계 최고의 세율을 가진 나라다. 나는 이 치과의사에게 높은 세율에 대해서 어떻게 생각하는지 물었다. 그는 전혀 망설이지 않고 세율에 불만이 없다고 얘기를 하면서 자신이 내는 세금이 자신보다 못한 사람들을 보호하는 데 쓰이는 것에 보람을 느낀다고 말하는 것이었다. 그는 이어 미국은 부자들이 세금을 적게 내는데 그렇기 때문에 총을 들고 길거리로 나서는 사람들이 많다는 것이다. 이에 비해 덴마크는 안전하다는 것이다. 자신은 설령 세금을 많이 내더라도 덴마크와 같은 사회를 원한다는 것이다. 필자는 이 나라 의과대학 학생들과도 대화를 나눈 적이 있는데 앞의 치과의사와 거의 같은 논리로 얘기했다.

코스타리카의 경우도 상황은 유사하다. 이 나라를 지탱하는 가치가 사람들 간에 공유되어 있다. 코스타리카 사람들은 자연, 평화, 민주주의를 매우 소중한 가치로 인식하고 있다. 예를 들면, 코스타리카 사람들은 자연을 중시하고 잘 보존해야 한다는 생각이 확고하다. 여기에 대해서 합의가 있다. 당연히 몰려드는 관광객을 위해서 케이블카를 설치하고 그린벨트를 풀어야 한다는 주장과 관련한 심각한 갈등이 발생할 수 없다. 코스타리카도 덴마크와 마찬가지로 큰 틀에서 생각이 공유되어 있기 때문에 심각한 사회적 갈등은 존재하지 않는다. 기본적으로 같은 배에 탔다는 생각이 상호 호혜성의 규범을 유발하기 때문에 가능한 생각의 다름을 건강하게 해결하려고 한다.

우리나라의 경우는 사정이 많이 다르다. 국민적인 공감대가 없다. 우리는 어떤 세상에 살고 싶은가에 대한 비전의 공유가 없다. 사람들 간에 철저히 공유되는 것이 있기는 한데 이것은 공존의 규범을 파괴하는 기능을 한다. 그것은 출세해야 한다는 것이다. 출세란 다른 말로 권력과 돈이다. 우리는 어릴 때부터 이런 것을 위해서 뛰도록 만드는 시스템을 가지고 있다. 문제는 이러한 가치들은 공동체를 붕괴시키는 데 가세한다는 것이다. 한국 사회가 열대 우림의 정글처럼 되어버린 이유도 다 이 때문이다. 물질과 권력이 강조되는 나라에서는 타인의 존재가 등한시된다. 한마디로 타인이 눈에 들어오지 않는다. 이 과정에서 관계성이 심각히 훼손된다. 대한민국은 타인을 위한 마음의 여백이 좁은 사회이다.

필자가 보기에 향후 정치지도자들의 최대 과제는 우리 사회의 건강한 지배 이념을 만들어 내고, 이것이 국민에 의해서 공유되도록 하는 것이다. 여기서 말하는 지배 이념이란 특정사회의 주춧돌이 되고 반석이 되는 가치체계를 의미한다. 물론 이 가치는 좋은 삶의 기반이 되는 것이어야 한다. 덴마크의 복지국가, 참여, 평등, 연대감, 코스타리카의 자연, 평화, 민주주의, 부탄의 전통문화, 자연, 자비와 같은 것 말이다. 이러한 가치체계는 공동체를 복원시키는 데 기여한다. 사람들을 서로 존중하고 사랑하게 만들기 때문이다.

우리 사회는 광복 이후 잠시 멈춰서 앞뒤 좌우 돌아볼 겨를 없이 휘말려 왔다. 부연하면 우리가 어디로 가고 있는지 왜 그쪽으로 가야 하는지 생각할 겨를도 없이 단지 잘사는 것이 중요하다는 생각만 하고 뛰어 왔다. 이것이 초래한 사회적 후유증은 엄청나다. 이제는 도대체 우리가 왜 살고 무엇 때문에 살고, 어떻게 살아야 할 것인지에 대해서 고민할 때가 됐다. 우리가 근접한 국민소득 3만 달러가 과연 어떤 의미가 있는지 돌아볼 때가 됐다. 대한민국이라는 나라를 위한 생각의 정리가 필요하다. 우리는 어떤 얼굴을 가진 나라인가? 얼굴이 없다. 이거 정리할 때가 되었다. 그래서 비전을 공유하고 같은 하늘 아래에 살고 있다는 생각을 할 필요가 있다.

이러한 생각의 공유 속에서 정치 개혁이 추진되어야 성과를 거둘 수 있다고 생각한다. 그렇지 않을 경우 끝없는 다툼을 유발해 국론을 분열시키고 사회적 에너지를 소모시킬 것이다. 나는 이와 같은 대한민국의 지배 이념을 정리하는 작업도 정치권에서 불씨를 지펴 사회 각 영역에서 공론의 장이 열려 논의되도록 유도해야 한다고 생각한다. 이러한 공론의 장에서 향후 우리가 꿈꾸는 사회, 우리가 살고 싶어 하는 삶은 어떤 모습인지에 대해서 공감대를 형성하도록 해야 한다. 개헌 논의도 마찬가지다. 국민적 공감대를 토대로 개헌 논의가 이루어지는 것이 바람직하다고 본다. 특히, 헌법 전문에 담길 내용은 사회 전반적으로 합의되는 염원이나 가치들을 포함해야 하는데 정부는 이러한 합의를 도출하는 과정을 통째로 무시해 버렸다. 이번 개헌안과 관련해서 국가적으로 생각의 정리를 할 수 있는 좋은 기회였는데 놓치게 되어 너무 아쉽게 생각한다.

공직의 변화

1) 민주적 공직관 확립하기

■ 민주주의 원리에서 보면 공직자는 주권자인 국민을 대신해서 공적 업무를 수행하는 사람들이다. 일반 국민이 자신의 생업 때문에 공무원을 채용해서 자신이 담당해야 할 공동체 업무를 대행하도록 한 것이다. 재원은 국민이 낸 세금인데 이것으로 공무원의 급여를 지급하는 구조다. 이런 면에서 공무원은 국민이 채용한 종업원이다. 서양에서 공무원을 공복(public servant)이라 부르는 이유이다.

이러한 시스템하에서는 당연히 공직자들은 그들에게 업무를 대행하도록 명령을 내린 국민의 뜻을 헤아리기 위해서 부단히 노력해야 한다. 선진 사회일수록 관청은 국민이 무엇을 원하고 불편하게 생각하는지 헤아리기 위해서 무척 노력한다. 특히, 아주 작은 목소리에도 귀를 기울인다. 덴마크의 경우 이 나라 국민들이 이구동성으로 하는 얘기가 있다. 그것은 관청이 자신들의 목소리를 존중한다는 것이다. 크든 작든 시민의 목소리에 귀를 기울인다는 확신을 가지고 있다.

민주사회의 정부는 또한 주권자인 국민과 늘 상의하고 협의해야 한다. 마을 단위에서 시행하는 작은 공원 하나 만드는 것조차 지역 주민들과 촘촘히 상의하는 것이 바람직하다. 좋은 정부의 모습을 가진 나라들은 민과 관이 늘 머리를 맞대고 상의한다. 마치 사이좋은 부부가 속삭이듯 말이다. 당연히 민·관의 사이가 가깝고 친구 같다. 이러한 소통을 통해서 일반 국민은 공동체에 대한 눈을 뜨게 되고 타인을 이해하게 된다.

민주사회에서 국민의 역할은 단순히 행정 서비스를 이용하는 고객이나 수혜자가 아니다. 그 이상이다. 기업의 고객은 물건을 구매하는 것으로 상황이 종료되지만 국민의 역할은 그 이상이다. 국민은 행정서비스를 이용하는 고객이기도 하지만 자신이 살고 있는 국가나 지역사회를 더 좋은 공동체로 만들기 위한 책무를 가지고 있다. 이런 맥락에서 공직자만 행정가가 아니고 일반 시민도 행정가이다. 다만 시민은 공무원만큼 시간을 공적인 일에 투입할 수 없을 뿐이다. 국민은 행정의 동반자이지 단순한 고객이나 수혜자가 아니다. 서구 사회에서 일반 시민도 행정가로서 (citizens as administrators) 역할을 해야 한다는 얘기가 나오는 이유이다.

그런데 우리 사회에서 행정은 늘 관의 영역이라고 인식됐다. 행정은 공무원이 하는 것이지 국민이 관여할 바가 아니라는 생각이 지배해 왔다. 이러한 사고 구조하에서는 일반 국민은 행정의 객체이고 고객이고 서비스 수혜자일 뿐이다. 과거 관존민비적 사고가 강하게 지배했을 때는 국민은 통치의 대상이고 관리의 대상이고 통제의 대상이었다. 필자가 보기에는 아직도 이러한 사고의 흔적이 여전히 남아있다. 행정의 주인은 관료들이지 국민이 아니다. 특히 법원, 검찰, 국정원, 경찰과 같은 권력 기관이 그렇다. 여기서 머리를 조아리는 것은 관료가 아니고 민이다. 머슴과 주인이 뒤바뀐 것이다.

대한민국의 행정은 대중화되지 못했다. 다시 말해서, 우리의 행정은 대중 속으로 녹아들어 있지 않다. 그렇기 때문에 관청과 민의 거리가 멀다. 관청이 바로 옆에 위치해 있어도 그렇다. 심리적 거리감 때문이다. 양자가 친구가 아니고 동반자가 아니다. 관청에서 무슨 행사를 하면 주민의 참여도가 낮은 것은 이러한 거리감을 보여주는 하나의 단적인 예다. 참여도가 낮기 때문에 어떤 행사에든 주민을 동원한다. 또한, 관청에서는 걱정이 태산인데 지역 주민들은 태평한 것도 마찬가지다. 관·민이 일심동체가 되지 못하는 것이다. 왜 그런가? 평상시에 양자가 동반자로서 밀접하게 관계를 맺지 못했기 때문이다. 이는 마치 노와 사의 거리가 먼 것과 유사하다.

요점은 이렇다. 공직의 주인은 국민이고 공무원은 국민으로부터 권한을 위임받아 공적 업무를 수행한다. 원래 행정이란 국민이 직접 담당해야 하나, 자신이 하는 일 때문에 세금을 내서 공무원을 채용해서 대행하도록 한 것이다. 당연히 행정의 중심에는 국민이 있어야 한다. 국민을 귀하게 여기고 소중히 해야 하는 이유이다. 행정의 존재 근거는 첫째도 둘째도 국민이다. 공직자의 마음에 국민을 최우선시 하는 가치관이 자리 잡고 있어야 한다. 이러한 생각을 하게 되면 자연스럽게 국민의 뜻을 헤아리기 위해서 노력하게 되고 작은 결정이라도 국민과 상의하게 된다. 또한, 국민의 편에 서서 일을 하려고 한다. 이는 관과 민의 관계를 가깝게 만들고 상호 간의 이해도를 높여 궁극적으로 상호신뢰를 증진시킨다. 이것이 좋은 정부의 모습이다.

2) 국민을 중심에 두는 행정

■ 필자는 1982년 유학차 미국에 가게 되었다. 어느 날 수업을 마치고 학교 주차장에 갔더니, 아침에 전조등을 켜놔서 배터리가 모두 방전되어 시동을 걸 수 없었다. 당황해서 어쩔 줄 몰라 하고 있는데 지나가던 학생이 경찰에 전화를 해보라고 해서 연락을 했더니, 어느 순간에 경찰이 나타나 시동을 걸 수 있도록 도와주었다. 당시 이 나라 경찰은 순찰차에 점프케이블을 갖고 다니며 배터리 방전으로 문제가 있는 사람들을 도와주고 있었다. 작은 충격이었다. 당시 우리나라의 경찰 백차는 일반 국민에게 어떤 존재였는지 나이 드신 분들은 상상할 수 있을 것이다. 나는 경찰을 두려운 존재로 생각하고 있었지 도움이 되는 집단이라고 생각을 하지 못했다.

또 다른 에피소드이다. 덴마크에 살던 2003년의 일이다. 어느 날 경찰서에서 전화가 왔다. 필자의 집을 방문하겠다고 하면서 약속 시간을 잡자는 것이다. 다음날 만나기로 약속을 하고는 그 날 종일 아내와 걱정을 하고, 잠도 제대로 못 잤다. 별의별 생각을 다 했다. 혹시 지난번에 다른 나라로 여행 갈 때 아내가 여권을 가지고 가지 않은 것이 문제가 됐나 등등 걱정을 많이 했다. 다음날 10시쯤에 누군가 문을 두들겨 창문 밖으로 내다보니 두 명의 경찰관이 와서 아주 큰 일이 난 것으로 생각했다. 그런데 막상 이들이 온 이유는 아내의 비자를 단기에서 장기로 바꾸기 위해 이민국에 신청한 여권을 가지고 온 것이었다.

3주 전쯤 필자는 이민국에 장문의 메일을 보냈다. 비자 연기 신청을 한 지가 오래됐는데 나오지 않아서 우리가 다른 나라로 여행을 못 하고 있다고 하면서 '인도주의'를 들먹이며 강하게 항의를 했더니, 급하다고 생각을 했는지 우편시스템을 통하지 않고 경찰계통을 통해서 여권을 보낸 것이다. 경찰을 돌려보낼 때는 정말 몇 번이고 감사하다고 얘기하면서 웃으며 헤어졌다.

경찰에 대한 두려움의 흔적은 지금도 남아 있다. 일단 경찰에서 전화가 오면 불안하다. 가끔 지역 경찰서에서 전화를 받는데 "여기는 XX 경찰서입니다."라는 말만 들어도 떨린다. 필자에게 전화하는 이유는 정부시책에 대한 의견을 묻는 것이었다. 몇 차례 유사한 전화를 받고도 다시 전화가 오면 역시 유쾌한 느낌이 들지 않는다.

아마 일반 국민들의 뇌리에도 비슷한 생각이 들어 있을 것이다. 우리는 관에 대한 긍정적인 생각을 가지고 있지 못하다. 오랜 역사를 통해서 보면 정부는 국민을 아끼고 보살피는 존재가 아니었다. 해방 이후만 보더라도 정부는 일본 식민시대에 고생한 독립투사나 그 가족, 징용자, 위안부들을 거의 방치했다. "독립운동하면 3대가 고생한다."는 말이 우리 사회에 널리 회자되고 있는 이유도 이 때문이다. 또한, 구한말부터 일제 강점기에 이르기까지 중국이나 러시아, 중앙아시아 국가로 흩어진 우리 동포들을 다시 국내로 복귀시키는 데 너무 인색했다.

이스라엘의 경우 해외로 흩어진 유대인들에게 원하는 사람들에게 조건 없이 귀국하도록 지원했고 심지어 아프리카에 있는 유대인들을 군사작전을 통해서 구출해 왔다. 이스라엘 사람들의 결속은 다 이유가 있는 것이다. 독일의 경우도 이차대전 때 중앙아시아로

가게 된 독일 사람들을 자국민이라는 사실만 확인되면 조건 없이 국적을 주고 주택과 일자리를 주고 러시아에서 받던 연금까지 이어서 받도록 지원해 주었다.

인터넷에 떠도는 유머 중에 이런 말이 있다. "해외에 나가서 사람들이 사고를 당하면 중국 사람들은 주위에 있는 중국 사람들을 다 데리고 와서 인해전술로 해결하고, 일본 사람들은 돈으로 해결하려고 하고, 미국 사람들은 자기네 대사관에 일러서 해결하도록 한다."는 것이다. 그런데 "한국 사람들은 이도 저도 할 수 없어서 스스로 해결한다."는 것이다. 유머지만 나는 근거 있는 얘기라고 생각한다.

유튜브에는 "해외에 나가서 문제가 생기면 차라리 일본 대사관을 찾아라."라는 말까지 돌고 있다. 우리나라 해외공관의 자국민 서비스에 대한 극단적인 비판의 말이다. 외교통상부는 우리나라의 해외공관이 자국민 서비스를 등한시한다는 비판이 나올 때마다 인력과 예산문제를 들고 나왔다. 얼핏 보면 그럴듯한 주장으로 보이지만, 세계적인 추세를 보면 이러한 주장은 설득력이 없다. 작년 초 부산에서 한국어 연수를 하고 있는 코스타리카 젊은이를 만났다. 켄이라는 이름을 가진 이 청년의 말에 따르면, 자신이 한국에 오기 한 달 전에 이미 한국에 있는 코스타리카 대사관이 자신에게 메일을 보내 현지 상황을 자세히 안내해주고 한국에 도착해서 도움이 필요하면 연락하라고 대사관 직원의 이름과 연락처를 제공했다는 것이다.

우리나라에 온 이후에는 거의 매주 한 번씩 대사관으로부터 메일을 받는다는 것이다. 페이스북으로는 거의 매일 연락을 한다는 것이다. 대사관과 교민이 매우 밀접히 소통을 하고 있는 것이다. 대사관이 알려주는 소식에는 대사관에서 주관하는 다양한 행사와 한국에서 발생하는 중요한 정보가 포함되어 있다는 것이다. 대사관은 종종 코스타리카 커피를 시음하는 행사에 한국에 있는 자국민을 초청하기도 하고, 본국에서 관리나 정치인이 한국을 방문해도 이들과 같이 식사할 수 있도록 코스타리카인들을 초청한다는 것이다.

이뿐이 아니다. 한국에 있는 코스타리카 사람들이 어려움을 겪으면 대사관이 나서서 적극적으로 도와준다. 예를 들면 한국의 대학에서 공부하고 있는 코스타리카 학생들이 학교생활을 하면서 겪는 어려움이 있으면 대사관에 도움을 요청한다. 이 경우 대사관이 나서서 대학측과 적극적으로 협의해서 문제를 해결해 준다. 그래서 그런지 몰라도 우리나라에 있는 코스타리카 학생들은 자국의 대사관에 대해서 매우 긍정적이었다. 코스타리카 대사관이 한마디로 자국민을 철저히 챙기고 친구처럼 지내려고 하기 때문이다. 필자가 주한 코스타리카 총영사를 만났는데 자국민을 매우 아낀다는 인상을 아주 강하게 받았다. 정부가 존재하는 이유는 바로 여기에 있는 것이다. 이 나라는 우리나라보다 훨씬 가난한 나라이다. 그렇지만 국민을 아끼고, 가까이하려는 면에서는 훨씬 더 부자 나라이다. 국민이 세금을 내는 이유가 무엇인가?

미국이나 영국과 같은 강대국은 자국민 서비스가 훨씬 더 철저하다. 한국에 있는 미국 사람들은 대사관으로부터 다양한 정보를 제공받는다. 한국에서 영어강사를 하려는 사람이 알아야 할 내용, 운전할 때 알아야 할 내용, 소송을 당했을 때 알아야 할 내용과 이때 상의할 수 있는 변호사 명단, 다쳤을 때 찾아갈 수 있는 병원의 목록 등 다양하다. 한국에서 위급한 상황이 발생하면 대처해야 할 요령과 방법도 매우 자세히 가르쳐 준다.

영국의 경우도 그렇다. 언젠가 영국대사관 홈페이지에 들어가 보니까 이런 문구가 있었다. "우리의 한 시간 한 시간은 여러분을 지키고 보호하기 위해서 있습니다". 이는 구호로 끝나는 것이 아니고 지켜지고 있는 것 같았다. 벌써 15년 전의 이야기이다. 2003년 3월 BBC는 태국에 있는 영국대사관 영사의 일상 업무를 다큐멘터리로 방송을 했다. 이 여성 영사의 주된 임무는 태국에 나와 있는 영국 시민의 권익을 보호하는 것이다. 필자가 소개하려고 하는 대표적인 사례는 태국에서 범죄를 저지른 어느 30대 중반의 영국인 남성과 관계된 얘기이다.

이 영국인은 촬영 당시 교도소에 있었다. 안젤라 토칼라우(Angela Tokalau)라는 이름을 가진 영국인 여성 영사는 2달에 한 번씩 교도소를 방문해서 그가 필요로 하는 사항을 도와주고, 그의 신상에 관한 동태를 파악해 본국에 보고하는 것을 임무로 하고 있었다. 언젠가는 영사가 이 수감자를 면회하러 갔는데 그 남자가 자신이 좋아하는 영국의 맨체스터 유나이티드 축구팀의 티셔츠를 입고 싶다고 얘기를 했다는 것이다. 그는 맨유의 열렬한 팬이었다. 영사는 대사관에 돌아오자마자 본국 정부에 맨유의 티셔츠를 요청했고, 그다음 면회를 갈 때 이 티셔츠를 교도소에 있는 영국인 수감자에게 건네주었다. TV에 나오는 그 죄수의 얼굴은 너무나 좋아하는 표정이었다.

해외에 나가서 교포나 유학생들에게 우리나라 대사관 얘기를 하면 대부분 부정적이다. 한인사회와 대사관이 적대적인 경우도 많다. 이렇게 된 근본적인 원인은 재외공관이 본국에서 오는 권력자들에 대해서는 열심히 '접대'하지만 일반 국민을 돌보는 데는 등한시했기 때문이다. 언젠가 납북됐던 사람이 중국으로 탈출해 도움을 요청했더니, "당신 언제 세금 낸 적이 있어요? 정부에 부담주지 말고 가족에게 도움을 받으세요."라고 해서 엄청나게 비난을 받은 적이 있다.

기본적으로 우리나라 재외공관은 국민을 보호해야 한다는 생각이 상대적으로 부족하다. 이러한 악습이 오랜 기간 지속되어 왔다. 그 결과 보통 사람들은 대사관에 크게 기대하는 것이 없다. 나는 2003년과 2014년 각 6개월간 덴마크에 살았다. 이때 필자는 우리나라 주덴마크 대사관에서 어떤 연락도 받지 못했다. 덴마크는 어떤 나라이고, 어떤 특징이 있으며, 거주하게 되면 무엇을 유의해야 하는지, 덴마크에 오면 대사관에서 어떤 도움을 받을 수 있고 도움을 줄 수 있는 담당자와 연락처에 관한 내용도 받지 못했다. 2014년 연구년 기간에는 주덴마크 대사관 직원들과 몇 차례 만났지만, 대사관이 주관하는 행사에 참석해 달라는 어떤 요청도 받은 적이 없고 도와줄 것이 없는지 물어본 적도 없다. 필자가 보기에 대사관의 직원들은 여전히 전통적인 '관료'들처럼 느껴지고 국민의 봉사자나 가까운 친구처럼 생각되지 않았다. 외교관이라는 사람들이 더 그랬다.

우리 역사에서 '관청' 하면 국민에 군림하고 억압하고 빼앗아 가는 존재였지 민초를 잘 보살피는 존재가 아니었다. 그 결과 민초의 마음에 정부란 존재가 희미하다. 관을 신뢰하지 않는 것은 당연하고 세금을 정직하게 납부한다는 마음이 없는 것도 당연한 것이다.

앞에서 지적했듯이 좋은 정부란 국민을 주권자로 인식하는 것이고 국정의 동반자로 보는 것이다. 공직자들은 주권자로부터 권한을 위임받은 머슴이다. 이러한 사고의 틀에서는 당연히 관의 중심에는 국민이 있어야 한다. 부연하면 공직자들의 뇌리에 국민이 있어야 한다, 첫째도 둘째도 셋째도 국민을 생각해야 한다. 상사가 어떻게 생각할까 상급기관에서 어떻게 생각할까 계산하면 안 된다. 우리나라 검찰, 경찰, 국정원, 세무서는 특히 이런 생각에서 벗어나야 한다. 요즈음 언론에 보도되는 내용을 보면 우리나라 권력기관의 공직자들은 대통령 개인의 이익을 위해서 존재하지 국민은 안중에도 없었다. 진정한 공직자라면 권력자의 부당한 지시를 거부할 수 있어야 한다. 공직자의 임무는 권력자를 지키는 것이 아니라 국민을 지키는 것이다. 공무원의 시선을 늘 국민과 공익에 돌리도록 하는 것, 이것이 좋은 정부와 나쁜 정부의 차이이다.

3) 권력에 고삐 달기

■ 관이 국민을 아끼고 잘 보살피도록 만들려고 하면 공권력에 대한 강력한 견제장치가 필요하다. 공권력이란 사권력에 비해 비교되지 않을 정도로 강력하고 무서운 것이다. 국민에게 벌금을 부과하는 작은 것에서부터 사람들을 구금하거나 투옥하고, 심한 경우 목숨을 앗아갈 수 있는 막대한 권력까지 합법적으로 행사할 수 있다. 당연히 이러한 무서운 권력을 행사함에 있어서는 공정성이 담보되어야 하고 자의성이 최대한 배제되어야 한다. 권력에 대한 통제가 강조되는 이유이다.

세계적으로 진정 선진사회라고 하는 나라들, 그중에서도 행복도가 높은 나라들은 거의 예외 없이 매우 정교한 권력 통제 메커니즘을 가지고 있다. 대체로 이러한 나라들은 권력을 어느 특정 세력이나 인물에게 집중시키기보다는 공유하도록 한다. 앞에서 지적한 바와 같이 덴마크의 경우, 통치 권력을 1인에게 독점시키기보다는 총리와 장관이 집합적으로 사용하도록 설계해 놓았다. 지방 자치 단체도 유사한 구조로 되어 있다. 시장이 여러 명이다. 이들이 집합적으로 시정을 이끌어간다. 이는 북유럽 국가에서 흔히 볼 수 있는 현상이다.

이뿐이 아니다. 의회는 언제든 행정부가 국민의 뜻에 반하는 행위를 하게 되면 불신임 투표를 통해서 총리와 장관을 사퇴시킬 수 있다. 행정부 권력에 대한 매우 강력한 통제수단이다.

이와 더불어 정치적으로 독립성이 보장된 감사원도 행정 권력을 견제할 수 있다. 덴마크의 감사원은 행정부뿐만 아니라 의회도 감사할 수 있는 권한을 부여받았다. 이 나라의 감사원은 의회에 소속되어 있지만 지휘는 오직 감사위원회로부터만 받는다. 감사위원회는 의원과 시민대표로 구성되어 의회에 종속되어 있지 않다.

기관 내부를 들여다봐도 권력통제 메커니즘이 강하게 작동되고 있다. 장관은 내각의 일원이자 각자 하나의 부처를 통솔한다. 이 나라에서 장관의 역할이란 주로 정치적 기능에 집중되고 집행권은 직업관료가 행사한다. 기능이 분리되어 있다. 정치적 기능이란 해당 부처와 관련된 국민의 여론을 수렴하고 이것을 정책의제로 설정해서 우선순위를 정하고 의회에서 입법화되도록 정치력을 발휘하는 역할을 의미한다. 장관은 정치인으로서 총선에서 드러난 민심이나 당이 공약한 프로그램을 정책에 반영되도록 직업 관료들을 지휘·감독하는 기능을 수행하는데 제한되고, 집행적인 일에 관여하지 않는다.

자치 단체의 경우도 마찬가지다. 단체장은 정치적 기능을 담당할 뿐이다. 단체장의 주된 역할은 선거 결과 드러난 민심을 시정에 반영되도록 유도하고 이와 관련된 정책이나 사업의 우선순위 설정과 그에 따른 예산을 배정하는 것이다. 기타 집행적이고 일상적인 행정은 관료들의 역할이다.

우리나라에서 문제가 되는 인사나 공사발주 등과 관련된 권한은 각 실·국의 책임자에게 부여되어 있다. 인사와 관련해서 만약 단체장이 특정인을 승진시키도록 해당 부서의 관리자에게 압력을 넣으면 즉각 노조가 반발하고 언론에 노출된다. 또한, 감사부서가 시장의 지휘하에 있지 않기 때문에 즉각 감사권을 발동할 수 있다. 이 나라에서는 시장이 감히 인사와 관련해서 부당한 압력을 행사할 수 없다. 시장의 권력을 제어하는 장치가 겹겹이 마련되어 있기 때문이다.

장관이나 단체장의 역할이 정치적 기능에 제한되기 때문에 이들의 급여는 고위 직업 관료들의 급여보다 훨씬 적다. 논리는 이렇다. 정치적 기능보다는 행정적 기능이 훨씬 더 복잡하고 어려운 일이며 높은 전문성이 필요하다는 것이다. 참고로 코펜하겐 시장의 급여는 연 1억 2천만 원 정도 되는데, 시장을 보좌하는 최고 행정관의 급여는 거의 3억 원 수준이다. 이런 경향은 미국도 비슷하다. 미국 시카고 시장의 급여는 경찰 최고 책임자의 급여보다 훨씬 적다.

덴마크 정부는 권력을 나누어 집합적으로 행사하도록 설계했고 나눈 권력도 남용되지 않도록 정교하게 견제장치를 설계해 놓았다. 이러한 논리가 모든 정부기관에 적용된다. 정부의 영향을 받아서 그런지 몰라도 대학이나 교회 같은 민간 부문에서도 철저히 권력이 공유되고 견제되도록 시스템이 작동되고 있다. 대학의 경우, 가장 작은 단위인 학과의 경우조차도 학과 운영위원회가 설치되어 있다. 이 위원회는 학과장, 교수대표, 직원대표, 학생대표로 구성되는데 이들이 집합적으로 학과의 전반적인 운영에 대해서 협의해서 결정을 내린다. 학과의 목표나 비전의 설정, 학과 예산의 우선순위, 학사 운영 규정이나 지침 등을 논의한다. 이러한 구조 속에서는 학과장이 권한을 남용하기 어렵다. 대학본부 수준에서는 더 복잡하고 정교한 시스템이 설계되어 있다.

우리나라로 눈을 돌려 보면, 권력은 집중되어 있는 데 비해 이를 통제하는 시스템이 거의 존재하지 않는다. 이는 비단 정부 부문뿐 아니라 민간 부문의 경우도 동일하다. 한마디로 어느 부문이든 권력을 집중시키고 독점시키는 구조를 가지고 있다. 필자는 이러한 문제는 정부 탓이 크다고 생각한다. 정부는 사회에 결정적으로 영향을 미치는 역할모델과 같기 때문이다.

어느 나라든 사회가 발전하면 권력도 분화되는 경향을 보인다. 과거 군주제에서는 통치자 1인에게 권력이 집중되었다. 그러나 민주제가 되면서 입법, 사법, 행정으로 권력이 분화되고 행정 권력은 다시 자체적으로 또 분화되고 있다. 우리나라의 경우는 경제 수준과 비교하면 권력의 분화 정도가 매우 낮은 수준에 있다.

대한민국은 권력이 극도로 집중화된 나라이다. 중앙 정부의 경우, 대통령 1인에게 권력이 집중되어 있고, 지방 자치 단체의 경우 단체장에게 권력이 쏠려 있다. 기관 내부로 들어가 보면 기관장에게 권력이 몰려 있다. 검찰의 경우 검찰총장 1인에게 권력이 집중되어 있다. 언젠가 검사 출신인 강지원 변호사가 방송에 출연해서 우리나라 검찰에는 검찰총장 1인만 있으면 된다는 냉소적인 얘기를 했는데 우리의 현실을 잘 대변하는 지적이다. 법원의 경우도 대법원장이 절대 권력을 행사한다.

이러한 권력 독점 현상은 민간 부문에서도 그대로 모방하고 있다. 우리나라 대기업은 오너 1人의 재배체제다. 삼성은 '이 씨 왕국'이다. 박근혜 대통령 탄핵 이후 이와 관련한 언론의 보도가 이어지고 있다. 다른 재벌그룹도 마찬가지다. 이들 왕국에서는 누구도 경영주에게 대적하거나 고개를 들기 어렵다. 절대군주와 같다. 세계적으로 널리 알려진 얘기이다. 지난 몇 년간 사회적 물의를 일으킨 한

진그룹 오너 일가의 전근대적 행태는 작은 예다.

사립대학의 경우도 마찬가지다. 일부 사립대학의 경우 소유주의, 소유주에 의한, 소유주를 위한 지배체제를 가지고 있다. 사학비리가 연일 언론에 보도되는 이유이다. 그동안 수많은 교수가 대학 강단을 타의로 떠난 이유도 대학의 '절대 군주'에게 밉보였기 때문이다. 세계적으로 보면 극히 이례적인 현상이다. 교회도 그렇다. 교회를 크게 부흥시킨 '오너' 목사의 경우 하나님보다 위세가 강하다. 대형교회의 목사들은 세계 어느 목사보다도 가공할 만한 권력을 가지고 있다. 우리나라 교회를 둘러본 덴마크의 감리교 목사는 한국의 당회장 목사 앞에서는 누구도 감히 고개를 들 수 없더라고 지적했다.

이와 같은 전근대적인 권력집중 체제는 많은 문제를 유발하고 있다. 대표적인 것이 부정과 비리의 만연, 끝없는 다툼이다. 우리나라에서 가장 큰 권력을 가진 대통령의 경우 역대 대통령 중 단 1명도 오점 없이 명예롭게 퇴임을 한 인물이 없다. 지방의 경우는 수없이 많은 자치 단체장이 비리와 부정과 연루되어 자리를 물러났다. 민간 부문의 경우도 그렇다. 재벌 회장들 대부분이 비리와 연루되어 사법 처리되고 교도소를 다녀왔다. 세계적으로 유례가 없다. 왜 그런지 정말 깊이 성찰해야 한다.

권력은 속성상 남용될 여지가 크다. 그래서 고삐를 다는 것이다. 우리 사회는 그동안 이러한 매우 보편적 원리에 눈을 감았다. 결과는 엄청난 사회적 병폐를 유발했다. 대한민국이 경제력에 버금가는 품격을 유지하지 못하는 이유도 나는 이와 무관치 않다고 생각한다. 멀쩡한 나라에서 도저히 발생할 수 없는 현상을 우리는 흔히 목격한다. 이제 국제표준에 부합하는 시스템을 갖추어서 권력을 행사하는 사람들이 감히 남용할 생각을 하지 못하도록 만들어야 한다. 덴마크 정부는 세계에서 가장 모범적이고 완벽하다고 평가되고 있는데 그 이유를 들여다보면 권력을 통제하는 '고삐'가 촘촘히 작동되고 있기 때문이다. 권력을 가진 자들이 자신에게 부여된 임무를 충실히 수행할 수밖에 없는 구조로 되어 있는 것이다. 우리에게는 이러한 고삐가 없다.

4) 대중 통제 시스템의 확립[1]

■ 북유럽 국가의 관청은 일반 국민을 매우 깍듯하게 대하고 잘 보살핀다. 주권자의 모습이란 저런 것이구나 하는 생각이 들게 한다. 그런데 이러한 현상은 북유럽 국가의 공무원이 태생적으로 친절하기 때문이 아니고 시스템이 그렇게 만들기 때문이다. 이들 국가의 경우 주권자가 뜻하는 대로 행정이 이루어지도록 만드는 시스템이 설계되어 있다. 좀 속된 표현을 사용하면 머슴이 주인 노릇하지 않도록 만드는 제도를 가지고 있다.

덴마크의 예를 보자. 이 나라의 수도는 코펜하겐인데, 이 도시의 행정기구를 보면 우리와는 현저히 다르다. 코펜하겐 시는 4년마다 지방의원 선거를 하는데, 선거결과 당선된 의원들이 집행부를 구성한다. 이 집행부는 총괄시장과 부문별 시장 등 모두 7명의 시장으로 구성되는데, 이들은 모두 주민이 선출한 의원이며 코펜하겐 시의 7개 실·국을 하나씩 맡아서 지휘, 감독한다. 총괄시장은 시를 대표하는 역할을 하고 시장단으로 구성되는 시정조정위원회의 의장이며 동시에 재무국을 관장한다. 시장도 하나의 국을 맡아서 지휘하는 것이다. 이러한 구조는 중앙 정부의 내각제와 매우 유사한 구조이다.

좀 더 자세히 들여다보자. 코펜하겐의 문화 담당국에는 선출직 시장과 그를 보좌하는 직업 공무원 국장이 있다. 선출직 시장은 문화와 관련된 단체나 시민들의 목소리를 듣고, 이것을 수렴해서 정책에 반영되도록 만드는 역할을 한다. 그를 보좌하는 실무국장은 이를 이어받아서 집행하는 역할을 한다. 코펜하겐 시에서 이처럼 복수의 시장을 두는 이유는 민의가 좀 더 행정에 잘 반영되도록 만들기 위함이다. 행정이 주민의 눈높이에서 이루어지도록 관료들을 통제하기 위한 장치이다. 이를 두고 학계에서는 대중 통제(popular control) 혹은 민주통제라고 부른다. 비유를 들자면 관료 세계에 주민을 대표하는 '특공대'를 좀 더 많이 투입해서 관료들이 자신들의 논리에 빠져서 행정을 위한 행정, 관료를 위한 행정이 되지 않도록 방지하기 위함이다.

정치선진국의 경우 대중 통제 시스템이 매우 잘 확립되어 있다. 덴마크와 다리 하나 건너에 있는 스웨덴의 경우 코펜하겐보다 더 정교한 관료통제 시스템을 가지고 있다. 이 나라 수도 스톡홀름의 예를 들어 보겠다. 스톡홀름 시민은 4년마다 시의원을 선출한다. 선거에서 당선된 의원들은 선거에서 나타난 시민의 뜻을 기반으로 스톡홀름 시의 비전과 시정 목표를 설정하고 그에 따른 전반적인 시 행정의 운영 방침과 전략, 성과기준을 제시한다. 의회는 이러한 목표를 실천할 집행부를 구성하는데 이를 시장단 (council of mayors)이라 부른다. 중앙 정부로 비유하면 일종의 집행 내각이다. 이 기구는 시장과 복수의 부시장으로 구성되는데 시장은 시장단의 의장이면서 시 행정 전체적인 사안에 대한 조율기능을 담당하며 동시에 재무국을 관장한다. 코펜하겐의 총괄시장과 같은 인물이다. 부시장들은 각자 1개의 실·국을 관리, 감독한다. 이들은 자신이 관장하는 부서에 대해서 시장으로부터 지시나 명령을 받지 않는다. 명칭만 부시장이지 실제로는 시장과 동등한 위치에 있어 코펜하겐 시의 부문별 시장과 동일한 기능을 수행한다.

시장단에는 이들 외에 직책을 갖지 않는 무임소 부시장들이 있다. 스톡홀름 시의 경우 시장 1명과 8명의 집행부시장 그리고 4명의 무임소 부시장이 있다. 무임소 부시장은 모두 야당 출신들이다. 무임소 부시장을 두는 이유는 집권당의 생각만이 아니라 집권세력의 반대편에 서는 사람들의 목소리도 듣겠다는 것이다. 이뿐이 아니다. 스톡홀름 시에는 이러한 시장단의 기능을 감시, 감독할 기구를 의회 내에 두었다. 이를 집행위원회(city executive board)라고 부른다. 이중 삼중의 견제장치를 설계한 것이다.

이 위원회의 역할은 의회가 시장단에 부여한 임무를 완수하고 있는지 점검하고, 평가하는 것이다. 기업의 논리에 비유하면 시장단은 집행임원이고, 집행위원회는 이사회에 해당된다. 전체 의원들은 주주에 비유할 수 있다. 요약하면 스톡홀름 시에는 일반 시민의 뜻을 좀 더 관료 세계에 충실히 투영되도록 하는 대중 통제 시스템을 확립하고 있고 이와 더불어 누구도 권력을 남용하지 못하도록 하는 권력 억제 시스템을 매우 잘 갖추고 있다.

이러한 대중 통제 시스템은 자치 단체에만 작동되는 것이 아니고 관청 전반에 나타나는 현상이다. 법원의 경우를 보자. 2014년 덴마크 코펜하겐 대학교에서 초빙교수로 있을 때의 얘기다. 아침에 출근할 때는 가끔 법원 근처를 지나치고는 했다. 언젠가 이 나라 재판은 어떻게 하는지 궁금해서 재판 과정을 참관한 적이 있다. 이 나라의 법정은 모두 그런 것은 아니지만, 우리나라 학자들이 세미나를 하는 장소처럼 좌석배치를 해놓아서 매우 편안한 분위기다. 판사가 높은 자리에 위치해서 위엄 있게 앉아 있는 것이 아니었다. 필자에게는 매우 충격적인 모습이었다. 검사가 심문하는 모습도 그냥 세미나하는 장면과 비슷하다. 그래서 그런지 몰라도 누가 피의자이고 누가 검사이고 판사인지 구분하기 어렵다. 특히, 필자처럼 이 나라 말을 잘 알아듣지 못하는 외국인에게는 더욱 그렇다. 필자가 법원 참관을 하러 간 날은 마약을 거래한 범인을 심문하는 날이었는데, 범인이 말쑥한 옷차림으로 변호사 뒤에 앉아 그를 지휘(?)하는 모습에 필자는 처음에 누구인가 의아해했다.

필자가 이 나라 말을 알아듣지 못해서 재판이 끝난 후 가장 질문을 많이 한 여성과 면담을 했는데, 그녀가 바로 검사였다. 이 검사의 말에 따르면 덴마크 재판에서의 판결은 판사와 일반 시민이 협의해서 결정한다는 것이다. 필자가 참여했던 재판정의 경우 판사 좌우로 2명이 앉아 있었는데 이들이 바로 평범한 시민이었던 것이다. 증인 심문을 하는 동안 줄곧 판사와 '시민 판사'가 귓속말로 얘기를 주고받는 것을 목격할 수 있었다.

이 나라 법조인들에게 일반 시민이 재판에 참여하는 이유를 물었다. 가장 주된 이유는 재판결과가 일반 시민의 눈높이와 달라서는 안 되기 때문이라는 것이다. 건강한 상식을 넘어서지 않도록 하기 위함이라는 것이다. 시민이 재판에 참여하는 참심제는 평범한 시민들이 재판 과정을 지켜보도록 감시하는 역할을 하게 함으로써 판사들의 권력 남용을 방지하고, 전문가 집단의 오류를 줄이기 위함이다.

종합적으로 보면, 덴마크의 사법 시스템은 경찰의 수사든 법원에서의 재판이든 공정성을 최대한 구현하도록 설계되어 있다. 2016년

IMD의 통계를 보면, 덴마크는 세계에서 정의가 가장 공정하게 구현되는 나라이다. 조사 대상 61개국 중 1위이다. 참고로 노르웨이는 3위이고, 스웨덴은 6위이다.

5) 대중 통제 시스템의 확립⁽²⁾

■ 미국의 경우도 덴마크와는 좀 양상이 다르긴 하지만 대중 통제 메커니즘이 잘 작동되고 있다. 로스앤젤레스 시의 사례를 보자. 이 도시는 시장과 시의원을 선출할 뿐 아니라 시의 법무담당관이나 감사관도 시민이 직접 선출한다. 검사장도 시민이 선출한다. 선거로 당선된 감사관은 오직 시민에게만 충성하면 되기 때문에 시장 눈치 보지 않고 시 행정을 감시하고 감독할 수 있는 장점이 있다. 참고로 우리나라 자치 단체의 감사관은 시장의 지시와 명령을 따르는 직업 관료다. 만약 인사권자인 시장의 눈에 거슬리게 되면 향후 불이익을 감수해야 한다. 당연히 감사관이 업무를 수행함에 있어 시장을 곤경에 처하게 만드는 일은 꺼릴 수밖에 없는 것이다.

로스앤젤레스 시는 이와 더불어 주요 실·국에 운영이사회(Board of Commissioners)를 두어서 관료기구에 대한 감시견 역할을 하는 시스템을 가지고 있다. 운영이사들은 모두 일반 시민으로 구성되는데 이들은 시장이 임명하고, 시 의회가 이에 대해서 승인하거나 동의해야 한다. 도서관 국(局)의 경우, 도서관 운영이사회(Board of Library Commissioners)가 설치되어 있는데, 이사회는 도서관 국을 지휘·감독하는 최상위 기구이다. 일종의 작은 의회 역할이다. 이사들은 5명으로 구성되고 5년 임기를 갖는데, 이들은 시장이 임명하되 시의회의 동의를 받아야 한다. 도서관 운영 이사회는 도서관 국의 운영 방침이나 정책을 최종 승인하고, 도서관 운영과 관련된 제반 규칙이나 규정을 제정하는 권한을 가지고 있다. 운영이사들의 주된 역할은 도서관을 운영하는 데 있어 지역 주민들의 의견이 좀 더 잘 반영되도록 지도 감독하는 것이다. 참고로 일반 시민들은 운영이사회의 정기회의 때 참석해서 도서관 이용과 관련한 자신들의 의견을 피력할 수 있다.

경찰국의 경우도 비슷한 구조를 가지고 있다. 로스앤젤레스 경찰은 최상위에 경찰위원회(Board of Police Commissioners)를 두고 있다. 위원회는 5명의 위원으로 구성되는데 이들은 일반 시민이며 임기 5년으로 연임할 수 있다. 위원회의 역할은 경찰이 법 집행을 하는데 좀 더 주민의 의사가 잘 반영될 수 있도록 유도하고 경찰의 자의적 법 집행을 방지하는 것이다. 경찰위원회는 매주 한 번씩 회의를 하는데, 이때 일반 시민들도 이 위원회에 참여해서 경찰에 대한 불만이나 건의 사항을 피력할 수 있다. 누구든 의견이 있는 사람은 시민 발언대에 서서 제한된 시간 내에 자유롭게 발언할 수 있다.

우리나라의 경우는 이러한 주민통제 메커니즘이 사실상 부재하다. 대한민국의 국민은 그동안 주권자로서 대접을 제대로 받지 못했다. 우리는 오랜 기간 오히려 민이 관에게 고개를 숙여야 하고, 가혹하게 억압을 받았으며, 혹독한 고초를 겪어야 했다. 주인이 머슴에게 아쉬운 소리를 하고 고개를 숙이는 기이한 상황을 우리는 숙명으로 여겨왔다. 왜 그럴까? 권력을 위임받은 자들이 권력을 위임한 사람들에게 충성하고, 충실하도록 만드는 시스템이 부재하거나 취약했기 때문이다.

사법 분야는 그 대표적인 예다. 그동안 대한민국의 경찰, 판·검사들은 거의 '백지 수표' 형태로 권력을 위임받아 행사해 왔다. 권력이 자의적으로 행사될 수밖에 없었던 근본적인 이유이다. 우리나라 정부기관에 대한 신뢰도는 매우 낮은 편인데 그중에서도 사법 시스템에 대한 신뢰도가 가장 낮다. 덴마크는 정반대다. 경찰, 검찰, 법원에 대한 신뢰도가 가장 높다. 특이하다. 일반적으로 사법 분야가 공정하면 그 나라는 선진사회이고 행복한 나라다. 우리는 인권을 보호하고, 억울한 일을 방지하는 데 너무 소홀하였다.

나는 좋은 정부란 국민을 끔찍하게 생각하고, 잘 보살피는 정부라고 생각한다. 유길준은 조선 말기 미국과 유럽을 돌아보고 와서 『서유견문』이라는 책을 썼는데, 여기서 그는 정부의 본분이란 정치를 안정시켜 국민으로 하여금 평화롭고 즐겁게 살도록 하고 법치주의를 확립해서 국민이 원통하거나 억울한 일을 경험하지 않도록 하는 것이라고 주장하고 있다. 지금 기준에서 봐도 타당한 얘기다.

좋은 정부를 만들기 위해서는 관이 국민을 주권자로 인식하게 만들어야 하고, 그렇게 하려면 국민이 행정을 통제할 수 있는 대중 통제 시스템이 강화되어야 한다. 사법 분야의 예를 들면 경찰이든 검사든 판사든 누군가 자신이 하는 일을 지켜보고 있다고 생각하게 만들고, 자의적으로 일을 처리하면 벌을 받는다는 생각이 지배하도록 만들어야 한다.

경찰의 경우 지역 단위로 경찰위원회를 구성해서 경찰의 업무를 감시할 수 있도록 하고, 경찰 수사 과정에서 억울한 일을 당한 시민은 이 위원회에 민원을 제기할 수 있도록 할 필요가 있다. 이런 민원이 제기되면 경찰위원회가 지명한 전문 법조인이 이 사건을 조사할 수 있도록 권한을 부여하고, 그 조사 결과는 누구든 참관할 수 있는 공개된 장소에서 발표하도록 할 필요가 있다.

이와 관련해서 덴마크의 사례를 참고할 필요가 있다. 이 나라에는 경찰의 권한 남용에 대한 시민들의 민원을 조사할 수 있는 독립적인 기구(Independent Police Complaint Authority. 이하 IPCA)를 만들었다. IPCA는 고등법원 판사, 변호사, 법학 교수, 시민으로 구성되며 이들을 도울 수사관과 직원이 배치되어 있다. IPCA는 제기된 민원을 접수해서 조사하고, 그 결과는 법원이나 시민회관과 같은 공개된 장소에서 발표를 하는데 여기에는 언론사 관계자도 참여한다. 경찰의 직권 남용을 억제하는 매우 강력하고 효과적인 장치라고 생각한다. 사실 선진사회라고 하면 어떤 형태로든 이러한 통제 시스템이 잘 갖춰져 있다. 앞에서 소개한 미국의 경찰위원회 제도는 그런 예다. 우리나라에서 고려해 볼 만한 제도라고 생각한다. 우리나라의 경우는 경찰보다는 검찰의 문제가 더 심각하다고 보기 때문에 검찰에 대한 대중 통제가 훨씬 더 강화되어야 할 것으로 보인다. 이에 대해서는 뒤에서 좀 더 논의한다.

자치 단체의 경우도 마찬가지다. 대한민국의 자치 단체는 시장이나 군수, 그리고 의원을 선출하는 것 외에 다른 대중 통제 시스템이 없다. 이 얘기는 단체장 1인이 수천, 수만의 직업관료들을 지켜봐야 한다는 의미이다. 현실적으로 한계가 있다. 하물며 한 발짝 물러서 있는 지방의원들이 행정공무원을 제대로 감시한다는 것은 어불성설이다. 서구사회에서 시장을 여러 명 두고, 부서별로도 시민으로 구성되는 운영이사회를 두는 이유가 바로 이 때문이다. 필자는 아직 우리나라의 여건에서 북유럽식의 복수의 시장제도를 두는 것은 현실적으로 어렵다고 생각한다. 그러나 주요 부서별로 시민으로 구성되는 운영위원회를 두어서 이 위원회가 관청을 좀 더 주민 친화적으로 유도하는 제도는 필요하다고 생각한다. 이 제도는 주민과 밀접히 관련이 있는 기구부터 시행할 필요가 있다. 공원, 주민자치, 문화예술, 세무, 상수도, 도서관 등은 그 몇 가지 예다.

6) 지방 분권

■ "Seoul is Korea." 조선 말기 우리나라를 찾았던 이방인들이 한결같이 지적한 얘기이다. 비숍 여사도 그중의 하나이다. 1894년에 조선을 찾았던 영국 여행가 비숍은 당시 "모든 한국인의 마음은 서울에 쏠려 있다."라고 기술하고 있다.[27] 영국인도 런던에 대한 동경을 하지만 한국의 경우는 훨씬 강하다는 것이다. 서울에 가면 무엇이든 이룰 수 있을 것 같고, 무엇인가 할 수 있을 것 같고, 한자리 얻을 수 있을 것 같은 생각 때문이었다. 그녀보다 10년 후 한국을 방문한 스웨덴 기자 아손은 "태양은 서울에만 뜨는 것이고, 지방은 늘 그늘에 가려져 있다."라고 더 강하게 표현하고 있다.[28] 조선시대 지방은 방치된 곳이고 버려진 땅이었다. 당시 중앙과 지방의 격차를 보여주는 단면이다.

그로부터 100년이 훨씬 지났다. 정치체제도 군주제에서 민주제로 전환되었다. 민주주의 핵심은 누구나 평등하다는 것이고, 어느 지역에 살던 인간의 존엄성이 존중되는 시스템이다. 거주지에 관계없이 동등하게 행복을 추구할 권리를 가진 것이 민주주의 요체이다. 과연 그런가? 회의적이다. 100년 전의 중앙과 지방의 격차가 그대로이기 때문이다. 어떤 면에서 더 벌어졌다. 사람과 자원이 더 서울에 집중되었기 때문이다. 그때나 지금이나 사람들은 서울을 쳐다보고

---

27   Bishop, I. L., 「Korea and Her Neighbor」, 1897.

28   아손 그렙스트 지음, 김상열 옮김. 「스웨덴 기자 아손, 100년 전 한국을 걷다」, 책과 함께, 2005.

있고, 동경하고 있다. 서울에 살면 일류시민이고 지방은 이류나 삼류로 인식되고 있다. 우리 사회에 널리 회자되고 있는 서울 공화국이라는 말은 이를 반증한다. 이는 앞에서 지적한 "서울이 바로 코레아."라는 말과 정확히 같은 것이다. 서울 공화국에서는 서울을 제외한 지역은 모두 기타로 구분되는 것이다. '기타'라는 말은 서울 이외의 다른 지역은 존재감이나 고유성이 없다는 의미다. 서울은 대한민국의 주인공이고, 지방은 서울을 위한 조연일 뿐이라는 것이다.

"인서울(In Seoul)"이라는 말도 사회에서 널리 회자되고 있다. 한마디로 서울에 발을 들여놓아야 사람답게 살 수 있다는 것이다. 대표적으로 고등학생들이 서울에 있는 대학에 가려고 머리를 싸매고 공부한다. 그것도 안 되면 수도권에 있는 대학이라도 가야 한다고 생각하고 있다. 한양에 있는 대학에 발을 들여놓으면 일단 성공의 발판을 마련했다고 보는 것이다.

학생들의 얘기를 들어보면 고등학교 다닐 때 학원이나 학교에서 학생들의 학습을 독려하기 위해서 "서울권에 있는 대학에 가지 못하면 인생의 실패자"라고 겁을 주었던 사례들이 종종 있었던 모양이다. 이러한 얘기에 익숙한 젊은이들이 사정이 여의치 못해서 인서울에 합류하지 못할 경우 자신을 스스로 낙오자나 실패자로 생각하는 경향이 있고, 좌절하는 경우가 많다. 자기 스스로를 낮추고 능력이 없는 사람으로 생각한다. 일부 학생들은 대학에 들어와서도 서울에 있는 대학에 가기 위해서 준비를 하느라 고생한다. 사람이 자부심을 갖고 당당하게 살아갈 때 행복을 경험하게 되는데, 단지 지방대학에 다닌다는 이유만으로 위축되고 의기소침해진다면 얼마나 불행한 일인가?

2010년 어느 방송사의 앵커가 광고계에서 성공한 지방대 출신을 "루저(loser)"에서 광고천재로 변모했다고 소개를 해서 논란이 된 적이 있다. 우리 사회의 공유된 인식을 여지없이 드러낸 사실이다. 그는 지방대학 졸업자를 루저, 즉 실패자로 규정한 것이다. 사실 이러한 인식 때문에 앞에서 얘기한 바와 같이 지방에서 학교에 다니면서도 수도권에 있는 대학을 가기 위해 시도하는 경우가 많다. 교수들도 그렇다. 지방대학을 기피한다. 필자가 1994년에 소위 지방 대학교수가 됐는데, 그때보다 지금이 지방을 기피하는 경향이 훨씬 더 강하다.

기업의 경우도 그렇다. 작은 기업이 장사가 잘 돼서 몸집이 커지면 서울로 옮기려 한다. 서울에 있어야 유리하다는 것이다. 권력이 서울에 집중되어 있기 때문이다. 이에 따라 우리나라 대기업은 서울에 초집중화되어 있다. 세계적으로 보면 극히 이례적인 현상이다. 미국의 대기업은 전국에 분산되어 있다. 마이크로 소프트나 애플은 캘리포니아, CNN과 코카콜라는 조오지아, 3M은 미네소타 주에 분산되어 있다. 덴마크의 유명한 기업인 레고는 코펜하겐이 아닌 외곽에 있다. 독일의 벤츠나 BMW는 수도가 아닌 지방에 있다. 대기업이 전국적으로 분산되어 있고 일류대학도 전국적으로 분산되어 있을 때 나라가 균형발전을 하고, 사람들도 어느 지역에 거주하든 자부심을 느끼고 당당하게 살아갈 수 있는 것이다. 우리 사회는 그렇지 못하다.

그러면 이처럼 서울 집중현상이 나타나게 된 이유는 무엇일까? 권력의 일극 체제 때문이다. 우리나라 지방은 조선조 이래 중앙의 머습 역할, 하인 역할을 해왔다. 지방은 중앙을 위해서 존재했지 그 자체로서의 인격과 존재감을 갖지 못했다. 한국은 세계적 기준에서 볼 때 권력이 극도로 집중된 나라이다. 권력이 집중된 곳에 사람이 몰리고 자원이 집중되는 것은 당연하다. 이는 마치 권력을 가진 사람 주변에 사람이 몰리는 것과 정확히 같은 이치이다. 앞으로 중앙과 지방이 균형발전을 하려면 권력을 분산시켜야 한다. 중앙에 집중된 권력을 지방에 나누어 주어서 권력의 다극 체제를 만들어야 한다.

세계적으로 부유하면서 행복하게 사는 나라들은 예외 없이 정치 선진국이다. 이들의 특징은 대부분 권력이 분화되어 있다는 사실이다. 중앙과 지방의 관계도 마찬가지다. 지방이 상당한 독자성을 가지고 있다. 스위스는 매우 작은 국가이지만 연방제 수준의 분권 구조로 되어 있다. 대학 설립을 지방 정부가 독자적으로 할 수 있다. 북유럽 국가들의 경우도 지방 정부가 엄청난 독자성을 가지고 있다. 덴마크의 경우, 중앙과 지방 정부는 수직적 관계가 아니라고 천명하고 있다. 따라서 우리나라처럼 중앙 정부가 지방 정부에게 일방적으로 지시하고 따르라고 할 수 없다. 또한, 중앙 정부의 관료들이 지방 정부를 돌아다니며 지도·점검·평가·감사를 한다는 것은 상상하지 못한다.

언젠가 중앙 정부에서 위촉을 받아 지방 자치 단체를 평가하는 일에 참여한 적이 있다. 경남의 어느 작은 군청을 찾았는데 이 군청 관계자의 말에 따르면 일 년에 약 60~70여 차례 이러한 상급기관의 방문이 있다는 것이다. 문제는 외부의 방문객이 오게 되면 관련 서류를 준비해야 하고, 여러 가지 '대접'을 해야 한다. 과거에는 용돈(?)도 챙겨 줬다는 것이다. 우리나라 공무원들의 시간이 이런 데 허비되어 왔다. 덴마크의 경우, 중앙 정부가 지방 정부를 하급기관으로 인식하고 이들을 한 수 가르쳐 줘야 하고 지도해야 한다는 생각을 할 수 없는 구조로 되어있다. 지방 정부에 문제가 있다면 감사원이나 아니면 자체적으로 지방 의회가 통제한다. 이 나라에서는 일 년에 한 번 중앙 정부와 지방 정부 협의체가 지방에 대한 예산 지원과 같은 결정을 일괄 협의 처리한다. 여기에는 국가 최고 권력자인 총리도 참여한다. 따라서 지방 공무원들이 한 푼이라도 예산을 더 받기 위해서 중앙 정부에 찾아가서 간청하는 행위는 이 나라에서는 발생하지 않는다.

북유럽 국가들의 경우 일반적으로 지방 정부가 어떤 행정 체제를 가질 것인지 자율적으로 선택할 수 있다. 즉 지배구조, 조직편제, 정원, 공무원 충원, 직급 구조, 급여 책정 등 다양한 측면에서 자율성을 가지고 있다. 이와 더불어 지방 정부도 독자적으로 세금을 부과할 수 있다. 우리의 경우는 앞에서 예로 든 것 중 어떤 것도 독자적으로 결정할 수 없다. 이 얘기는 우리나라 지방 정부는 담당 지역의 고유성을 살릴 수 있는 권한을 갖고 있지 못하다는 의미이다. 부연하면 지역의 강점과 장점을 살려 지역 발전 전략을 독자적으로 설계할 수 없다는 얘기다.

우리나라 지방 정부는 철저히 손발이 묶여있다. 따라서 뭔가 일을 해보려고 하는 사람들은 권력이 있고, 권한이 있는 서울로 갈 수밖에 없다. 기업의 경우, 그것도 몸집이 큰 기업의 경우는 권력과 가까운 곳에 있으려고 한다. 그래야 권한을 가진 자들과 일상적으로 접할 수 있고 관계가 친밀해질 수 있고 정보를 얻을 수 있기 때문이다. 특히, 대한민국처럼 권력이 모든 것을 좌우하는 나라에서는 더욱 그렇다.

앞으로 대한민국을 행복한 나라로 만들기 위해서는 중앙과 지방의 격차를 줄여야 한다. 그래서 중앙과 지방이 공존하도록 하고 동반자 관계가 되도록 해야 한다. 방법은 서울에 쏠려있는 권력을 분산시켜야 한다. 구체적으로 중앙 정부에 몰려있는 권력의 1극 체제를 다극 체제로 바꿔서 지방에 권한을 나눠주어야 한다. 지방도 독자적으로 '쇼(Show)'를 할 수 있도록 독립성을 부여해야 한다. 지금은 지방에서 어떤 지역 발전 프로젝트를 기획하게 되면 늘 중앙에 가서 설명하고, 도와 달라고 읍소하고, 매달리고 '술 사고 밥 사고' 해야 한다. 현실적으로는 중앙의 갖가지 통제나 규제 때문에 지역 단위에서 사업가 정신을 발휘하기는 불가능하다. 2015년 서울시가 청년수당이라는 제도를 도입했다가 정부로부터 갖은 '위협'과 비난을 들었다. 여기에 보수언론까지 가세해서 서울시를 공격했다.

이러한 상황에서는 지역 단위의 독창적인 정책 실험이나 사업가 정신이 발휘되기 어렵다. 지방 정부는 지역 주민들의 삶의 질을 높이고, 좋은 삶을 제공하기 위해 끊임없이 고민하고 연구해야 하는데 중앙 집권 구조는 이와 같은 독자적인 생각의 싹을 잘라버린다. 단독주택이 밀집한 지역에는 주민들 간의 주차문제가 심각하다. 자치단체가 이 문제를 해결하기 위해서 지역의 실정에 맞는 주차제도를 시행하려고 하면 중앙의 지침 때문에 다른 생각을 할 수가 없다. 이와 같은 아주 작은 사안에도 지방 정부가 재량권을 가진 것이 없다.

이러한 구조 때문에 우리나라 지방은 의존적이고 수동적인 존재가 될 수밖에 없다. 지방이 발전할 수 없는 것은 당연하다. 지방이 공동화되고, 황폐해지는 이유는 간단하다. 부산은 천혜의 발전 조건을 가진 우리나라 2대 도시다. 세계적으로 이러한 대도시에는 좋은 기업이 있고 대학이 있으며 문화가 있다. 분권화된 서구사회의 경우 대기업과 일류대학이 전국적으로 골고루 분산되어 있다. 당연히 사람들이 수도가 있는 하늘만 쳐다보지 않는다. 우리의 경우는 모든 것이 서울에 집중되어 있다. 근본적으로 권력의 일극 체제 때문이다.

지방 분권이 필요한 이유다. 앞으로 지방이 존재감을 갖도록 하려면 지방에 권능을 부여해야 한다. 그러기 위해서는 중앙 정부의 개념을 재설정해야 한다. 과거의 중앙 정부가 전지전능한 존재였다면 앞으로의 중앙 정부는 국가적 사무에 집중하도록 하고, 지역 단위의 문제는 지방 정부가 자율적으로 해결하도록 하고, 그에 필요한 권능을 부여하자는 것이다. 예를 들면, 지역의 경제를 활성화하기 위해서 지방 정부가 독자적으로 대규모 산업단지를 개발할 수 있도록 하고 여기에 기업을 유치하는 데 필요한 법인세 감면과 같은 파격적인 세제 혜택을 지방 정부가 독자적으로 줄 수 있는 권한을 주자는 것이다. 권한을 주면 책임감이 생기고, 책임감은 사람들로 하여금 머리를 굴리게 한다. 머슴은 생각하지 않는 것이 이치이다. 지방 정부에게 권한을 부여하면 저마다 살기 위해서 몸부림을 치게 되어 있다.

강력한 지방 분권은 지방이 중앙의 조연에서 벗어나도록 만들고, 지방도 독자적인 삶의 공간이 될 수 있도록 만든다. 서울도 사람 사는 곳이고, 지방도 사람이 살 수 있는 공간으로 만드는 것이다. 대한민국의 지방 사람들이 이제는 서울만 보고 살아가지 않도록 만드는 것이다. 정치권에서는 개헌 얘기를 하고 있다. 지방 분권을 주장하는 사람들은 개헌 얘기가 나올 때마다 개헌에 지방 분권 문제도 포함하라고 요구해 왔다. 이미 10년 이상 지속한 외침이다.

이들의 주장을 간략히 소개하자면 이렇다. 무엇보다 헌법 1조, 즉 헌법의 가장 앞부분에 "대한민국은 지방 분권 국가"라는 내용을 포함해 분권을 강조하자는 것이다. 이와 더불어 중앙 정부의 기능과 역할, 지방 정부의 역할과 기능을 헌법에 명시해서 지방 정부의 독자성을 확보해 주자는 것이다. 헌법 개정에 포함되기 위해서는 좀 더 세밀한 논의와 검토가 필요하겠지만, 상당히 의미 있는 제안이라고 생각한다. 어느 나라든 헌법은 그 사회가 강조하는 가치와 정신을 담은 국민적 합의의 문서다. 만약 위에서 소개된 내용이 헌법에 포함된다면 이는 그만큼 우리 사회가 지방 분권의 정신을 중시한다는 의미이고 이와 더불어 지방 사람들의 염원에 동감한다는 의미이다. 정치권에서 적극적으로 검토해 봤으면 하는 바람이다.

7) 공동체를 위한 대화의 장을 만들어라[1]

■ 스칸디나비아 국가의 사람들 간의 관계성은 세계 최고 수준이다. 사람들이 매우 평화롭고 조화롭게 산다. 앞에서도 지적했지만 상호 공존의 규범, 즉 더불어 살아야 한다는 생각이 매우 강하게 뿌리내리고 있다. 공존하기 위해서는 타인을 존중하고 배려해야 하는데 이러한 모습이 운전을 한다든가 줄을 서는 것 같은 일상에서 쉽게 목격된다. 아주 작은 예지만 지하철을 탈 때 먼저 자리를 잡으려고 뛰어드는 모습은 이런 사회에서 정말 보기 어렵다.

관계성을 나타내는 다른 증거는 협력이다. 덴마크의 경우, 공동의 이익을 위해서 늘 서로 뜻을 모아 힘을 합한다. 대학에서 교수들이 각자의 연구실에 프린터를 두기보다는 좋은 프린터를 하나 사서 공동으로 사용한다. 아파트에서는 각 세대가 모두 세탁기를 구입하기보다는 세탁기를 공동으로 구매해서 같이 사용한다. 그래도 다툼이 없다. 좀 더 진전된 형태도 있다. 사람들이 협력해서 주택을 공유한다. 두 가지 형태가 있는데 하나는 소유권을 공유하는 협동 주택의 형태이고 다른 하나는 소유권은 개별적으로 하되 공유하는 공간을 만들어 여기서 식사나 여가를 같이 하는 형태도 있다. 이 나라 주택의 1%는 이러한 공유주택(co-housing)이라는 것이다. 기업은 소모적인 경쟁을 좀처럼 하지 않는다. 사회의 상상할 수 있는 분야에서 이처럼 협력해서 힘을 모은다. 이와 같은 협업은 엄청난 사회적 편익을 창출한다.

이러한 사람들 간의 협력이나 협업을 가능하게 하는 근원적 요인은 사회적 신뢰이다. 신뢰는 사람들을 한마음이 되도록 만드는 접착제 역할을 한다. 그러면 사회적 신뢰는 어떻게 만들어지는가? 여러 가지 접근 방법이 있을 것이다. 필자는 대표적인 요인으로 대화를 들고 싶다.

대화는 사람들을 가깝고 친근하게 만들며 상호이해를 증진한다. 대화를 통해서 사람들은 타인의 처지를 이해하게 되고 좀 더 진전되면 공감되는 부분이 형성되고 점차 공유하는 감정이나 생각의 폭이 넓어진다. 대화가 사람들의 연결성을 높이는 것이다. 공감의 폭이 증가하면 그에 따라서 타인에 대한 신뢰의 여지가 그만큼 증가하게 된다. 사회적 신뢰가 높은 나라들은 사회적 공감대가 넓다. 공동체 구성원의 아픔에 함께하며 기쁨도 함께한다. 이러한 국가들은 또한 사회구성원 간에 합의되는 가치체계가 있다. 즉, 무엇이 소중하고 무엇이 중요한가에 대한 합의가 있다는 말이다. 당연히 이러한 사회에서는 소모적인 갈등이 상대적으로 적을 수밖에 없다.

덴마크는 매우 풍부한 소통체계를 가지고 있다. 이 나라 사람들은 모여서 대화하는 것을 좋아하고 중시한다. 가정의 경우, 부부간에 부모와 자녀간에 많은 얘기가 오간다. 직장에서는 아주 작고 사소한 일이라도 다 같이 모여서 상의해서 결정한다. 어느 직장이든 직원들에게 가능한 모든 직원이 의견을 피력할 수 있도록 유도한다. 또한, 직원들에게 분기별 혹은 반기별로 조직이 처한 상황을 공개하고 직원들과 조직의 발전을 위한 토론을 한다. 아주 영세한 음식점의 경우조차도 그렇다. 덴마크 음식점에서 일해본 경험이 있는 우리나라 교포들이 매우 인상적으로 느낀 것이 바로 이 점이다. 식당에서 그릇을 닦는 사람들도 다 함께 토론에 참여한다는 것이다. 덴마크에는 세계 최고의 음식점 '노마(Noma)'가 있는데 노마가 바로 이러한 경영문화를 가지고 있다.

국가 차원에서도 마찬가지다. 최고 권력자인 총리가 일반 국민과 소통하려고 엄청 노력한다. 이 나라에서는 매년 날씨 좋은 6월이 되면 약 5일간 작은 섬에서 총리를 비롯한 장관, 정치인들이 일반 국민과 함께 어울리는 시간을 가진다. 스웨덴에서 시작된 제도인데 덴마크가 벤치마킹한 것이다. 약 7~8만 명이 모이는 자리다. 나는 너무 부러운 제도라고 생각한다. 이 정치파티에서 총리는 자신의 정국 구상을 밝히기도 하고 국민의 생각을 듣기도 한다. 여기서는 누구든 총리와 만날 수 있고 총리에게 평상시 궁금했던 것을 물을 수 있다. 누구든 최고통치권자를 만나서 하고 싶은 얘기가 있으면 이 '정치 축제'에 참여하면 된다. 또한, 다양한 민간단체나 협회 관계자들이 이와 같은 국민 소통의 장에 참여해서 그들이 관심을 두고 있는 사회적 이슈에 대해서 정치인들을 앞에 놓고 토론을 벌인다.

이뿐이 아니다. 총리는 2주에 한 번씩 의회에 출석해서 국민의 대표인 의원들의 질의에 답하고 의원들에게 자신의 정국 구상을 얘기하기도 한다. 이것이 끝나면 본 회의장 밖에서 기다리고 있는 기자들과 회견을 하면서 국민이 관심을 두고 있는 사안에 대해서 자신의 생각을 밝힌다. 이러한 풍부한 소통체계는 최고통치권자와 국민 사이의 가교 역할을 해서 양자 간의 연결성을 높이고 좀 더 가까이 있다고 생각하게 한다.

우리나라는 세계적으로 볼 때 매우 훌륭한 사회간접 시설을 갖추고 있다. 도로망은 이제 세계 최고 수준이다. 이러한 도로망을 통해서 엄청난 양의 재화가 전국적으로 유통된다. 경제발전을 위해서 매우 중요한 요건이다. 이에 비해서 사람들의 생각이 교환되는 의사소통의 흐름은 매우 빈약하다. 가정에서 학교에서 직장에서 국가 차원에서 대화가 별로 없기 때문이다.

대통령의 경우를 보자. 국민과의 소통을 대단히 꺼린다. 박근혜 대통령은 그중에서도 최악이었다. 2015년 중앙일보 런던 특파원은 이런 기사를 썼다. 당시 "우리나라 대통령이 3년 가까이 받은 질문의 총 수는 영국 캐머런 총리가 받은 하루의 질문 수에도 미치지 못할 것."이라고 지적했다.[29] 그녀의 주장은 그만큼 우리나라 대통령이 소통에 인색하다는 것이다.

문제는 '촛불 혁명'으로 탄생한 문재인 대통령조차 크게 다르지 않다는 것이다. 집권 이후 문 대통령은 공식적이든 비공식적이든 기자들과 회견을 한 것은 고작 2~3회에 불과하다. 그는 군중들 앞에서 손을 흔들고 미소를 짓는 것은 잘하지만 자신의 정국 구상이나 국정 현안에 대한 고민과 고뇌를 밝히고 국민과 공유하는 노력에는 인색하다. 문재인 대통령은 자신이 발의하는 개헌안을 확정해서 국민에게 공개했다. 이와 관련해 그는 언론이나 국회와 어떤 대화도 없었다. 개헌안 발의도 해외에서 전자결재로 처리했다. 개헌에 대한 그의 생각을 단적으로 보여주는 대목이다. 과거 미국의 오바마는 아주 작은 사안이라도 이슈가 되는 것이 있으면 언제든 기

---

29 중앙일보, 2015. 10. 29

자회견을 자청해서 자신의 견해를 밝히고 기자들의 질문을 받았다. 때로는 기자들의 혹독한 질문이 있었지만, 전혀 동요되지 않고 유연하게 답변했다.

우리 사회의 대화의 '빈혈증'은 사람들 간의 연결성을 낮추고 공유되는 감정이나 생각의 폭을 매우 좁게 만든다. 부부간에, 교사와 학생 간에, 근로자와 사용자 간에, 상사와 부하 간에, 국민과 정부 사이에 상호 이해의 정도가 낮고 공감의 폭이 좁다. 당연히 신뢰의 폭이 좁을 수밖에 없다. 또한, 대화가 없는 가정에 불화가 많듯 대한민국 사회에도 대화의 결핍으로 인한 사회적 불화, 갈등이 매우 심하다.

행복한 사회를 만드는 데는 사회적 신뢰가 반드시 전제되어야 한다. 행복을 결정하는 가장 중요한 요소가 관계성인데 관계성은 신뢰를 기반으로 하기 때문이다. 신뢰는 일종의 접착제 역할을 한다. 사람들을 한마음이 되도록 하고 뭉치도록 하고 협력하도록 만든다. 스칸디나비아 사회의 응집력은 세계 최고 수준인데 이는 기본적으로 사회적 신뢰 때문이다. 그런데 이러한 사회적 신뢰를 증진시키기 위해서는 사회 전반적으로 사람들 간의 마음을 주고받을 수 있는 소통의 장이 폭넓게 열려 있어야 한다.

대화는 신뢰를 증진시키는 펌프 역할을 한다. 왜? 대화를 하게 되면 무엇보다 타인을 이해하게 되고 자신의 주장만을 고집할 수 없다는 사실을 깨닫게 되기 때문이다. 대화는 자기 중심성에서 벗어나게 하고 공존을 생각하도록 만든다. 공존의식이 높은 사회에서는 사회적 신뢰가 형성될 가능성이 높다. 매우 중요한 얘기다.

이처럼 중요한 기능을 하는 대화가 우리 사회에서는 그동안 등한 시되어 왔다. 대화는 낭비적인 것이고 비능률적인 것으로 치부되어 버렸다. 특히, 정치 지도자들이 그렇게 생각해 왔다. 심지어 새 정 치를 외쳤던 안철수조차 그렇다. 나는 좋은 정부란 필히 풍부한 대 화를 전제로 한다고 생각한다. 이런 맥락에서 정부의 중요한 역할 은 사회 전반적으로 대화의 장, 즉 공론의 장을 마련해 주는 것이 다. 정부는 국민이 자유롭게 소통할 수 있는 다양한 대화의 '멍석' 을 깔아주어야 한다.

8) 공동체를 위한 대화의 장을 만들어라(2)

■ 앞에서 지적한 바와 같이 대화는 타인에 대한 이해를 증진해 상호공존의 규범을 형성하도록 유도한다. 특히, 공론의 장에 나와서 대화에 참여하게 되면 자신의 이익을 넘어서서 공동체의 이익에 눈을 돌릴 수 있는 사회적 의식이 형성되고, 공동체에 대한 책임감이 형성된다. 건강한 민주주의가 유지되기 위한 핵심적인 요건이다. 나는 좋은 정부란 끊임없이 좀 더 나은 사회를 위해서 노력하는 정부라고 생각하며, 이를 위해서 시민들을 공론의 장에 유입시켜 좀 더 나은 사회를 만들기 위해 고민하도록 유도해야 한다고 생각한다. 공론의 장이란 공동체의 문제에 대해서 사회 구성원이 모여서 서로 격의 없이 생각을 주고받을 수 있는 '유·무형의 공간'을 의미한다. 정부가 주도적으로 이러한 대화의 장을 마련해야 한다.

미시적으로는 마을 단위에 주민들이 어울려 대화할 수 있는 자리를 마련해 주는 것이다. 현재 읍·면·동 단위로 가동되고 있는 주민자치위원회는 좋은 예다. 이 위원회는 주민들로 하여금 자신이 살고 있는 마을의 문제에 관해서 주민들이 모여서 대화할 수 있는 공론의 장을 제공한 것이다. 그런데 그동안 이 제도가 유명무실했다. 주된 이유는 위원회 운영을 공무원이 주도하고 주민자치위원은 수동적으로 따라가는 방식이었기 때문이다. 기존의 주민자치위원회는 주민들에게 마을의 문제에 대해서 관심을 갖고, 고민하도록 만들지 못했다. 앞으로 이 제도를 활성화하기 위해서는 주민이 주도적으로 마을의 문제를 발굴하고, 이 문제를 어떻게 해결할 것인지 협의하고, 머리를 맞대도록 권한을 부여해야 한다. 마을의 안전 문제, 아파트 주민들 간의 층간소음 문제, 마을 단위의 축제 기획하기, 마을 단위 작은 도서관 운영하기, 아이들 돌봄방 운영하기 등 주제는 다양할 수 있다.

중요한 것은 주민이 자신이 살고 있는 마을에 관심을 갖고 참여하도록 관은 뒤에서 지원하고, 코칭하고, 주민이 마을 활동을 주도할 수 있게끔 해야 한다는 것이다. 서울시에서 시행하고 있는 마을 공동체 사업은 이러한 정신을 구현하는 좋은 제도라고 생각한다. 미국 로스앤젤레스 시는 산하에 100여 개의 마을 위원회(neighborhood councils)를 두고 있다. 로스앤젤레스 시는 시청에 마을 위원회를 지원하는 국을 설치해서 돕고 자문하고 있다. 마을 위원회는 마을 단위의 공론의 장이고, 이를 통해서 주민들 간의 관계망을 복원시키고, 공동체에 대한 관심을 증진시키는 데 이바지한다.

마을 단위를 넘어 지역사회 차원에서도 공론의 장이 필요하다. 정치선진국의 경우, 다양한 공론의 장이 설계되어 있다. 역시 가장 중심이 되는 것은 의회이다. 지방의 경우, 지방 의회가 지역 주민들을 위해서 대화의 장을 준비해 놓고 있다. 청문회, 공청회는 전형적인 예이다. 이런 것 말고도 지방 의회가 열릴 때마다 주민들로 하여금 지역의 현안이나 이슈에 대해서 의견을 피력할 수 있도록 시스템을 설계해 놓았다. 예를 들면 주민발언대를 마련해서 3분이나 5분 정도 발언할 수 있도록 기회를 제공한다. 신청자가 많을 경우 장시간이 소요되기도 한다. 때로는 특정 사안에 대해서 찬성하는 사람들과 반대하는 사람들이 의회에서 토론을 벌이기도 한다.

우리나라의 지방 의회는 의원들의 전유물이다. 의회가 지역 주민들과 너무 괴리되어 있다. 지역 주민이 참여할 공간이 별로 없기 때문이다. 지방 의회가 지방 단위의 공론의 장으로서의 역할을 하지 못하고 있는 것이다. 2014년 영남의 모 지방 의회는 지방의원을 선출하는 선거구 획정 조례를 새벽에 기습적으로 의결하였다. 지역에서는 매우 논란이 많은 사안이었는데, 주민들에게 의견을 피력할 기회조차 주지 않고 비밀리에 조례를 통과시킨 것이다. 올해에도 역시 같은 사안에 대해서 주민에게 논의 기회도 주지 않은 채 일방적으로 처리해 버렸다. 덴마크나 스위스 같은 정치 선진사회였다면 사안의 중요성 때문에 며칠이고 몇 달이고 지역 사회 전반에서 논의가 이루어졌을 것이다. 우리나라 의회가 불신당하는 것은 어떤 면에서 매우 당연하다.

이제 지방 의회도 변화가 필요하다. 의회는 민의의 전당이라고 부른다. 당연히 민의를 파악하기 위해서는 의회가 문을 활짝 열어야 하고, 주민과의 접촉점을 넓혀야 한다. 특히, 우리나라처럼 정당이 제 기능을 발휘하지 못하는 상황에서는 더욱 그렇다. 필자의 생각으로는 무엇보다 본 회의가 있는 날에는 반드시 주민 발언대를 열어서 주민들이 자유롭게 지역사회의 문제나 관청에 요구하는 사항을 얘기할 수 있도록 할 필요가 있다고 생각한다. 물론 엄격히 시간 제한을 해야 한다. 미국이나 캐나다의 경우 3분, 5분, 때로는 10분으로 제한하고 발언을 하도록 한다. 자치 단체에서 추진하는 주요 정책에 대해서는 반드시 주민들이 이에 대한 의견을 제시할 수 있도록 발언 기회를 줄 필요가 있다. 주민들의 발언을 듣는 것이 따분하고 피곤할 수 있다. 의회의 회의도 길어질 수밖에 없다. 미국 피닉스시의 경우, 한 번 의회가 소집되면 보통 8~9시간은 기본이다. 그럼에도 주민들의 참여를 허락하는 것은 그것이 중요한 가치로 인식되고 있기 때문이다.

한 가지 더 제안하고 싶다. 지역의 주요 시민 사회단체들이 그들이 관심을 두고 있는 주제에 대해서 의회에서 토론을 하고 싶다고 하면, 이 주제와 관계된 상임위원회가 의회에서 토론회를 할 수 있도록 '멍석'을 깔아주고 상임위원회에 속하는 의원들이 참여해서 의견을 청취하도록 하자는 것이다. 이 자리에는 해당 자치 단체의 관련되는 집행부 공무원도 참여할 필요가 있다. 여기서 논의되는 주제는 앞으로 정책의제로 채택될 수 있고 궁극적으로는 지방 자치 단체의 사업이나 정책이 될 수 있다.

지방 의회가 이처럼 폭넓은 대화의 장을 열어 소통을 활성화시키면 지역민의 애환이 드러날 수 있고, 이것이 지역 단위의 정책의제로 연결될 수 있다. 또한, 이러한 공론의 장에 참여하는 사람들은 다른 사람의 생각과 관점에 눈을 뜨게 되어 사회적 의식을 높일 수 있다. 사회적 의식이란 자신 이외의 타인에 대한 생각, 자신이 속한 공동체에 대한 의무나 책임감과 같은 것을 의미한다. 우리 사회에서 가장 부족한 것이 바로 이것이다.

9) 공동체를 위한 대화의 장을 만들어라[3]

■ 우리나라의 행정은 기술적으로 보면 세계 최고 수준이다. 예를 들어 여권을 발급한다든가 여러 가지 증명서류를 발급하는 데 매우 신속하다. 공항 통관의 경우도 세계 어떤 나라보다도 신속히 절차를 마치고 빠져나갈 수 있다. 참고로 인천공항은 지난 10년간 일관되게 세계 공항 평가에서 1위를 차지했다. 우리나라의 행정은 최첨단 정보통신기술을 활용해서 국민에게 매우 편리하고, 신속한 서비스를 제공한다. 대한민국은 전자정부를 구현하는 데 가장 앞장서 있다.

그런데 이처럼 편리하고 신속한 행정서비스에도 불구하고 관과 민의 거리가 멀다. 관에서는 크게 걱정하는 일이 있어도 지역 주민은 팔짱 끼고 있는 경우가 많다. 예를 들면 대구에서 세계육상선수권대회가 열리던 때의 일이다. 시에서는 경기장의 관중석을 어떻게 채울까 발을 동동거릴 정도로 걱정을 많이 했지만, 정작 주민들은 그만한 관심을 두지 못했다. 민과 관이 혼연일체가 되지 못한 것이다.

이런 경우가 너무 많다. 평창 동계올림픽도 사정은 비슷했다. 그래서 대부분의 행사는 동원이다. 지방 공무원들이 매우 힘들어하는 일이다. 나는 이러한 문제가 생기는 근본적인 이유 중의 하나는 관이 민을 동반자로 인식하고 늘 같이 협의하고, 함께 만들어 가는 노력을 하지 않았기 때문이라고 생각한다. 부부 관계가 좋은 가정은 늘 둘이 속삭인다. 무엇이든 서로 상의해서 결정한다. 일심동체가 되는 이유이다. 관과 민의 관계도 마찬가지다. 양자가 머리를 맞대고 상의하고 숙의해야 한다. 우리 정부는 역사적으로 오랜 기간 이렇게 하지 못했다. 민초는 관리의 대상이고 통치의 대상이지 관의 동반자가 아니었다. 당연히 관이 민과 속삭인다는 것은 상상할 수 없는 일이었다.

이제 관점의 전환이 필요하다. 핵심은 국민을 주권자이자 동반자로 인식하는 것이다. 이러한 사고 구조하에서는 관은 늘 국민의 뜻을 헤아리기 위해서 소통해야 하고, 또한 사회문제를 해결하는 데 있어서 국민과 함께 지혜를 모아야 한다. 참고로 미국의 오바마 대통령은 3억 인구를 가진 거대 국가의 최고 행정 책임자이자 국가 원수이다. 그는 늘 국민의 애환과 바람을 듣기 위해서 국민과 소통했다. 그가 대통령으로 재임하던 시절에 백악관에는 매일 평균 8천 통의 편지와 10만여 개의 이메일, 2,500통의 전화가 왔다는 것이다. 백악관에는 이들을 분류하고 처리하는 직원만 10여 명이 있었다. 오바마는 8천 통의 편지 중에서 10개를 골라 자신에게 달라고 직원에게 요청했다. 그는 이 중에서 3개를 골라 직접 손으로 글을 써서 답을 했다. 국민의 고통, 애환, 바람을 듣고, 또한 자신의 고민, 생각, 향후 국정계획을 알리기 위한 소통의 방식이다. 세계에서 가장 바쁜 대통령이지만 국민과 소통하는 것이 중요하다고 생각하기 때문에 어떻게 하든 짬을 냈던 것이다.

미국의 지방 정부도 설문, 집담회, 초점 집단 면접 등 다양한 방법으로 주민의 뜻을 헤아리기 위해서 노력한다. 또한, 주민들이 의회에 발걸음을 하게 해서 이들의 생각을 들으려고 노력한다. 도시의 비전을 설정할 때에는 수많은 주민을 참여시킨다. 이는 자치 단체의 비전을 좀 더 살아 있게 만들고, 주민에게는 비전에 대한 주인의식을 갖게 한다. 무엇보다 중요한 것은 관과 민이 이러한 과정을 통해서 가까워지고, 한마음이 된다는 것이다.

일본은 우리나라처럼 관 중심의 나라이고 관료들이 서구 사회에 비해 힘을 쓰는 사회이다. 그럼에도 불구하고 일본의 공무원들은 국민으로부터 신뢰를 받는다. 한마디로 관을 신뢰한다. 그런데 그 내막을 들여다보면 이해가 된다. 일본의 공무원들은 놀라울 정도로 주민의 뜻을 헤아리기 위해서 노력한다. 25년 전에 일본 동경의 나가노 구를 방문한 적이 있다. 이미 그 당시에 나가노 구는 다양한 수단을 동원해서 주민의 의견을 수렴하고 있었다. 설문, 제안카드, 주민의 목소리, 집담회, 간담회, 구청장과의 대화, 초점 집단 면담 등 이름도 다양했다. 나가노 구는 주민 의견 수렴에 관련된 연간 일정표를 만들었고, 인상적이었던 점은 구청 간부들이 이 스케줄을 양복 주머니에 넣고 다닌다는 사실이다. 주민 의견 수렴 결과는 분석해서 직원들에게 보내주어서 업무에 참고하도록 하고 있었다. 일본의 관청은 주민의 작은 목소리에도 귀를 기울이고, 크게 생각하고 있다. 주민과 문제가 생기면 초기에 해결하고 혐오시설 입지선정과 같은 어려운 문제에 대해서는 인내심을 가지고 끝까지 설득하고 이해시킨다. 공권력을 동원해서 강제 집행하는 경우는 매우 이례적이다.

앞에서 도시 비전을 설정하는 사례를 들었다. 일본의 자치 단체들도 도시 비전을 설정하게 되면, 많은 지역 주민들을 참여시킨다. 이것 하나 만드는 데 1~2년이 걸리기도 한다. 어떤 자치 단체는 도

시의 미래상을 설정하는 데 초등학생들을 참여시키는 경우도 있었다. 이 자치 단체는 어린 학생들에게 미래 자신이 살고 싶은 세상을 흰 종이에 스케치하도록 하였다. 다양한 구성원의 생각, 염원을 집약하기 위해서이다.

이렇게 지역의 많은 구성원이 참여해서 만든 도시 비전은 여러 가지 장점을 가지고 있다. 무엇보다 주민들이 직접 참여해서 만든 비전이기 때문에, 이 비전에 대한 애착이나 주인의식이 있다는 점이다. 이와 더불어, 이러한 비전을 구현하기 위한 정책이나 프로그램을 시행하게 되면 이에 대한 지지를 확보할 수 있다는 점도 장점이다. 좀 더 크게 보면, 비전을 설정하는 과정에서 많은 소통이 이루어져 지역 주민 간의 관계성뿐 아니라, 관과 민의 관계성이 증진될 수 있다.

우리나라의 경우는 이와는 매우 대조적이다. 대부분의 자치 단체 비전은 전문 용역기관에서 만든다. 연구소나 대학교에 용역을 주어서 전문가들이 도시 비전을 만든다. 필자도 이러한 용역을 해본 경험이 있다. 그것도 3개월 이내에 만들어 달라는 것이었다. 이처럼 전문가들이 만드는 도시 비전에는 지역 주민의 참여가 거의 없다. 있다면 설문 정도이다. 형식적으로는 매끈한 도시 비전 체계가 만들어지나, 주민들에게 공유되고 살아있는 것이 되지 못한다. 행정이 주민 속으로 파고 들어가지 못하기 때문이다. 이렇게 만들어진 작품은 대부분 언론사 배포용으로 끝이 나버려, 결국 용역비용만 날려버리게 된다. 이렇게 해서 세금을 낭비하는 규모가 전국적으로 엄청날 것이다. 대한민국의 세금은 먼저 잡는 사람이 임자라는 말이 근거 없지 않다.

필자가 얘기하고 싶은 것은 이거다. 대한민국의 관청이 국민과 친구 같은 가까운 사이가 되기 위해서는 관과 민이 긴밀히 소통해야한다. 금실 좋은 부부를 생각하면 된다. 상대가 무엇을 원하는지늘 귀를 기울이고, 크든 작든 의사결정을 할 때에는 서로 긴밀히 협의하는 것이다. 자치 단체의 경우를 예로 들면, 지역 주민이 무엇을원하고, 불편해하고, 고통스러워하는지 지금보다는 훨씬 더 정교하게 귀를 기울여야 한다. 우리와 바로 인접해 있는 일본의 자치 단체의 사례를 자세히 들여다볼 필요가 있다. 일본의 자치 단체는 주민들이 피곤하다고 할 정도로 주민의 목소리에 귀를 기울인다. 그 방법이 콜센터나 인터넷 게시판을 활용하는 정도가 아니다.

다음은 자치 단체에서 어떤 정책이나 시책을 결정하려고 할 때주민과 긴밀히 협의하라는 것이다. 대구 팔공산에 케이블카를 설치하는 것과 관련해서 논란이 있다. 이러한 사안이 있으면 이와 관련한 공론의 장이 만들어져서 지역 주민의 다양한 의견이 충분히 개진될 수 있도록 해야 한다. 그 결과 어떤 방향으로 의사결정이 이루어지든 지역 주민들이 수용하고, 지지할 수 있어야 한다. 우리의 경우 대부분 의사결정은 빠른데 후에 후유증이 크다. 소수가 의사결정을 주도하기 때문이다.

좀 더 욕심을 부려본다면 자치 단체의 정책이나 시책을 결정할때 초기 단계부터 지역 주민들과 함께 해보라는 것이다. 어느 지역이든 분야별로 활동 중인 협회, 시민단체, 학자그룹이 있다. 이들에게서 정책의 아이디어도 얻고, 이 아이디어를 사업화할 때도 이들과 함께 협의하는 것이 바람직하다. 나는 이것을 '정책공동체'라고 부르고 싶다. 대구시의 복지정책은 지역사회의 복지공동체와 긴밀히 소통해서 만들라는 것이다. 이렇게 될 때 대한민국의 행정이 좀더 주민 친화적이 되고, 행정이 대중 속으로 확산될 수 있고, 행정의 실효성도 높아질 수 있다고 생각한다. 관과 민간의 파트너십도 물론 더 증진될 수 있다.

10) 공동체를 위한 대화의 장을 만들어라(4)

■ 앞에서 이미 지적한 바와 같이, 2012년 스위스 의회에는 1:12 법안이 상정되었다. 이 법안은 최고 경영자의 급여와 가장 하위직의 급여 차이가 12배를 초과하면 안 된다는 내용을 담고 있다. 상당히 논란이 많은 법안이어서 스위스 의회는 의원들의 토론만으로 표결에 부치지 않고, 전국적으로 토론회가 열리도록 유도했다. 만약 이 법안이 통과되면 사업가 정신이 위축되고 다국적 기업은 스위스를 떠날 것이라는 생각 때문에 강한 우려를 표하는 사람도 많았다. 사안의 중요성 때문에 스위스 의회는 충분한 여론 수렴이 필요하다고 생각한 것이다. 이 법안에 대한 토론은 전국적으로 열렸고, 또한 다양한 단체에서 토론의 장이 마련되었다. 언론사, 직장, 대학교, 심지어 고등학교에서도 토론이 이어졌다. 무려 3년 이상 지속되었다. 표결 결과 1:12 법안은 부결되었다.

필자가 지적하고 싶은 것은 소통과 관계된 것이다. 이 논란이 되는 법안을 통해서 스위스 정부는 많은 사람을 공론의 장에 불러내고, 이들이 가진 생각을 주고받을 수 있도록 했다는 것이다. 일종의 사회적 소통이다. 이를 통해서 자신이 살고 있는 공동체에 대해서 고민하고 고뇌하도록 만드는 것이다. 자신이 선출한 정치인에게 이같은 결정을 위임할 수도 있지만, 그렇게 될 경우 성숙하고 분별력 있는 시민의식을 양성할 수 없게 된다.

앞의 사례는 우리에게 주는 시사점이 크다고 생각한다. 우리나라 정부는 중요한 정책 결정이나 법안을 통과시킬 때 충분한 공론의 과정을 거치지 않는다. 충분한 논의가 이루어져야 정책이나 법을 이해하게 되고 공감이 형성되고 심리적 지지를 얻게 된다. 우리에게는 이것이 없다. 우리 사회에서 법을 지키지 않고 법을 무시하고 정책에 대한 반발이 빈번히 발생하는 것은 바로 이러한 이유 때문이다. 때로는 '아무도 모르게', '기습적으로', '전격적으로' 결정하는 경우까지 있다. 2017년 논란이 됐던 고고도 미사일 방어 체계, 소위 "사드"라고 부르는 것을 배치할 때 그랬다. 정부는 이와 관련해서 모든 것을 비밀리에 결정해 버렸다. 우선 사드가 한반도에 필요한 이유에 대해서 국가적으로 충분한 공감대 형성이 이루어지지 못 했다. 심지어 국회 차원에서조차 공론의 장이 마련되지 못했다. 시민 사회는 더욱 말할 것도 없다. 방송 토론이 고작이었다.

이와 더불어 사드를 배치할 장소를 결정하고, 결정된 지역의 주민을 이해시키는 데 필요한 소통의 노력이 거의 없었다. 예를 들어, 사드가 배치될 장소로 선정된 성주 지역 주민들은 정부 당국자와 제대로 된 소통의 기회를 단 한 번도 갖지 못했다. 국방부 관계자가 이 지역을 몇 차례 방문하기는 했으나 대부분 군수나 군 의원 몇 사람 만나고 가거나 새벽에 비밀리에 방문하는 방식이었다. 지역 언론사와도 접촉을 피했다. 우리나라에서 흔히 볼 수 있는 현상이지만 세계적 기준에서 보면 매우 이례적이다.

상황이 이러했기 때문에 지역 주민들은 당연히 알아야 할 내용에서 배제되었다. 성주가 왜 사드 배치에 적합한 지역인지, 사드가 배치될 경우 환경에 미치는 영향, 주민의 건강에 미치는 영향이 어떤지 아무런 설명을 듣지 못했다. 사드 문제가 논란이 됐을 당시, 시

중에는 근거 없는 루머가 돌았다. 사드에서 발사되는 전자파가 인체에 치명적인 문제를 일으키고, 이뿐 아니라 지역의 참외 농사에도 같은 영향을 미친다는 것이다. 또한, 성주가 북한이나 중국의 미사일 공격 표적이 된다는 허황된 얘기까지 돌기도 했다. 주민들은 불안할 수밖에 없었고, 그에 따라 강력한 반대집회가 이어졌고, 지역 사회가 갈라졌다.

이 모든 문제는 정부가 자초한 것이다. 사드가 필요하다면 그 이유를 국정의 파트너인 국회와 충분히 교감하고 주권자인 국민에게 충분히 알리고 이해시킬 필요가 있었다. 또한, 사드 배치가 필요하다면 대상 지역을 선정하는 기준을 공개하고 선정된 지역 주민에게는 사드가 환경과 인체에 미치는 영향을 충분히 설명하고, 피해가 생기는 부분이 있다면 보상책에 대해서 지역 주민과 협의해야 했다. 미국 정부가 괌에 사드를 배치할 때는 이러한 민주적 절차를 거쳤다는 것이다. 우리는 전무(全無)라고 할 수 있다. 주민들이 반발하고, 시민 사회 단체들이 반발하는 이유이다.

국가의 제도나 정책이 만들어지기 위해서는 충분한 공론의 과정을 거쳐서 사회적 지혜가 결집되어야 하나, 우리의 경우는 즉흥적이고 때로는 권력자 개인의 호기심에 의존하기도 한다. 국가를 일종의 실험 대상으로 삼는 것이다. 이명박의 4대강 사업이나, 박근혜의 창조경제는 대표적인 사례이다. 4대강 사업은 충분한 사회적 지혜가 결집되어 추진된 국가 정책이 아니다. 수십조의 재원이 투입되는 단군 이래 최대의 사업이라 했지만, 정책 결정 과정은 너무 허술했다. 만약 이 사업에 대해서 촘촘한 논의 과정이 있었다면 지금 나타나고 있는 4대강 사업과 관련된 갖가지 문제점들이 이 당시에 충분히 검토됐을 것이고, 그랬더라면 이 거대 국가 프로젝트가 좀 더 좋은 성과를 거두었을 것이다. 하지만 이명박 정부는 이러한 민주적 절차를 도외시했다.

4대강 사업이 추진되던 2008년 어느 날 필자는 모 자치 단체에서 주관하는 토론회의 사회를 보게 되었다. 주제는 4대강 사업이었다. 일반적으로 토론회란 다양한 시각을 가진 사람이 참석해야 하는데 이 토론회는 이 사업을 지지하는 사람 일색이었다. 심지어 환경단체를 대표해서 온 사람도 찬성이었다. 4대강 사업이 환경에 큰 문제를 일으키지 않는다는 것이었다. 당시 자치 단체들은 대통령의 뜻에 거슬리는 것을 두려워했고, 이 토론회도 그런 맥락에서 찬성 측 토론자 위주로 구성을 했던 것이다. 당시에는 4대강 사업에 반대하는 학자들과 환경단체들도 어려움을 겪었다고 들었다. 언론도 어려움을 겪었을 것이다. 4대강 사업은 개발이냐 보존이냐를 두고 치열한 토론을 할 수 있는 매우 좋은 사회적 소통의 주제였다고 생각이 되고, 이를 통해서 시민의 정치적 성숙도가 높아지고, 공동체의 문제에 대해서 학습할 좋은 기회였다고 생각한다.

지방 자치 단체들의 모습을 봐도 아쉬운 부분이 많다. 현재 대구 사회는 지역의 공항 이전을 두고 논란이 크다. 사유는 이렇다. 대구 시는 동구 지역에 있는 군 공항과 민간공항을 통합 이전하기로 하고, 현재 이전 대상 지역을 두 군데로 압축해 놓은 상태이다. 원론적으로 얘기하면 시 당국에서 결정했으면 이를 시민들이 받아들여야 하는데, 이에 강하게 반발하는 사람들이 늘어나고 있다. 사실상 지역 사회가 둘로 갈라지게 생겼다. 올해 6·13 지방선거에서도 이것이 핵심 쟁점이었다.

우리나라 정책 결정에서 흔히 나타나는 문제다. 정책은 신속히 결정하지만, 후에 심각한 후유증이 나타난다. 이와 같은 문제가 나타나는 근본적인 문제는 정책을 결정할 때 공감대를 단단히 다지는 작업을 생략했기 때문이다. 대구시의 공항 이전 결정도 마찬가지다. 이와 관련해서 시 당국은 지역 주민들의 의견을 충분히 수렴하지 않았다. 만약 정치 민주주의가 어느 정도 작동되는 국가라고 하면 시 의회가 며칠이고, 몇 달이고 주민들의 의견을 듣는 시간을 가졌을 것이다. 우리의 경우는 시의회는 완전히 뒤에 물러서 있다. 올해 봄 지역의 시민단체 연합회가 대구 공항 이전에 대한 주민들의 여론을 조사한 적이 있는데, 이런 노력은 대구시가 해야 할 일이었다.

이해가 되지 않아서 시 관계자들에게 문의해 본 결과, 과거 박근혜 대통령 재임 시절 대통령이 통합 이전하도록 지시했기 때문에 그대로 따를 수밖에 없었다는 것이다. 대통령의 말 한 마디로 상황은 종료된 것으로 인식한 것이다. 공항 이전은 다양한 이해관계가 얽혀 있고 특히 주민들의 재산권이 얽혀 있기 때문에 아무리 대통령의 지시라도 주민들과 충분히 협의하는 과정이 있어야 했는데, 그것이 생략된 것이다.

작은 마을 단위의 경우도 그렇다. 구청이나 군청에서 시행하는 소규모 사업들의 경우, 지역 주민들과 긴밀히 상의하고 협의하는 경우는 드물다. 필자가 살고 있는 아파트 주변에 작은 공원이 있는데 여기에 물놀이장을 만들고 있다. 그런데 이러한 시설을 만드는 데 이웃 주민들과 협의한다는 얘기를 들어 보지 못했다. 그냥 관에서 주도한다. 주민들은 단순히 고객이고, 이용자일 뿐이다. 주민을 동반자로 보지 않는 것이다.

주민 입장에서도 이러한 프로젝트에 관여해서 같이 고민해보지 않았기 때문에 시설물에 대한 주인 의식, 책임 의식, 애착이 결여되어 있다. 공공시설물을 함부로 대하고 낭비하는 이유도 이와 무관치 않다. 또한, 자치 단체들이 많은 돈을 들여 만든 시설물들이 주민의 반발로 재공사를 하게 되는 경우가 종종 있는데 이는 프로젝트 초기부터 주민들과 협의하고 주민의 의견을 반영하지 못했기 때문이다. 좋은 정부란 늘 국민과 긴밀히 소통하는 정부다. 이 과정에서 양자 간에 교감이 이루어지고 신뢰가 형성된다.

소통의 열매는 이것만이 아니다. 국민으로 하여금 나라를 함께 만들어 간다는 동반자 의식, 주인의식, 존재감을 갖도록 만든다. 관과 민의 관계가 친구 같은 나라는 반드시 이러한 고품질의 소통구조로 되어 있다. 관료국가라 부르는 이웃 일본도 이 부류에 포함시킬 수 있다. 일본을 관료국가라 하지만 관이 높은 신뢰를 받는 것은 바로 이 때문이다. 우리에게 결정적으로 부족한 부분이고 채워져야 할 부분이다. 민주주의란 기본적으로 소통을 전제로 한다는 사실을 인지할 필요가 있다.

11) 민이 좀 더 얼굴을 드러내도록 만들어라

■ 우리나라 지방 공무원들이 힘들고 고통스러워하는 것이 하나 있는데 그것은 지역의 각종 행사에 주민을 동원하는 일이고 이와 더불어 공무원 자신도 이 행사에 동원되어 허드렛일을 해야 한다는 것이다.

세계적으로 이처럼 관이 지역의 행사에 주민을 동원하는 경우는 극히 이례적이다. 설령 동원한다 해도 응하지도 않는다. 이는 사회주의 국가나 전체주의 국가에서 가능한 일이지 자유 민주주의 국가에서는 상상하기 어려운 일이다. 서구 사회의 경우 관이 주민을 동원하지 않아도 지역에서 개최되는 각종 행사에 많은 사람이 스스로 참여한다. 이에 비해 우리의 경우는 의례 행사가 있으면 관에서는 노심초사 자리를 채우지 못할까 걱정하고, 대책으로 행정 조직을 통해서 주민을 동원한다. 가장 원시적인 방법이다.

여기서 주로 동원되는 사람들은 관변단체나 통반장들이다. 정부에서 이들을 재정적으로 지원하고 관리하는 데는 이유가 있는 것이다. 일선 공무원들은 주민을 동원할 뿐 아니라 행사가 있을 때에는 공무원도 행사장에 동원되어서 교통정리를 한다든가 진행요원이나 안전요원 역할을 해야 한다. 사실 이러한 일은 공무원의 업무 분장에 없는 일이다. 축제나 체육경기는 적지 않은 경우 주말에 열리기도 하고 야간까지 계속되는데 이렇게 동원되고도 공무원들은 보상도 제대로 받지 못한다. 이뿐 아니라 우리나라 지방 공무원들은 산불이 나도 동원되고 호우가 발생해도 동원되고 폭설이 나도 동원된다. 지방 공무원들이 고통스러워하는 부분이다.

그러면 이처럼 지역사회의 행사에 주민을 동원해야 하는 이유는 무엇일까? 행사에 대한 주민들의 관심이나 애착이 없기 때문이다. 왜 없는가? 행사를 관에서 주도하기 때문이다. 국제행사, 축제, 지역 단위의 이런저런 행사 대부분은 관에서 주도한다. 민은 늘 보조적인 역할이다. 행사가 주민 속에 녹아 들어가 있지 않은 것이다. 당연히 행사에 대한 지역 주민의 주인의식이나 애착, 관심은 낮을 수밖에 없다. 대규모 국제행사든 소규모 지역 단위의 체육 행사든 행사를 앞두고 주관하는 관청에서는 걱정이 태산인데 주민들은 팔짱 끼고 태평하게 있는 이유는 바로 이러한 관 주도적인 구조 때문이다.

지역에서 개최되는 축제를 보면 대부분 관에서 예산을 투입하고 관에서 주도해서 기획한다. 이때 관의 최대 관심은 단체장의 얼굴이 돋보이도록 하는 것이다. 시장이나 군수의 얼굴을 알리기 위해서는 많은 사람이 모여야 하기 때문에 흥행성이 중시된다. 거금을 들여 언론사를 통해 축제를 홍보하고 어떤 축제든 거의 예외 없이 비싼 돈을 들여 인기가수를 부르는 이유는 바로 사람을 모으기 위해서다. 세계적으로 지역의 축제에 너도나도 인기가수를 불러 천문학적인 세금을 쓰는 나라는 거의 없다. 문제는 축제에 지역 주민들의 역할이 별로 없다는 것이다. 주민은 축제의 고객이고 객체이지 주체가 아니다. 매우 수동적 존재이다. 우리나라 축제에서는 지역 주민의 존재감이 별로 드러나지 않는다.

세계적으로 보면 축제는 대부분 민의 영역이다. 민간이 주도한다는 얘기다. 필요하다면 관이 예산을 일부 지원하고 단체장이 참여해서 축제 개막을 선포하는 정도이다. 축제 개막식에서 스포트라이트를 받는 사람은 조직위원회 위원장이지 시장이나 도지사가 아니다. 자치 단체장이 축제에 참여해서 인사말을 하는 경우도 극히 소수다. 코펜하겐의 경우 대부분의 축제가 민의, 민에 의한, 민을 위한 축제다. 단체장의 영광을 위한 축제가 아니다. 당연히 축제에 공무원들을 동원시켜 허드렛일을 시킨다는 것은 상상하지 못한다.

2011년 대구에서 세계육상경기대회가 열렸는데 이 행사를 위해서 수많은 공무원이 동원되어 고생을 했다. 또한, 시민들을 동원해서 자리를 채우느라 초기에는 대구시가 애를 먹었다. 이와 더불어 지역의 기업이나 대학들이 대구시의 요청으로 입장권을 구매해 주기도 했다. 올해 초에 있었던 평창 동계 올림픽도 논리는 비슷했다. 유럽의 사례를 보면 이런 행사는 민의 행사이지 관의 행사가 아니다. 당연히 공무원이 여기에 개입하고 동원되지 않는다. 이와 더불어 경기장을 채우기 위해서 시민들을 동원하거나 입장권을 강매하지 않는다. 주민들이 주도한 행사이기 때문에 행사에 대한 주민들의 주인의식이나 애착이 높고, 당연히 행사 참여도가 높다.

우리 사회는 오랜 기간 철저히 관의 사회였다. 관에서 모든 것을 결정하고 통제하고 민은 맹목적으로 따르는 사회였다. 조선조는 말할 것도 없고, 현대적 정부가 수립된 이후도 큰 변화가 없었다. 과거 심할 때는 정부가 국민의 일상생활까지 통제했다. 머리나 치마의 길이, 결혼 풍습, 피우는 담배, 동네 이발소나 목욕탕의 가격, 노래의 건전성까지 상상할 수 있는 것은 모두 관에서 통제했다. 대한민국은 겉으로는 자본주의 국가였고 민주주의를 표방했지만, 사회주의나 다름없었다.

민주화가 쟁취된 1980년대 말 이후 상황은 조금씩 개선되고는 있으나, 세계적 기준에서 볼 때 우리 사회는 아직도 강력한 관중심의 사회다. 관의 위력이 너무 강하다. 반면, 민의 존재감이 너무 없다. 기업인들이 권력을 가진 자 앞에서 고개를 숙이고 야단을 맞고 권력자의 말을 받아 적어야 하는 경우는 좀 그럴듯한 국가에서는 찾아보기 어렵다.

관이 설치고 나서는 사회는 민의 발달을 저하시킨다. 국민의 자율적 판단능력, 분별력을 억제한다. 필자가 관심이 있는 것은 사람들의 공동체 의식이다. 관이 지배하는 사회는 국민으로 하여금 타인, 더 나아가 지역사회에 대한 생각의 눈을 감겨버린다. 공공의 마인드를 앗아간다는 것이다. 사회적 의식이 약하게 되면, 개인적 이익이나 좁은 이해관계에 집착하게 된다. 이는 사회구성원 간의 관계성에 필히 부정적으로 작용하고, 사회적 협업을 어렵게 한다.

가끔 자치 단체의 공무원들과 민간의 자율성에 대해서 얘기해 보면 대부분 주민의 능력이나 의식 수준을 거론하며 부정적으로 반응한다. 아직 시기상조라는 것이다. 일부 그러한 면도 있지만, 이것은 과거 우리나라 행정시스템이 잘못 운영되었기 때문이지 국민들의 탓이 아니다.

현재 시행 중에 있는 주민자치위원회는 작은 예다. 앞에서 이미 지적한 바와 같이 이 위원회는 마을의 문제를 주민 스스로 찾아서 해결하도록 설계된 주민자치기구다. 마을을 주민 스스로 만들어 보라는 것이다. 매우 훌륭한 취지로 만들어졌는데 유명무실하다. 왜 그럴까? 정부의 탓이 크다.

읍, 면, 동 단위로 설치된 주민자치위원회는 마을 단위의 주민들로 구성된 말 그대로 주민자치기구이다. 그런데 내용을 실상 들여다보면, 이 위원회는 주민이 주도하는 것이 아니고 공무원들이 주도한다. 위원들은 공무원들이 만든 시나리오에 따라서 움직이는 수준이다.

같은 제도가 뉴질랜드에서도 시행되고 있는데, 이 나라에서는 성격이 현저히 다르다. 크라이스트처치 시의 사례를 보자. 인구 360,000인 이 도시에는 7개의 주민자치위원회가 구성되어 있다. 이 위원회의 역할은 마을주민의 의견을 수렴해서 마을의 발전을 위한 프로그램을 설계하고, 이러한 주민자치 프로그램을 실현하기 위한 예산의 편성과 집행을 담당하게 된다. 크라이스트처치 시의 경우, 각 주민자치위원회에 일 년에 약 200,000 뉴질랜드 달러(한화 1억 5천만 원)가 배정된다. 이 예산을 주민자치 위원들이 주민의 의견을 모아 마을을 위해 사용한다. 예산집행과 같은 행정적인 일을 지원하기 위해 2명의 직업 공무원이 간사로 배치되어 있다.

뉴질랜드에서 마을 단위에 주민 자치위원회를 둔 이유는 마을 주민들로 하여금 자신이 거주하고 있는 지역의 문제에 대해서 고민하고, 이웃과 더불어 마을의 문제를 해결하고, 마을의 모습을 주민 스스로 만들어 가도록 유도하기 위함이다. 한 마디로 주권자로서 좀 더 좋은 공동체를 만드는 데 기여하도록 유도하는 것이다. 선진 사회란 이처럼 관이 민을 주권자로 인식하고 국가 발전의 파트너로서 민의 역량을 최대한 발휘하도록 만드는 사회다.

우리의 주민자치위원회로 시선을 돌려보면, 형식만 주민자치이지 실제로는 관료들이 위원회를 주도하고 있다. 우리나라 주민자치위원회의 역할은 공무원들이 설계한 프로그램에 주민의 의견을 표명하는 정도이지, 주민이 직접 주도적으로 설계하는 것이 아니다. 또한, 주민자치위원과 마을 주민이 만나서 의견을 교환할 수 있는 제도적 장치도 없다. 뉴질랜드의 경우, 주민자치위원회가 홈페이지를 개설해서 주민들의 의견을 수렴하고, 위원회가 개최되는 날짜를 공지하고, 회의가 개최되는 날에는 주민의 참관을 허용한다. 우리의 경우는 이런 것이 없다. 당연히 지역 주민들이 주민자치위원회의 존재를 잘 모르기도 하지만, 설령 인지하고 있다 하더라도 관심을 갖지 못한다. 관에서 제도를 잘못 설계했기 때문이다.

얘기가 길어졌다. 필자의 주장은 이렇다. 관이 너무 나서고 있다는 것이다. 반면 민의 역할이 별로 없다. 향후 정부가 해야 할 일은 국민이 공동체의 주인으로서 좀 더 나은 사회를 만들기 위해서 주도적으로 역할을 할 수 있도록 유도하는 것이다. 민이 좀 더 존재감을 드러내고 주인공 역할을 할 수 있도록 행정의 패러다임을 전환하는 것이다. 관은 본래 민을 지원하고 돕는 것이 주된 목적이다. 머슴의 역할은 주인의 존재감을 돋보이도록 하는 것이다.

12) 행복한 공직사회 만들기[(1)]

■ 세계적으로 행복한 직장 만들기 움직임이 확산되고 있
다. 구글이나 애플은 그 선두 주자들인데 사실 북유럽 국가들은 이
보다 훨씬 전인 1960년대부터 시작한 움직임이다. 이러한 변화의 물
결을 몰고 온 몇 가지 이유가 있다. 첫째, 세계화가 몰고 온 경쟁의
격화로 인해서 일이 사람들을 너무 지치게 하고 있다는 것이다. 사
람들이 일에 치여서 점차 삶을 잃어버리고 있다는 반성의 목소리가
높다. 직장 때문에 가족과의 소중한 시간을 빼앗기고 있고, 이웃과
어울림을 잃고 있다는 것이다. 이처럼 일이 인간을 불행하게 한다면
주객이 전도된 것으로 문제가 있다는 목소리가 확산되고 있다.

다른 이유는 좀 더 현실적인 것이다. 현대사회를 지식사회라고 부
른다. 과거 산업사회에서 지배적인 형태의 일이 단순노동이나 육체
노동이었다면 오늘날은 지식노동이 주를 이루고 있다. 이는 주로
두뇌를 사용하는 일이다. 전통적으로 육체노동이라고 인식된 농사
짓는 일조차 이제는 머리를 많이 써야 한다. 그 이유는 농작물을
많이 생산하는 것보다 더 중요한 것은 잘 팔리는 작물을 재배해야
하기 때문이다. 농사짓는 일도 이제는 스마트해야 한다. 그런데 이
와 같은 두뇌노동은 긍정적 정서, 즉 행복감을 경험할 때 좀 더 활
성화된다는 것이다. 긍정 심리학자들의 일관된 결론이다.

오늘날 전 세계적으로 행복한 직장 만들기 운동이 확산되고 있는
이유는 이러한 논리가 기반이 되고 있다. 필자는 이러한 추세가 지
속될 것으로 보고 있고 우리나라 정부 부문에서 심각하게 관심을

가져야 된다고 생각한다. 세 가지 이유를 들고 싶다. 우선 좋은 정부란 궁극적으로 국민을 행복하게 하는 것인데 그렇게 하려면 먼저 국민을 섬기는 공복이 행복해야 한다. 불행한 사람이 타인을 행복하게 한다는 것은 위선이다. 또한, 공직자도 국민의 일부인데 이들이 불행하고 국민은 행복하다면 이는 형평성에도 어긋나고 헌법 정신을 위반하는 것이다.

다른 이유는 행정의 변화 때문이다. 과거 관청의 업무는 단순했다. 주민등록 등본과 같은 증명 민원 서류를 발급하는 일, 인·허가 업무, 단속업무, 기차표를 파는 일, 국민을 일깨우고 계몽하는 일이 그 몇 가지 예다. 오늘날 이처럼 깊은 생각 없이 할 수 있는 단순 노동은 대폭 줄어들고 있다. 대신에 많은 사고력을 요하는 일들이 대폭 증가하고 있다. 공직사회에 많은 변화가 일고 있는 것이다.

저출산 문제를 보자. 지난 10년간 정부가 100조를 투입했다고 언론에 널리 회자되는 주제다. 그런데 여전히 우리나라 출산율은 세계 최저 수준이고 계속 출산율이 낮아지고 있다. 나는 매우 심각한 문제라고 생각한다. 국가 존폐가 달린 문제이기 때문이다. 경제성장을 자랑할 것이 아니다. 지금과 같은 추세라면 우리의 경제성장률은 급격히 줄어들 것이다. 저출산 문제는 엄청난 고민과 생각을 요하는 과제다. 오늘날 정부에서 다루어야 할 과제는 이처럼 매우 복잡성이 높다. 복잡한 문제를 해결하는 것이 현대사회 정부의 핵심적인 임무이자 기능이다.

공직을 행복한 일터로 만들어야 하는 이유가 바로 이것과 연결되어 있다. 앞에서 지적했듯이 행복이란 긍정적 감정을 경험하는 상태를 의미하는데 이 긍정적 정서가 인간의 두뇌를 활성화시켜 문제 해결능력을 증진시키기 때문이다. 직장에서 상사나 동료로부터 인정받고 칭찬받으면 상당한 '기분 좋음'이 있는데 이러한 긍정적 정서는 심리적 안전감을 형성시켜 호기심, 도전감, 엉뚱한 생각, 다양한 시각을 촉진시킨다. 복잡한 문제를 해결하려면 이와 같은 요인들이 뒷받침되어야 한다. 이에 비해 사람들이 불안하고 긴장하면 생각의 문이 닫혀버린다. 무서운 상사 앞에서는 아무 생각이 나지 않듯 말이다. 정리하면 이렇다. 좋은 정부 정책이나 프로그램은 다양한 시각이나 관점이 모아져서 만들어지는 것인데 공직자들이 직장에서 행복감을 경험할 때 이것이 가능하게 된다.

마지막 이유는 공직사회의 선도적 역할론이다. 필자는 앞으로 우리 사회에서 행복에 대한 목소리가 갈수록 더 커질 것이라고 예상하고 있다. 그 이유는 그만큼 우리 국민의 삶이 어렵기 때문이다. 만약 지금과 같은 추세가 계속되면 대한민국이라는 공동체는 붕괴될 수도 있다. 이러한 예측이 언론에 심심찮게 회자되고 있다. 실제로 무너지는 소리가 들린다. 예를 들면, 목숨을 스스로 포기하는 사람이 너무 많고, 결혼을 기피하고 결혼을 했더라도 출산을 피하는 사람들이 급격히 늘고 있다. 이와 더불어 일 때문에 가정이 심각하게 흔들리고 있다. 어떤 면에서 보면 임계치에 도달했다고 생각된다. 2016년의 촛불 혁명은 박근혜의 실정만이 원인이 아니다. 누적된 민초의 애환이 같이 묻어나와 폭발된 것이다. 반드시 국민의 삶에 변화가 있어야 한다. 우리 국민도 이제 행복해질 권리가 있다.

대한민국은 경제적으로는 유례없는 성장을 했지만 행복한 사회는 아니다. 경제번영이 행복을 동반하지 못했다. 이코노미스트 한국 특파원이었던 튜더는 이를 두고 "기적을 이룬 나라 기쁨을 잃은 나라"로 표현했다. 나는 매우 적절한 비유라고 생각한다. 그의 주장은 이렇다. '왜 잘 살려고 하느냐?'이다. 이제 잘 사는 것보다 행복한 삶을 생각할 때가 됐다. 직장은 우리의 삶 속에서도 가장 중요한 요인 중의 하나다. 직장 생활이 행복하지 못하면 현대인의 삶은 절대 행복할 수 없다. 왜? 사람들이 눈을 뜨고 있는 시간 대부분을 직장에서 보내기 때문이다. 특히 우리나라의 경우가 그렇다. 행복한 일터가 필요한 결정적인 이유다. 공직사회에서의 행복한 일터 만들기 운동은 이러한 사회변화 움직임에 물꼬를 터서 사회 전반에 확산시키는 촉매는 역할을 해야 한다. 그동안 우리의 직장문화가 사람들에게 조직을 위해서 모든 것을 희생하도록 요구했는데 이는 사실 개발 독재 시절의 공직에서 시작된 것이다. 이제 이러한 패러다임을 바꾸는 것도 관에서 시작되어야 한다.

13) 행복한 공직사회 만들기[(2)]

　세계적으로 직장인들의 행복도가 높은 나라는 국가 행복도 역시 높은 나라들로 주로 유럽 국가들이다. 그중에서도 스칸디나비아 국가들이 두드러진다. 2017년 스웨덴의 유니버섬(universum)이 나라별 직장인의 행복도 순위를 발표했는데, 스칸디나비아 국가들이 여기서 최상위 5위 안에 모두 포함되었다. 구체적으로 덴마크 1위, 노르웨이 2위, 스웨덴 4위였다.[30] 참고로 IMD의 통계를 보면 이들 국가 직장인들의 동기부여 수준도 역시 최고 수준으로 덴마크 1위, 노르웨이 3위, 스웨덴 7위였다.[31] 우리나라의 경우는 직장 행복도가 57개국 중 49위였고, 동기부여는 61개국 중 59위였다.

　그러면 직장 행복도가 높은 나라들의 직장은 어떨까? 행복도와 동기부여 순위에서 모두 1등을 한 덴마크의 사례를 들여다본다. 우선 어느 직장이든 취직하면 기본적으로 생활을 유지할 수 있는 급여가 지급된다. 이 나라의 임금은 직종 간에 큰 편차가 없다. 정규직과 비정규직의 격차도 없다. 이와 더불어, 이 나라 직장인들은 철저히 퇴근 시간이 되면 집에 간다. 칼퇴근이 지켜지는 나라다. 일도 중요하지만 가정도 중요하다는 이 나라 사람들의 인식 때문이다. 덴마크는 OECD 국가 중 일과 삶이 가장 균형을 이루는 나라다. 직장인들이 가족과 충분한 시간을 보내고, 휴식을 취할 수 있다. 덴마크 직장인의 행복도를 설명하는 기본적인 요인들이다.

30　Universum, Global Workforce Happiness Index, 2017, 인터넷 자료
31　IMD, 「World Competitiveness Yearbook」, 2016.

앞에서 지적한 요인보다 훨씬 더 중요한 요소가 있다. 그것은 근로자를 철저히 아끼고, 보호하려고 한다는 점이다. 이러한 사실을 피부로 느낄 수 있다. 이 나라 직장은 근로자들이 다치지 않을까, 정신적으로 상처받지 않을까 노심초사한다. 그 근거는 여러 형태로 나타난다. 이 나라에서는 직장에서 안전을 매우 강조한다. 직장에서 육체적으로든 정신적으로 상처받지 말아야 한다는 것이다. 사무실에서 일하는 공무원들은 일반적으로 다칠 염려가 없다고 생각하기 쉽다. 그런데 덴마크에서는 관청에도 부서별로 안전팀을 만들어 자체적으로 업무 도중에 다치거나 상처받을 여지가 없는지 점검해서 방지하도록 한다.

오덴세 시청은 약 16,000명의 직원이 근무하는데 거의 100개 이상의 안전팀이 가동되고 있다. 여기서 얘기하는 안전이란 비단 신체적 안전뿐 아니라 심리적 안전까지 포함하는 것이다. 필자가 심리적 안전이란 무엇을 의미하는가 물었다. 오덴세 시청의 안전 담당자의 말에 따르면 고함을 지르거나, 폭언을 하거나, 도저히 지킬 수 없는 마감 일자 강요, 정상적인 근무 시간 범위 내에서 감당할 수 없는 업무량의 강요도 이 범주에 포함된다는 것이다.

근로자를 아낀다는 사실을 보여주는 또 다른 증거는 직장마다 두고 있는 스트레스 관리사다. 덴마크 정부는 직장인들의 스트레스를 줄이기 위해서 유난히 노력하고 있다. 2015년 사민당 정부는 야당과 공동으로 덴마크 직장인들의 스트레스를 2020년까지 20% 이상 줄이겠다는 대사회적 협약을 천명했다. 이는 말로 끝나는 것이 아니고 실제 제도로 이어져 집행되고 있다. 예를 들자면, 각 기업이나 행정기관은 2년마다 직원들에게 설문조사를 시행해서 스트레스 수준을 측정하고 이에 근거해서 스트레스 감소방안을 마련해 정부에 제출해야 하며 정부의 근로감독관들이 노동현장을 찾아다니며 스트레스 관리가 제대로 되고 있는지 지도 점검을 한다.

덴마크 경찰의 경우, 8명의 스트레스 전문가를 채용해서 경찰관들을 지원하고 있다. 경찰은 어느 나라든 위험한 일을 하고, 끔찍한 장면을 목격하기 때문에 신체적으로도 그렇지만 정신적으로 상처를 받을 수 있다. 직업상 피할 수 없는 상황이다. 문제는 이러한 상처를 최소화시키기 위해서 얼마나 노력하느냐 하는 것이다. 덴마크 경찰 노조에 따르면, 스트레스 전문가들이 전국을 순회하면서 도움이 필요한 경찰관들을 만나 상담하고, 트라우마를 겪고 있는 사람들을 치유해 준다는 것이다. 만약 해외에 파견된 경찰이 있으면 해외까지도 출장을 가서 도움을 준다는 것이다.

앞에서 얘기한 오덴세 시청에도 4명의 스트레스 관리사가 있다. 이들은 스트레스를 겪고 있는 사람들을 상담해주고, 스트레스에서 벗어나도록 도와줄 뿐만 아니라 정기적으로 설문조사를 시행한 결과를 바탕으로 스트레스 감소 방안을 설계하는 작업도 담당한다. 재미있는 사실은 근무환경이 좋을 것 같은 대학에도 스트레스 전문가들이 활동하고 있다는 사실이다. 필자가 2014년 초빙교수로 있던 코펜하겐 대학교는 국립인데, 대학에 4명의 스트레스 전문가가 채용되어 있다. 이 대학 교수들의 말에 따르면, 학과 차원의 교직원 연수가 있을 때 스트레스 관리사를 불러 특강을 듣고 대처방안을 코칭받는다는 것이다.

근로자들이 존중받고 보호받는다는 사실은 관리자의 행태에서도 여실히 목격된다. 어느 나라든 직장인들이 가장 힘들어 하는 것은 직장 내의 인간관계이고, 그중에서도 상사와의 관계가 압도적이다. 직장 생활의 행복이란 기본적으로 좋은 동료와 상사를 만나는 것이다. 덴마크 직장인들이 행복한 결정적인 이유 중의 하나는 관리자 요인이다. 필자가 이 나라에 살면서 이상한 나라의 앨리스가 된 것 같은 착각을 하게 되는 경우가 종종 있었는데 그중의 하나는 덴마크 관리자들의 행태를 목격할 때이다.

덴마크는 동화 속의 나라처럼 직장상사들이 직원을 매우 소중히 대한다. 이 나라 관리자는 그림자 같은 존재이고, 드러내지 않는 매우 겸손한 사람들이다. 도대체가 티를 내거나 군림하려고 하지 않는다. 이보다는 직원들의 존재감을 드러내도록 유도하고, 지원한다. 섬김의 리더십(servant leadership) 이란 말이 있는데, 덴마크 관리자들은 이 개념에 가장 근접해 있다고 생각한다. 이 나라에서는 관리자가 직원에게 '지시'한다, '명령'한다는 말을 사용하지 않고 직원이 상사에게 '보고'한다는 말도 사용하지 않는다. 이러한 이유 때문인지는 몰라도 덴마크의 관리자에 대한 신뢰도는 세계 1위이다.[32]

필자가 목격한 장면을 몇 가지 소개한다. 우선 호칭에서 차이가 있다. 이 나라 직장에서 상사가 직원을 소개할 때는 대부분 파트너라고 하거나 동료라고 한다. "이 사람은 우리 직원입니다."라든가 "내가 데리고 있는 직원입니다."라는 말을 들어 본 적이 없다. 상사

---

32 IMD, 「World Competitiveness Yearbook」, 2016.

와 부하가 서로 이름을 부른다. 심지어 군대에서도 같은 사무실에 근무하면 이름을 부른다. 이와 더불어 관리자가 직원을 전화로 오라 가라 하지 않는다. 만약 직원과 할 얘기가 있으면 메일로 면담할 수 있는지 물어서 시간을 정하고 만난다. 아니면 직원 방으로 조용히 찾아가서 잠시 얘기해도 되는지 묻고 차 한잔 하면서 대화를 나눈다. 직장상사가 직원의 방에 가서 노크하는 모습도 매우 정중하고, 겸손하다. 참고로 이 나라에서는 평직원에게도 사무실을 제공하는 경우가 종종 있다.

이 나라 관리자들은 직원을 만나면 격려하는 말을 주로 한다. 덴마크의 특징이다. 학교에서도 교사들이 늘 학생들을 격려한다. 직장에 들어올 때쯤이면 칭찬과 격려에 익숙해 있어서 만약 그렇지 못한 상사를 만나게 되면 매우 당황한다. 아마도 그러한 상사들은 직장 생활을 유지하기 어려울 것이다. 직원을 나무라야 할 일이 있으면 조용히 타이르고, 다음에는 실수하지 않도록 코칭하는 정도이다. 아무리 큰 잘못을 해도 고함을 지르거나 욕설을 하지 않는다. 더구나 물건을 집어 던지는 행위는 상상하기 어려운 얘기다. 올해 4월 우리나라 재벌 2세가 광고대행사 직원에게 물컵을 던져 사회적으로 물의를 일으킨 적이 있다. 이런 행위는 우리나라 직장에서 쉽게 목격할 수 있는 상황이다. 만약 이런 일이 덴마크에서 발생하면 직장 생활 계속하기 어렵다.

덴마크 관리자들은 또한 어떤 의사결정을 하게 되면 철저히 직원들과 상의하고 협의한다. 상사가 일방적으로 결정을 하는 경우는 사실상 없다고 봐야 한다. 이 나라 사람들은 어떤 사안이든 함께 논의해서 결론을 내린다. 이때 관리자가 어느 직원이든 자신의 의견을 피력하도록 적극적으로 유도한다. 합의에 기반한 의사결정이 이 나라 특징이다. 이와 더불어 직장상사들은 늘 부서의 상황을 공개하고 정보를 공유하려고 한다. 조직 전체 차원에서도 월별로, 혹은 분기별로 조직의 전반적인 상황을 공개하고, 성과가 좋으면 직원과 공유하고 실적이 좋지 않으면 해결방안에 대해 같이 고민한다. 이러한 조직관리 방식은 모두가 조직을 함께 만들어 간다는 생각을 하게 만들어 직장 만족도를 높인다.

14) 행복한 공직사회 만들기 (3)

■ 덴마크 직장인의 행복도를 설명하는 또 다른 중요한 요인이 있는데 그것은 사람들에게 직장에서 최대한 자신을 표현하고, 흔적을 남기도록 만든다는 것이다. 사람은 자신이 누구인지 알고, 자신의 모습대로 살아갈 때 행복을 경험하게 된다. 이와는 대조적으로 타인의 모습으로 살아가게 되면 불행할 수밖에 없다. 자신을 숨기고 자기의 얼굴을 감추고 사는 삶이 행복할 수 없지 않겠는가?

덴마크의 직장은 직원들에게 최대한 자신을 표현하도록 여건을 만들어 주고 있다. 이 얘기는 억압하기보다는 자율을 강조한다는 의미다. 2015년 오덴세 시청의 문화/여가 담당 시장을 만나러 갔을 때의 얘기다. 좀 이른 시간에 도착해서 담당비서와 몇 마디 얘기를 나눴는데 이 비서의 머리카락 색이 컬러풀했다. 관청의 시장 비서가 이러한 모습을 하고 있을 줄은 상상하지 못했다. 머리 염색뿐 아니라 목과 팔에도 문신이 있었다. 궁금해서 문제가 없느냐고 물었더니 이것은 개인의 자유이고 직장에서 규제하지 않는다는 것이다. 물론 이러한 경우는 이 나라에서도 흔하지 않다. 필자가 지적하려고 하는 것은 직장인들의 자기표현을 조직에서 가능한 존중해 주려한다는 것이다.

눈을 돌려 출·퇴근의 경우를 봐도 마찬가지다. 최대한 직원들의 자율성을 존중한다. 이 나라 직장은 직원들에게 가능한 자신의 개인적 여건에 맞게 출·퇴근 시간을 설계하도록 자율권을 부여하고 있다. 자신의 컨디션, 자녀 양육, 부모 돌봄, 건강 문제 등을 고려해서 상사에게 허락을 받지 않고도 출·퇴근 시간을 조절할 수 있도록 유연성을 주었다. 집중해야 할 일이 있어 사무실보다는 집이 편하다고 생각되면 집에서 근무하고, 오후에 출근해도 상사에게 보고할 필요가 없다.

이 나라의 직장을 특징화시키는 단어가 자율성이다. 이렇게 자율성을 부여해도 근무하는 행태를 보면 게으름 피지 않는다. 덴마크 근로자들은 근무시간 중에 업무에 집중한다. 점심도 간단히 해치우고 사무실에 복귀한다. 코펜하겐 대학교에 있을 때 외부에서 일정이 없는 한 늘 같은 층에 있는 학과 교수, 석·박사 학생, 직원들과 같이 점심을 했는데 한 번도 1시간을 넘긴 적이 없었다. 대부분 30분 이내다. 낭비되는 시간이 우리 기준에서 보면 제로다. 예를 들면 근무시간 중 신문을 보지 않는다. 대학의 경우 교수들이 연구실에서 신문을 읽지 않는다. 특이하다고 생각했다. 이들의 문화다. 신문을 본다면 점심시간을 이용한다. 또한, 휴대폰을 사용하는 경우도 매우 이례적이다. 초기에 나는 이 나라의 휴대폰 보급률이 낮아서 그런 줄 착각했다. 일반전화도 잘 사용하지 않는다. 전화로 장시간 대화하는 모습을 정말 보기 어렵다. 대부분 이메일로 처리한다. 이 나라 사무직 노동자들의 생산성이 높은 이유다. 필자가 보기에 우리와 이들의 사무직 노동 생산성은 엄청난 차이가 있을 것으로 생각한다.

업무와 관련해서도 자신의 능력과 생각을 최대한 발휘하도록 유도한다. 대학 행정직원들의 경우 연초에 직장 상사와 자신의 업무에 대한 전반적인 협의를 한다. 여기서 직원들이 상사에게 자신의 주요 업무에 대한 내용을 소개하고 전년도에 대한 반성, 새해의 주요 성과 목표와 평가지표, 챙겨야 할 점검 포인트를 설명한다. 이후 상사가 보완해야 할 부분이 있으면 지적해서 반영되도록 한다. 일단 이러한 과정을 거쳐서 관리자와 직원 간에 조율이 끝나게 되면, 그 이후부터는 특별한 경우가 아니면 독자적으로 업무를 처리한다. 우리나라에서처럼 수시로 상사에게 결재를 얻는 경우는 없다. 이 나라에서는 실무자가 가지고 있는 권한이 대단하다. 누구도 이 권한을 침해하지 않는다. 만약 그렇게 하면 문제가 복잡해진다. 인사권을 가진 직속상사도 정당한 이유가 있어야만 개입할 수 있다.

덴마크 직장이 직원들에게 자신의 생각을 드러내도록 하는 또 다른 예는 표현의 자유다. 표현의 자유는 다양한 의미를 내포하고 있다. 예를 들면, 하고 싶은 얘기를 할 수 있는 언론의 자유가 그것이다. 이 나라 직장인들의 한결같은 얘기가 직장에서 누구의 눈치도 보지 않고 하고 싶은 얘기를 할 수 있다는 것이다. 특히 인도, 중국, 한국과 같은 외국에서 온 근로자들이 인상적이라고 하는 부분이다. 상사에 대한 두려움이 없기 때문에 가능한 것이다.

언론의 자유보다 더 필자가 주목하는 부분은 정치적 의사표현이다. 덴마크 직장인들은 민·관을 불문하고 정치적 의사표현을 하는 데 아무런 제약이 없다. 공무원들의 경우도 정당에 가입할 수 있고, 정치후원금을 낼 수 있으며, 정치인도 될 수 있다. 필자에게 이해가 되지 않던 사실은 현직 공무원이 지방의원을 겸직한다는 사실이다. 필자가 면담한 어느 코펜하겐의 소방공무원은 수도권의 작은 시청의 시의원을 하고 있었다. 현직 경찰관도 이런 경우가 있었다. 이들의 말에 따르면 공무원도 국민의 한 사람이고 헌법상 부여한 정치활동을 할 수 있어야 한다는 것이다. 다만 공무를 처리함에 있어 정파에 치우치면 안 되고, 또한 정치적 활동은 근무시간 이외의 경우에만 가능하다는 것이다. 이는 북유럽 국가들의 공통된 경향이다. 중남미의 코스타리카도 공무원의 정치적 의사표현이 철저히 보장되고 있다.

요약하면 이렇다. 사람들은 눈을 뜨고 있는 시간 대부분을 직장에서 보낸다. 그런데 이와 같은 중요한 부분을 차지하는 직장에서 가면을 쓰고 생활한다면 불행한 일이다. 덴마크 직장은 가면을 씌우기보다는 벗도록 만들고, 자신의 얼굴을 최대한 드러내도록 유도한다. 이는 각자 타고난 재능과 개성을 최대한 살리도록 만든다는 의미이다. 이 나라 직장은 직원들을 성장하게 하고, 직장에서 자신의 흔적을 남길 수 있도록 만든다. 직장이 단순히 생계유지의 수단에 그치지 않는다. 덴마크 직장인들의 표정이 밝고 당당하며 고개를 드는 이유이다. 직장이 활력이 있고, 살아있다는 느낌을 준다. 세계에서 가장 직장 만족도가 높은 이유가 이해된다.

그런데 근로자만 행복하면 뭐하나? 조직도 함께 성장하고 번영해야 하지 않는가? 이 나라는 양자의 욕구를 지혜롭게 충족시키고 있는 것 같다. 이 나라 직장은 직원들에게 최대한 자율권을 주되, 동시에 조직의 목표와 성과 달성도 강조한다. 방법은 직원들을 윽박지르고 닦달하는 것이 아니다. 이보다는 조직의 상황을 철저히 공개하고 조직의 비전이나 목표를 공유하도록 함으로써 조직에 대한 책임감을 갖도록 한다. 덴마크 직장인들은 조직이 추구하는 목표를 중심으로 결집하고 하나가 된다. 조직과 직원이 동반자 관계이고, 공동운명체이다. 이런 상황에서는 직원이 단순히 월급 날짜만 기다리는 존재가 아니다. 이 나라가 번영하는 이유 중의 하나다.

15) 행복한 공직사회 만들기[4]

■ 덴마크 사람들의 직장 행복도가 세계 최고 수준이라면 우리나라 직장인들의 행복도는 그 반대 방향에 있다. 그 이유에 대한 필자 나름의 해석은 이렇다. 공직에 초점을 맞추어서 얘기해본다. 우선, 우리나라 직장은 직원들을 소중하게 대하지 않는다는 것이다. 함부로 대하고 거칠게 대한다. 예를 들면 직장상사가 직원을 하인처럼 부린다. 단체장을 수행하는 비서가 자신이 모시는 '주군'이 복용할 약을 가지고 다니며 시간이 되면 챙겨주기도 하고 담배를 챙겨주는 모습을 목격할 때 이런 생각을 하게 된다. 더운 여름 행사에 참석한 단체장 뒤에서 땀을 뻘뻘 흘리며 부채질을 하는 충성스러운 수행비서도 있다. 그런데 이 비서는 '하인'이 아니고 국가 공무원이다.

상사가 방송에 출연하면 직원들이 서류를 들고 동행하면서 분장을 봐주고 생수를 챙겨주고 담뱃불을 붙여준다. 어떤 인물은 대학에 특강을 하러 올 때에도 서너 명씩 직원들을 데리고 다니며 위세를 부리고 하인처럼 허드렛일을 시킨다.

직원들에게 반말하고, 거친 말을 하는 경우도 쉽게 목격할 수 있다. 사람을 소중하게 생각하는 문화에서는 도저히 발생할 수 없는 상황이다. 외부인사가 있는데도 불구하고 직원에게 저속한 말로 나무라는 경우를 심심찮게 목격할 수 있다. 당사자가 겪을 모욕감이나 굴욕감은 아마 상상하기 어려울 것이다. 코스타리카에서 만난 한국 기업인이 필자에게 이런 얘기를 들려주었다. "이 나라에서 직원을 야단치려고 하면 아무도 없는 곳에 불러서 조용히 타일러야 하지 공개적인 장소에서, 특히 외부 손님이 있는 곳에서 고함을 치고 야단을 하면 소송을 당할 수 있다."는 것이다. 이것이 지구촌 기준이다.

대한민국은 근로자 보호에 너무 소홀하다. 과거 광역자치 단체에서 간부로 있던 사람이 이런 얘기를 필자에게 들려주었다. 당시 주말만 되면 머리가 아프고 소화가 되지 않았다는 것이다. 이유는 매주 월요일에 있을 간부회의 때문이었던 것이다. 여기서 늘 간부들이 야단맞고 험한 소리를 들으니까 그 장면만 생각하면 골치가 아팠던 것이다. 직장이 행복을 주는 곳이 아니고 두통의 원천이 된 것이다. 얼마나 불행한 삶인가? 이렇게 사람들을 야단치고 닦달하면 더 높은 성과를 기대할 수 있지 않을까 생각하는 사람들이 있는데 그렇지가 않다. 사람들이 긴장을 하면 실수를 하지 않으려고 하는 데 주력하지 좀 더 좋은 사업이나 정책을 기획하지 못한다. 억압은 사람들의 생각의 문을 닫아 버리게 만든다.

근로자들의 건강과 안전에 무관심한 것도 문제다. 공직사회는 이와 무관할 것으로 보이지만 그렇지가 않다. 많은 공무원이 위험한 작업조건에 노출되어 있다. 경찰관이나 소방관은 그 대표적인 예다. 경찰의 경우 지난 5년간 공무 수행 중 사망한 사람이 79명, 자살한 사람이 무려 100명에 이른다. 2016년의 경우 한 해에만 26명이 스스로 목숨을 버렸다. 소방의 경우도 지난 5년간 순직한 소방관만 21명이고 자살한 경우는 무려 38명에 이른다. 소방관의 사망은 이제 일상적인 뉴스가 되어 버렸다. 경찰이나 소방관들이 일반 국민에게 당하는 폭언이나 폭력은 별로 뉴스거리가 되지도 못한다. 안전을 중시하고 생명을 중시하는 나라였다면 도저히 이 상황을 방치하지 않았을 것이다.

문제는 정도의 차이는 있을지언정 다른 분야도 유사하다는 것이다. 지방 자치 단체의 경우, 공무원들이 직장에서 폭언과 폭력에 시달리는 경우가 종종 발생한다. 주로 민원인들에게서 당하는 것이다. 때로는 직장상사에게서도 당한다.

작업환경이 불결하고, 비좁고, 어두운 것은 명함도 내밀지 못한다. 2000년대 초반 영남지방의 하수처리장을 방문했을 때, 직원들이 근무하는 작업장을 우연히 둘러보게 되었다. 당시에 너무 열악해서 큰 충격을 받은 적이 있다. 불쾌한 냄새, 불결한 작업장, 어두운 조명 등 말로 표현하기 어려웠다. 사람이 있을 곳이 못 되었다. 그런데, 당시 기회가 돼서 뉴질랜드 크라이스트처치 시의 하수처리장을 방문하게 되었는데 달라도 너무도 달랐다. 당시 우리의 하수처리장은 직원들을 그냥 내버려뒀다는 생각밖에 들지 않았다.

나는 이러한 차이는 국가 경제력의 차이라기보다는 가치나 생각의 차이라고 생각한다. 앞에서도 이미 지적했지만, 경제력의 차이라면 고위공직자들의 근무환경도 그만큼 열악해야 한다. 그런데 높은 사람들의 사무실은 세계 최고 수준이다. 소위 잘 나간다는 나라 중에서 우리나라만큼 높은 사람들의 사무실이 넓고 화려한 경우를 보지 못했다. 덴마크 오덴세 시청의 경우 시장, 부시장, 국장, 경력이 많은 평직원의 사무실 면적이 별로 차이 나지 않는다. 이 나라 교도소의 경우 소장 사무실과 재소자의 감방 크기가 2~3배 차이가 나지 않는다. 격차가 크지 않은 조직의 장점은 조직 내 계층 간의 심리적 거리감을 좁혀 상·하 간의 신뢰나 응집력을 높인다는 것인데, 우리의 경우는 정반대다.

우리나라 직장 행복도가 낮은 또 다른 핵심적인 원인은 근로자들을 과도하게 가두고 억압하기 때문이다. 우리나라 직장인들은 울타리에 갇혀 있는 사람들과 같다. 공직사회가 특히 그렇다. 공직자라는 신분 때문에 공무원은 정치적 신념을 드러낼 수 없다. 세계적으로 매우 이례적인 경우다. 이와 더불어 공직의 경직성과 계급을 강조하는 문화는 자유로운 의사표현조차 차단시킨다. 이는 비단 공직사회의 문제만은 아니다. 대한민국의 직장은 묵언을 요구한다.

집권적 구조도 직장인을 억압한다. 우리나라 행정기관을 들여다보면 권한을 상부에 집중시켜 놓았다. 이 얘기는 실무자가 업무를 완결하기 위해서는 상부의 판단에 의존할 수밖에 없다는 얘기다. 자기 주도적으로 업무를 처리할 수 없다는 것이다. 업무담당자가 소극적이고, 피동적이며 의존적이 될 수밖에 없는 구조다.

우리나라 공무원들을 많이 만났던 유럽계 대사관 관계자가 들려주는 얘기는 이러한 문제점을 그대로 노출시키고 있다. 업무담당자와 장시간 얘기를 했는데도 불구하고 직장에 돌아가서 상사와 상의해서 결정하겠다고 답하는 경우가 많았다는 것이다. 실무자들이 결론을 내릴 권한이 없기 때문이다. 이러한 경험을 하고 나서는 처음부터 높은 사람을 찾게 되었다고 회고했다. 이와 같은 집권적 구조에서는 실무자가 소신 있고, 당당하게 업무를 처리할 수 없는 것이다.

우리의 직장은 근로자를 가두고, 옥죄는 구조로 되어 있다. 좁은 사무실에 가두고, 계급으로 가두고, 권한으로 가두고, 공무원 신분이라는 울타리를 쳐서 직원들을 가둔다. 여기다 공무원은 국민에게 무한 봉사해야 한다는 슬로건으로 옥죈다. 공직생활한다는 얘기는 다른 말로 하면 자신을 철저히 감추고 숨겨야 한다는 의미다. 이러한 억압적 구조는 공직자들을 움츠리게 하고 소극적이게 만든다. 직장으로서의 공직생활이 행복할 수 없는 근원적인 이유다. 또한, 창의적인 행정을 불가능하게 만드는 핵심적인 요인이기도 하다.

16) 행복한 공직사회 만들기(5)

공직사회를 행복한 일터로 만드는 작업은 매우 중요한 의미가 있다. 그 이유는 이것이 우리 사회에 미치는 파급효과 때문이다. 정부는 어느 나라든 역할 모델을 한다. 이 얘기는 일반 국민은 관에서 하는 것을 보고 따라한다는 의미다. 예를 들어 우리나라에서 유행하고 있는 음주문화는 관의 영향이 크다. '폭탄주'라는 것이 그렇다. 아랫사람에게 폭언하는 행위, '정강이 걷어차기'도 관에서 시작되었다. 부정이나 강자가 약자를 괴롭히는 갑질 행위도 관이 원조이다.

나는 공직사회에서 행복한 일터 만들기 운동이 시작되면 이것이 사회 전반적으로 확산되리라 믿는다. 덴마크 직장인들의 행복도가 세계 최고인 이유는 우선 공직 자체가 행복한 일터의 확고한 표준이 되고 있기 때문이다.

직장인의 행복을 좌우하는 요인은 여러 가지가 있지만, 그중에서 가장 중요한 요인 세 가지를 여기서 들려고 한다. 첫째는 관계성 요인이다. 관계성은 인간의 행복을 좌우하는 가장 핵심적인 요인이다. 직장 생활이 행복하려면 무엇보다 좋은 관계성이 기반이 되어야 한다. 좋은 관계성이란 예를 들면 동료나 상·하 간에 서로 존중하고 배려하고 이해하는 것을 의미한다. 덴마크 사람들의 직장 행복도는 세계 최고인데 이는 관계성에서 매우 두드러지게 나타난다. 직장에서 사람들이 타인을 매우 아끼고 소중히 여긴다. 이는 표정, 언어, 행동을 통해서 읽을 수 있다. 언어의 예를 들면 이들은 주로 긍정적 언어를 사용한다. 칭찬, 격려는 그 대표적인 예다. 이에 비해 상대의 감정을 상하게 할 수 있는 말은 극도로 꺼린다. 만약 상대의 문제점을 지적해야 하면 우회적으로 표현해서 알아듣도록 얘기한다. 그래서 그런지 몰라도 이 나라 직장에서는 얼굴을 붉히고 언성을 높이는 행위나 물건을 던지는 폭력적인 행위는 좀처럼 보기 어렵다. 어떤 면에서 싸울 줄 모른다는 표현이 더 적합하다.

필자는 이와 같은 좋은 관계성을 형성하는 데 관리자의 역할이 매우 중요하다고 생각한다. 어느 조직이든 관리자가 조직의 분위기를 좌우하기 때문이다. 우리나라의 직장상사는 직원에게 존중받거나 신뢰받지 못한다. 그 이유는 직장상사가 직원에게 군림하고 지배하는 존재이기 때문이다. 우리 사회의 직장상사는 두려움의 대상이다. 과거 시청률이 높았던 TV 드라마 『미생』은 이러한 사실을 아주 잘 묘사하고 있다. 인터넷에서는 직장 상사의 발자국이나 자동차 소리만 들어도 가슴이 쿵쾅거린다는 말이나 번지점프할 때 나타나는 공포감을 느낀다는 말이 회자된다. 요즈음 이러한 공포감을 뒷받침하는 직장상사의 갑질 행위가 연일 보도되고 있다. 대한항공 총수 일가의 사례는 그 대표적인 예다.

참고로 IMD의 2016년 자료를 보면 우리나라 관리자에 대한 직원들의 신뢰도가 61개국 중 61위였다. 나는 충분히 설득력이 있는 통계라고 생각한다. 여기서 일 등을 한 나라가 덴마크이다. 우리와 저들의 차이가 무엇일까? 저들은 관리자가 철저히 직원을 보호하고 존중한다. 또한, 직원들을 즐겁게 하려고 부단히 노력한다. 덴마크 직장상사는 가끔 깜짝 퍼포먼스를 한다. 예를 들어 아침 일찍 출근해서 산타클로스 복장을 하고 직원들에게 선물을 나눠 주기도 하고 간단한 아침 먹거리를 준비해서 사무실 문 앞에서 제공하기도 한다. 문 앞에서 커피를 나눠주는 것은 너무 흔한 예다. 또한, 틈틈이 짬을 내서 사무실을 돌며 직원들과 스킨십을 한다. 만나면 늘 격려하고 감사하다고 얘기한다.

이에 비해 우리의 경우는 직장상사가 직원을 거칠게 대하고 하인처럼 대하는 경우가 많다. 직원을 야단치고 닦달하는 것이 우리의 관리자 이미지다. 직장에서 직원의 존재감이 너무 없다. 인간의 존엄성이란 말은 교과서에나 나오는 말이지 직장에는 존재하지 않는다.

공직사회를 행복한 일터로 만들기 위해서는 관리자의 역할에 변화가 있어야 한다. 변화를 유도하기 위한 제도설계가 필요하다. 대표적인 것이 관리자에 대한 평가이다. 덴마크의 경우 어느 직장이든 직장상사에 대한 직원의 평가가 있다. 상사가 직원을 존중하는지, 무례한 경우는 없었는지, 업무량은 적정했는지, 업무수행에 필요한 권한은 부여했는지, 업무수행 결과에 대한 피드백은 제대로 해주었는지, 능력을 개발할 기회를 적절히 주고 있는지 등 다양한 내용이 포함된다. 이와 함께 직장상사가 좀 더 좋은 리더가 되기 위해서는 무엇을 고쳐야 할 것인지 묻는 주관식 설문도 포함되어 있다. 이러한 설문은 비단 직원에게만 배포되는 것이 아니고 관리자의 동료나 상사에게도 답하도록 제도화되어 있다. 나는 우리나라 공직사회에도 최소한 이러한 제도는 시행되어야 한다고 생각한다. 설문 결과 문제가 있는 관리자는 다양한 교육을 통해서 리더십의 행태를 교정하도록 해야 한다.

관리자의 역할은 직장 행복도와 관련해서 매우 중요한 의미가 있다. 사람들은 눈뜬 대부분의 시간을 직장에서 보낸다. 이렇게 중요한 직장 생활이 고통스럽다면 얼마나 불행한 일인가? 그런데 직장 생활에서 가장 고통스러운 부분이 직장상사와의 관계이다. 직장상사는 사람들을 행복하게도 하지만 한 인간을 파멸로 이끌기도 한다. 올바른 리더십을 행사하도록 하는 것이 얼마나 중요한지 인식하게 하는 대목이다.

두 번째, 직장 생활을 통해서 자신의 존재감을 얼마나 느낄 수 있느냐 하는 것이다. 다른 말로 하면 직장에서 얼마나 자신을 표현할 수 있느냐이다. 직장 문턱만 들어서면 타인의 얼굴을 하고 살아야 한다면 얼마나 불행한 일인가? 행복한 직장 생활이란 얼마나 자신의 흔적을 남길 수 있느냐 하는 것이다. 이것이 가능하려면 사람들에게 최대한 자율권을 보장해 줄 필요가 있다. 사람들은 자기 주도적으로 일을 할 때 자신을 표현할 수 있고 자신의 색깔을 드러낼 수 있으며 자신의 능력을 발휘할 수 있다. 우리의 공직 시스템에서는 이러한 욕구를 충족시키는 것이 대단히 어렵다. 공무원들을 규제하는 각종 통제 때문이다. 우리나라 공직자들은 세계적으로 보면 매우 통제당하고 있다. OECD 국가 중 가장 억압받는 나라일 것이다. 직장에서 자신의 생각을 자유롭게 표현하기 어렵고 근로자로서의 단결권은 극도로 제약받고 있다. 이러한 규제를 풀어야 한다.

이와 더불어 현재의 극단적인 집권적 구조를 분권적 구조로 바꿔야 한다. 우리나라 하위직 공무원들은 단순 보조 역할을 하는 경우가 대부분이다. 공직 생활 10년, 20년을 해도 단독결재권을 갖지 못한다. 예를 들어 물자를 구매하는 부서의 경우 업무를 담당하는 실무자에게는 단독결정권이 부여되어 있지 않다. 결정권은 최소 과장이나 국장에게만 부여되어 있다. 이에 비해 미국이나 유럽의 경우 물자구매를 담당하는 실무자에게도 단독결재권을 주는 것이 일반적이다.

이미 20년 전의 일이다. 필자가 미국 오리건 주의 사례를 조사한 적이 있다. 오리건 주 물자 구매계의 경우 100,000달러 미만의 구매 건에 대해서는 실무자가 단독으로 결정할 수 있었다. 어떤 물건을 어떤 조건과 가격으로 구매할 것인가를 담당자 단독으로 결정하는 것이다.

당시 같은 사안에 대해서 대구광역시에 문의해 보았다. 아무리 적은 액수의 구매라 하더라도 실무자에게 단독 결정권을 주는 경우는 없었다. 모든 결정은 관리자에 의해서만 결재가 되도록 설계되어 있었다. 문제는 20년이 지난 지금도 상황은 전혀 달라진 것이 없다.

정부의 이와 같은 집권적 구조는 사회의 다른 분야에 그대로 영향을 미치고 있다. 대한민국은 거대한 집권적 국가이다. 대학 사회를 보자. 극도로 집권적이다. 특히 사립대학이 그렇다. 모든 결정은 본부, 그것도 최고경영자가 결정한다. 대학의 가장 기초 단위인 학과의 경우, 사실상 아무런 권한이 없다. 이에 비해 미국의 경우 학과장이 거의 우리나라 총장이 행사하는 권한을 가지고 있다. 교수 채용, 평가, 승진, 연봉 결정, 해외에서 교환교수 초빙하는 건을 학과에서 결정하고 이는 학과장이 주도한다. 당연히 학과도 존재감이 있으며 학과의 행태가 좀 더 적극적이고 능동적이다. 우리는 정반대다. 늘 보조적인 역할이다.

우리나라 직장인들의 행복도나 동기부여 순위는 세계적으로 보면 바닥권이다. 나는 그 대표적인 이유 중의 하나로 집권적 구조를 들고 싶다. 사람들은 무엇인가 자기 스스로 결정할 때 살아있음을 느끼고 생기가 있으며 당당하고 이런저런 생각을 하게 된다. 권한은 사람을 성장시키고 크게 만들고 뛰게 만든다. 업무에 대한 애착을 갖고 주인의식을 갖게 하는 것은 두말할 것도 없고 말이다.

앞으로 공직사회를 좀 더 활기 있고 행복한 일터로 만들기 위해서는 대폭적인 권한의 재구조화 작업이 필요하다. 거시적으로는 청와대에 집중된 권한을 각 부처 장관에게 대폭 이양해야 한다. 장관의 존재감이 드러나도록 말이다. 또한, 중앙이 틀어쥐고 있는 권한을 지방에 획기적으로 이양해서 지방이 존재감을 갖도록 만들어야한다. 정부는 늘 지방은 아직 '어린아이'와 같아서 권한을 넘겨받을 수준이 아니라는 얘기만 되풀이해 왔다. 지난 수십 년간 앵무새처럼 하는 얘기다. 매우 잘못된 가정이다.

미시적으로는 기관 내부에서의 권한 분산 작업이 필요하다. 무엇보다 '장' 자 붙은 관리자에게만 부여된 단독결재권을 실무자에게도 부여하도록 해야 한다. 공직 경험이 풍부하고 업무 능력이 있는 실무자에게는 독자적으로 의사결정할 수 있는 길을 열어줘야 한다. 지방 자치 단체의 경우 공직 생활 20년 심지어 30년을 한 공무원들도 독자적인 결정을 할 수 없는 경우가 허다하다. 앞에서 어느 외국 대사관 관계자의 얘기를 인용했듯이 우리나라 공무원들은 어디를 가든 당당하고 소신 있게 얘기를 하지 못한다. 특히 하위직의 경우가 그렇다. 왜? 독자적으로 의사결정할 권한이 없기 때문이다.

잘 알려진 얘기지만 프랑스 국립도서관 사서는 자국의 대통령이 우리나라에 와서 약속한 외규장각 도서 반환에 대해서 따를 수 없다고 반발을 해서 이 결정이 지연된 적이 있다. 우리 같으면 벌써 인사 조치되거나 옷을 벗었을 것이다. 업무 담당자의 권한이 얼마나 강력하게 보호되는지 가늠해 볼 수 있는 상징적인 사례다. 이 사서는 자신이 담당하는 업무에 대해서는 자신이 프랑스를 대표한다고 생각하는 것이다. 상황이 이렇기 때문에 굳이 관리자가 아니라도 직장에서 존재감과 자부심을 가질 수 있는 것이다. 나는 공직자들이 이러한 마인드를 가져야 한다고 생각한다.

　공직을 행복한 일터로 만들기 위한 세 번째 요건은 공직자들로 하여금 일을 통해서 보람을 갖도록 할 필요가 있다는 것이다. 사람들은 자신이 하는 일이 얼마나 의미 있는 일이고 가치 있는 일인지 깨닫게 될 때 힘을 얻고 성취감을 경험하게 된다. 직장에 매일 출근하지만, 자신이 도대체 무엇을 하고 있는지 의미를 알지 못하게 되면 일에서 어떤 기쁨을 얻지 못하고 단순히 월급쟁이 이상을 벗어나지 못한다.

　직장에서 의미를 찾도록 하는 대표적인 방법은 업무를 그렇게 설계하는 것이다. 예를 들어 동사무소 같은 작은 단위부터 생각해보자. 현재 동사무소의 업무는 관청에서 주도하는 행사에 주민들을 동원하는 일이거나, 주민등록증이나 등본을 발급하는 일과 같은 단순한 일이 대부분이다. 이와 같은 단순 반복적인 일은 인간에게 흥미를 유발하기보다는 싫증, 권태감을 유발한다. 직장 생활이 행복할 수가 없는 것이다. 다른 방식을 생각해 보자. 예를 들면 증명서 발급과 같은 일은 기계화하고 대신 사람은 주민에게 좀 더 가치가 있는 일을 담당하도록 하는 것이다. 요즈음 마을 단위에서 문제되고 있는 주차 관련 다툼, 층간소음 분쟁, 마을을 안전한 곳으로 만들기 위한 방안 찾기, 마을 단위의 축제를 주민과 같이 기획하는 것은 그 몇 가지 예다. 이러한 일들은 우선 주민에게 매우 필요하고 가치 있는 일이며 동시에 공무원들에게는 성취감, 보람, 기쁨을 경험하도록 만든다.

관청에는 이처럼 업무를 재설계해야 할 일들이 상당히 많다. 향후 공직사회의 업무 재구조화를 통해서 한편으로는 주민만족을 높이면서 다른 한편으로는 공직자들의 직장 만족도를 높여야 한다.

17) 공직의 계급제를 직무 중심으로 전환하자

■ 우리나라의 공직사회는 엄격한 계급제를 기반으로 하고 있다. 우리의 계급제는 매우 오랜 역사를 가지고 있다. 잘 알려진 바와 같이 조선조의 관직은 9단계로 나누어져 있다. 그런데 그 체제가 지금도 사실상 그대로 유지되고 있다. 수 세기 동안 지속된 계급제는 우리의 문화가 되어 버렸다.

계급은 높고 낮음을 강조한다. 군대가 전형적으로 그렇다. 낮은 사람은 높은 사람의 명령에 복종해야 하고 순종해야 한다. 계급이 강조되는 시스템에서는 계급이 높은 사람이 주인공이고 낮은 사람은 단지 보조자일 뿐이다. 조연의 역할은 상급자의 지시를 따를 뿐이다. 자신을 표현할 수 없다. 자기의 고유성이나 색깔을 드러내기 어렵다. 계급은 기본적으로 두려움을 기반으로 사람들을 순응하게 하는 조직의 수단이다. 두려움은 사람들을 긴장하게 만들고, 생각을 차단시켜 버린다. 한마디로 입을 닫게 하고, 상사만 쳐다보게 만든다. 이러한 여건에서의 직장 생활은 행복할 수 없다. 우리나라 공직 사회의 문제점이다.

대구에서 외국계 기업을 경영했던 이스라엘 사람의 얘기다. 참고로 이 기업은 국내 기업을 이스라엘 회사가 인수한 경우다. 부임 초기 그는 많은 어려움을 겪었다고 회고했다. 대표적인 사례가 간부들이 회의에서 말을 하지 않는다는 것이다. 후에 알고 보니, 상사에 대한 두려움 때문이었다는 것이다. 한국의 문화에서 상사는 신과 같은 존재고 모든 것을 다 알고 있어(owner of truth) 감히 도전하면 안 된다는 것이다.

그가 아쉬워했던 점은 두려움이 사람들의 생각, 좀 더 적극적인 표현을 사용하자면 도전 의식을 앗아가 버린다는 점이다. 계급제는 사람들로 하여금 고개를 숙이게 만들고 종속적으로 만든다. 여기서는 사고력이 발전할 수 없다.

우리나라 공직사회는 민간 부문보다 더 엄격한 계급제를 기반으로 하고 있다. 계급제는 과거 단순한 일을 하던 시절에 적합한 방식이다. 행정이 해결해야 할 과제가 단순하던 시절에는 누군가 상부에서 의사결정을 하고 하부에서는 일사불란하게 이 결정을 따르는 것이 더 효율적이었다. 좀 더 현실적인 얘기를 해보자. 과거 개발연대 시절을 돌이켜보면 대통령이 국가 발전의 시나리오를 만들고 공무원들은 이 시나리오대로 움직였다. 이 각본에서 벗어나면 불이익을 당했다. 계급제는 기본적으로 뛰게 만드는 시스템이지 생각하게 하지는 못한다.

문제는 이러한 국가경영 스타일이 이제는 효과적이지 않다는 것이다. 이제는 최고 권력자 1인, 혹은 상부에 있는 소수만의 노력으로 사회문제를 해결하기 어렵기 때문이다. 가능한 많은 사람의 지혜를 집적시켜야 하는 시대이다. 오늘날에는 아무 생각 없이 오직 상사의 지시에 따르는 인간보다는 가능한 생각의 날개를 활짝 펴서 조직에 이바지하는 인간을 원한다. 이제는 생각하는 인간을 필요로 하는 시대다. 계급제는 이것을 어렵게 한다. 사람들을 계급이라는 울타리에 가두기 때문이다.

영남지방에서 민간인으로서 잠시 공직사회 경험을 한 어느 음악인의 얘기다. 이 분은 자치 단체에서 운영하는 문화예술회관의 관장을 맡은 적이 있었다. 직급이 4급이었는데, 그가 가장 힘들었던 부분은 자신은 늘 4급 수준에 맞는 행동을 하고, 생각해야 했다는 것이다. 이를 뛰어넘으면 위험하다. 4급이라는 울타리에 갇혔던 것이다. 계급이라는 벽이 너무 두껍고 높아서 상당히 좌절감을 겪었다고 고백했다. 계급은 사람들을 묶어두고 움직이지 못하게 하는 특성이 있다. 필자가 주장하는 계급제의 첫 번째 문제점이다.

두 번째 문제점은 인력활용 면에서의 경직성이다. 우리나라 관청의 관리자 직위에는 직급이 명시되어 있다. 구청의 계장이나 팀장은 6급 공무원만이 임명될 수 있고, 과장은 5급으로 보하게 되어 있다. 시·도의 경우는 계장은 5급, 과장은 4급으로 직급이 한 단계 높아진다. 모든 보직에 강력한 접착제로 계급이라는 꼬리표를 붙여 놓은 상황에서는 이 꼬리표를 뛰어넘는 인사는 사실상 불가능하다. 예를 들어 인사과장 자리가 공석이 됐는데 4급 꼬리표를 단 사람 중에 적임자가 없고 이보다는 5급이나 6급 공무원 중에 적임자가 있어도 임명할 수가 없는 것이다.

세 번째는 계급에 집착하게 만든다는 점이다. 계급이 강조되는 곳에서는 누구든 좀 더 높은 단계로 올라가고 싶어 한다. 사람은 지시받고, 통제받는 것보다는 명령하고, 지시하는 위치를 선호하기 때문이다. 당연히 승진에 대한 욕구가 강할 수밖에 없다. 계급개념이 강한 조직에서는 사람들의 에너지가 승진에 집중된다. 모든 사람의 귀와 입은 누가 승진했고 누가 탈락했는지, 어떻게 하면 승진에 도움이 되는지에 맞춰져 있다. 문제는 높이 올라갈수록 자리가 부족하므로 승진 경쟁이 치열하다는 사실이다. 여기서는 타인을 눌러야 내가 위로 올라가기 때문에, 타인을 경쟁상대로 인식하게 된다. 경쟁에서는 이겨야 하기 때문에 경쟁자를 흠집 내려고 하게 된다. 승진 경쟁이 용광로와 같은 우리나라의 경우, 인사철이 되면 승진이 임박한 사람에 대한 흠집 내기 시도가 종종 발생한다. 관가에 승진 철이 되면 투서가 도는 것은 그러한 시도의 일환이다. 계급제는 기본적으로 사람들 간 관계성을 저해하고, 소모적인 경쟁을 유발한다. 문제 해결을 위해 지혜를 모아야 하는 현대사회의 행정에 적합하지 않다.

네 번째는 원활한 의사소통을 차단시킨다는 점이다. 계급제는 수직적 소통구조를 갖는다. 여기서는 명령과 복종이 주된 소통의 방식이다. 다양한 생각을 주고받는 구조가 아니다. 이와 더불어 계급이 강조되는 시스템에서는 왜곡된 정보가 유통될 여지가 크다. 있는 사실 그대로 정보가 전달되지 않는다는 것이다. 두려움 때문이다. 우리 공직사회가 전형적으로 이러한 문제점을 가지고 있다. 과거 청와대에서 경제수석을 지낸 어느 인사는 자신이 현직에 있을 때는 행정계통을 통해서 올라온 보고 자료는 일절 이용하지 않았다는 것이다. 대부분이 미화되고 각색된 정보이기 때문이라는 것이다. 실제로 그의 주장을 뒷받침하는 사례들이 많다. 현장에서는 문제가 많은 데도 불구하고, 청와대에 보고될 때는 아주 성공적인 것으로 보고되는 경우가 그런 사례다.

필자는 공직사회의 계급제 구조는 이제 수명을 다했다고 생각하고 폐지되는 것이 바람직하다고 본다. 현대사회의 행정은 문제 해결을 지향하는데, 이러한 요구를 계급제는 충족시키기 어렵다. 문제 해결을 위해서는 다양한 의견이 모여야 하는데 계급제는 사람들의 사고를 가두기 때문에 이러한 목적에 걸림돌이 된다. 그동안 민간 기업에서 조직의 수평화 작업이 진행되어 왔는데, 그 목적은 조직의 자유로운 분위기를 형성하기 위해서이다. 자유로운 분위기는 심리적 안전지대를 형성해서 생각을 활성화하고, 때로는 엉뚱한 생각이나 기발한 생각도 가능하게 한다. 이것이 기업의 창조력, 혁신 능력의 원천이다. 우리에게 결정적으로 부족한 부분이고, 우리나라 기업의 수평화 노력은 이런 면에선 설명될 수 있다. 나는 이제 정부부문에도 이러한 수평적 구조를 만드는 노력이 전개되어야 한다고 보고 있고, 그 일환으로 계급제는 폐지되어야 한다고 생각한다.

부연하면, 지금의 9급부터 1급까지의 직급체계는 폐지하자는 것이다. 대신 공무원이 수행하는 업무를 성격별로 유형화해서 직무 중심으로 행정인력을 채용하는 것이다. 서양 사회의 행정체계는 대부분 이와 유사하다. 여기서 중요한 것은 직무이지 계급이 아니다. 이러한 시스템에서는 사람들의 정체성이 계급이 아니고 업무로 대변된다. 즉, "저는 7급 공무원입니다."가 아니고 "저는 부산시청 회계담당 공무원입니다."라고 소개하는 것이다. 물론 직무 중심 행정 체제에서도 계급이 존재한다. 관리자는 필요할 테니까 말이다. 관리자와 직원은 여전히 상·하 관계이다. 계급제와 다른 점은 전자에서는 예를 들어 시·도의 경우 계장의 직위에 8급이나 7급 직원 중 유능한 사람이 있더라도 그 자리에 임명할 수가 없는 데 비해, 후자에서는 능력이 되는 사람은 누구나 보임할 수 있다는 것이다. 대학의 경우를 보면 정교수든 부교수든 학과장이나 학장을 할 수 있다. 병원의 경우도 전문의라면 누구든 과장을 할 수 있다. 이렇게 보직의 폭이 넓어지면 상·하 개념이 완화되고, 대학 같은 경우 계급 개념이 거의 없다. 공직사회도 직무 중심 구조로 행정체계를 바꾸면 계급개념이 대폭 완화될 것으로 보며, 사람들의 관심은 일로 향하게 될 것이다. 또한, 사람들 간의 관계성도 상당 부분 개선될 것으로 보인다.

행정체계가 계급제에서 직무 중심구조로 전환하게 되면, 이와 함께 수반되어야 할 작업이 있다. 무엇보다 단위 직무의 가치이다. 계급제에서는 계급이 급여의 기준이었다면 직무 중심 체계에서도 기준이 되는 것이 있어야 하는데, 이것이 바로 직무의 상대적 가치이다. 직무의 가치를 결정하기 위해서는 공직사회 전반의 업무목록이 수면 위로 드러나야 한다. 이렇게 드러난 단위 업무 중에서 과연 불필요한 업무는 없는지, 얼마나 가치가 있는 일인지 면밀히 검토해볼 필요가 있다. 공직사회를 들여다보면 시대 상황에 비추어 불필요하다고 생각되는 일들이 많다. 대표적으로 국민을 일깨우는 일이 그렇다. 분석결과 꼭 필요한 일이라면 자동화할 수는 없는지, 민간 부문에서 더 잘 수행할 수 있는 일은 없는지 따져봐야 한다. 필자의 생각으로는 우정국에서 취급하고 있는 예금, 적금, 보험 업무는 민간 부문에 이관하는 것이 바람직하다고 생각한다. 정부가 군이 민간 부문과 경합할 필요는 없다고 생각한다. 또한, 이것은 공정한 경쟁도 아니라고 생각한다.

여러 검토를 거쳐 최종적으로 정부가 꼭 해야 할 일이라고 결론이

나면 이러한 업무를 수행하는 데 필요한 경력, 학력, 기술, 난이도 등을 고려해서 단위 직무별 상대적 가치를 결정해야 한다. 이러한 상대적 가치가 직무의 급여기준이 되는 것이다. 채용 공고를 할 때도 계급을 기반으로 하기보다는 단위 직무명을 기반으로 한다. 세계적으로 공무원을 선발하는데 '9급 공채', '7급 공채'와 같은 표현을 사용하는 경우는 보지 못했다.

또한, 직무 중심 체제로 전환하기 위해서는 대대적인 직무 재설계 작업을 병행해야 한다. 계급제에서는 한 단계 위로 올라갈수록 권한, 명예, 보상이 동반해서 상승된다. 이러한 기대가 직장 생활을 계속하게 하는 심리적 버팀목 역할을 한다. 이에 비해 직무 중심 시스템에서는 승진의 기회가 매우 적고, 관리자라는 개념도 그렇게 매력적이지 않다. 대학의 경우, 관리자의 자리는 매우 제한적이고, 설령 관리자가 된다 해서 높은 사람 행세하는 자리가 아니다. 이러한 상황에서는 업무에서 심리적인 만족감을 느끼게 하는 것이 매우 중요하다. 물론 적정보수의 지급도 중요하다.

업무에서 심리적인 만족감을 느끼도록 하려면 몇 가지 조건이 있는데, 첫째가 얼마나 업무에 대한 재량권이 있느냐이다. 권한의 문제이다. 우리나라 사회 전반의 문제이기도 하다. 한국 근로자들의 동기부여 수준이 세계에서 최하위 수준인 핵심적인 원인이다. 늘 타인의 지시를 받아야 하는 일은 업무에 대한 의욕을 유발하기 어렵다. 자기 자신을 표현하기 어렵기 때문이다. 사람들은 자신의 개성이나 고유성이 업무에 반영될 수 있는 여지가 클수록 힘이 생기고 뛰려고 한다. 자신의 흔적을 남길 수 없는 업무는 사람들을 무기력하게 만든다. '나'와 직장이 요구하는 '나'가 너무 다르게 되면 직장 생활은 생계유지 수단에 불과하나 나를 불사르게 하는 데는 실패한다.

두 번째는 얼마나 의미 있고, 가치 있는 일이냐이다. 단지 생계유지를 위해서 벽돌을 쌓는 근로자와 하느님의 성전을 짓기 위해서 벽돌을 쌓는다고 생각하는 근로자 사이에는 엄청난 차이가 있다. 후자의 경우, 업무에 대한 의욕이 높을 뿐 아니라 일을 하면서 기쁨을 경험할 것이다. 사람은 기본적으로 의미 있는 일을 하고 싶어 하고 성취감을 얻으려 한다. 직장은 이러한 욕구를 충족시켜 줄 의무가 있다.

앞에서 동사무소의 예를 들었다. 직원 대부분이 단순, 반복적인 일을 하고 있다. 이러한 일을 최소화하거나 기계화하고 직원들은 마을 주민들이 좀 더 가치 있다고 생각하는 일을 하도록 할 수 있다. 작은 도서관을 만든다든가, 마을에서 배출하는 쓰레기 양을 줄이는 일, 마을이 좀 더 안전한 곳이 될 수 있도록 주민들과 머리를 맞대는 일이 그것이다. 이러한 과업을 수행하게 되면 일을 하는 과정에서도 기쁨을 경험할 수 있지만, 과업 수행 결과 주민이 기뻐하는 모습을 보면 더욱 보람과 성취감을 경험하게 된다. 행정을 책임진 사람들은 공무원들이 직장에서 이러한 긍정적 감정을 많이 경험하도록 행정시스템을 설계해야 한다.

우리나라 행정 체제의 근간인 계급제는 이제 수명을 다했다. 이제 공직 시스템을 수평화시켜야 한다. 그래야만 문제 해결에 주력하는 전문가적 행정을 구현할 수 있다. 이러한 목적에는 직무 중심 체제가 적합하다. 직무 중심 체제가 시행되기 위해서는 대대적인 직무 재구조화 작업이 필요하다. 방향은 공직자들이 직무를 통해서 자신의 능력을 최대한 발휘할 수 있고, 업무를 통해서 자신의 존재감을 드러내고, 의미를 찾을 수 있도록 하는 것이다. 직장이 단지 먹고사는 문제를 해결하기 위한 수단 이상이 되도록 만들어야 한다는 것이다.

18) 검찰 개혁

■ 행복도가 높은 나라들은 대체로 사회적 약자들을 잘 보호한다는 특징을 가지고 있다. 어떤 면에서 '약자의 사회'라고 할 수 있다. 약자들이 보호받기 때문에 사회 전반적으로 억울해서 생기는 고통을 호소하는 사람들이 별로 없다. 사회가 평화롭고, 조화로운 이유이다.

우리 사회는 이와는 대조적으로 '강자의 나라'이다. 약자들이 거의 '방치'되는 수준에 있다. 당연히 이들이 겪는 '아픔'이 클 수밖에 없다. 나는 이러한 고통을 최소화하기 위해서는 무엇보다 사법 시스템이 반드시 개혁되어야 한다고 믿고 있다.

사법 권력은 사람들을 체포할 수 있고, 구금할 수 있으며, 장기간 교도소에 가둬놓고 자유로운 활동을 금할 수 있으며 극단적인 경우는 생명을 앗아갈 수 있다. 만약 이러한 권력이 남용된다면 당사자들이 겪을 고통과 억울함은 상상조차 하기 어려울 정도로 엄청날 것이다. 불행하게도 우리 사회에는 이러한 경우가 수없이 많았다.

선진사회의 경우, 이와 같은 사법 시스템의 중요성 때문에 이중삼중의 견제장치를 마련해 놓고 있다. 사법 권력을 행사하는 기관은 대표적으로 경찰, 검찰, 법원이다. 이 중에서도 주로 경찰과 법원의 권력 남용을 차단하기 위한 제도가 발달되어 있다. 그 이유는 검찰보다는 경찰과 법원이 사법 시스템에서 중심역할을 하기 때문이다. 앞에서 이미 지적한 바와 같이 미국의 경우, 경찰의 권한 남용을 방지하기 위해서 경찰위원회를 두어 지역 주민이 경찰을 통제하도록 하고 이것도 부족하다고 생각해서 시카고 같은 경우는 경찰로부터 억울한 일을 당한 사람이 민원을 제기하면 독립적으로 이 진정 건을 조사할 수 있는 '경찰 책임성 확보기구(Police Board of Accountability)'까지 두고 있다. 덴마크의 경찰도 매우 유사한 기구를 가지고 있다.

법원의 경우도 그렇다. 미국의 법원은 판사가 독자적으로 판결을 내리는 것이 아니고 시민으로 구성된 배심원단과 함께 결정한다. 법정에서 피고와 원고측이 치열한 공방을 벌이도록 해서 양측의 주장을 충분히 들은 후 배심원이 결론을 내린다. 앞에서 설명했듯이 덴마크도 판사와 시민이 함께 논의해서 판결을 내린다. 선진사회의 경우, 판사가 단독으로 판결을 내리는 경우는 필자의 지식으로는 없다.

우리나라의 경우, 이러한 사법 권력에 대한 견제장치가 사실상 거의 작동되지 않았다. 권력이 남용될 수밖에 없었고, 그에 따라 억울한 사례들이 수없이 발생했다. '유전무죄, 무전유죄'란 말은 우리 사회 사법 시스템의 문제를 매우 극명하게 대변하는 말이라고 생각한다. 돈의 힘이 정의를 좌우하는 구조다. 권력이 있어도 마찬가지다. 이러한 '게임'에서는 약자들만 희생되는 것이다. 대한민국의 사법 시스템은 강자의 사회를 조장한다.

우리 사회에서 사람들이 부자가 되려고 애를 쓰고, 권력을 얻기 위해서 부단히 노력하는 이유는 이와 관련이 있다. 또한, 좋은 대학에 가기 위한 집착이나 용광로 같은 교육열도 궁극적으로 이와 관련이 있다. 이러한 약육강식의 사회에서는 약자라는 이유만으로 고통을 당하고 희생되어야 해서 이것이 정부 불신과 사회균열로 이어지게 된다. 사법 시스템이 개혁되어야 하는 이유이다. 필자는 사법 개혁을 논할만한 전문성을 가지고 있지 못하다. 여기서는 건강한 상식을 가진 사람으로서 몇 가지 원론적인 얘기만 해보려고 한다.

우선 경찰에 대해서는 지역별로 경찰위원회를 두고, 이 위원회가 지역 경찰에 대한 감시견 역할을 하도록 할 필요가 있다. 더 중요한 것은 경찰로부터 억울한 일을 당한 사람들의 민원을 접수하고, 조사할 수 있는 독립적 권한을 부여하는 것이다. 법원의 경우는 이미 시민참여재판이 부분적으로 시행되고 있어 이를 보완해서 전면적으로 확대하고, 법정에서 피고와 원고가 충분히 공방을 벌이도록 하는 공판중심주의를 확립할 필요가 있다. 법조인들의 얘기를 들어보면, 그동안에는 주로 검사가 작성한 공소장에 있는 내용을 중심으로 재판이 이루어졌다는 것이다. 합리적이지 않다고 생각한다.

필자가 관심을 두는 것은 검찰이다. 우리나라 사법 개혁은 검찰 개혁이라 할 정도로 중요하다. 대한민국의 검찰은 TV 드라마나 영화의 빈번한 소재가 된다. 그만큼 사회적으로 영향력이 있고 존재감이 있다는 의미이다. 미국이나 유럽의 경우 검사의 존재는 미미하다. 나는 미국생활 8년을 했지만 한 번도 검사가 TV 드라마의 주인공이 된 경우를 보지 못했다. 이보다는 경찰이나 판사들이 주목을 받는다. 유럽도 마찬가지다. 그만큼 검찰의 역할은 매우 제한적이다.

이에 비해 우리나라 검찰은 세계 어느 나라에서도 유례를 찾기 어려울 정도의 가공할 권력을 가지고 있다. 피의자의 운명을 좌우할 권한이 검찰에게 집중되어 있는 반면 이에 대한 견제장치가 없기 때문이다. 검사는 피의자를 수사할 수도 있고, 수사를 종결할 권한도 가지고 있으며, 수사결과 기소할 수도 있고, 불기소할 수 있는 재량권을 가지고 있다. 기소할 경우, 구속 상태로 할 것인가 불구속 상태로 할 것인가를 결정할 권한을 가지고 있다.

만약 이러한 권력을 남용하게 된다면 그 폐단은 엄청날 것이다. 예를 들어, 꼭 기소해서 처벌해야 할 가해자를 문제없는 것으로 결론 내고 수사종결을 하게 된다면 피해자가 겪을 억울함, 분노는 상상하기 어려울 것이다. 이보다 더 억울한 경우는 가해자가 피해자가 되고, 피해자가 가해자가 되는 경우이다. 이 과정에서 인생이 망가지고 가정이 붕괴하는 사례를 상상해 보라. 국가에 대한 불신을 유발하는 결정적인 요인이다.

우리나라의 검찰은 막강한 권력을 가졌지만, 이에 대한 통제나 견제장치는 사실상 부재하다. 세계적으로 보면 수사는 경찰이, 기소는 검찰이 담당한다. 기능을 분리시킨 것이다. 사법 정의가 가장 잘 구현된다는 덴마크의 사례를 보자. 이 나라에서는 검사가 경찰서장을 하고 경찰서에 검사가 배치되어 있다. 특이한 제도이다. 그런데 사건이 발생하면 수사는 처음부터 종결될 때까지 경찰이 담당한다. 검사의 역할은 경찰의 수사 활동을 감시하는 것이다. 수사의 중심은 경찰이고, 검찰은 수사과정에서 적법성이 유지되도록 가이드하고 수사가 종결되면 기소하는 기능을 담당할 뿐이다.

만약 검사가 경찰의 수사에 부당하게 개입하게 되면 옷을 벗어야하는 상황을 맞게 된다. 우선 경찰노조가 매우 강력해서 검사가 부당한 압력을 행사하게 되면 노조가 문제를 제기하게 되고, 언론에 노출되어 견딜 수 없게 된다. 이와 더불어 검사의 부당한 지시로 억울한 일을 당한 피해자나 가해자가 경찰 진정위원회에 민원을 제기할 수 있다. 앞에서 얘기한 IPCA를 의미한다. 이 위원회는 고등법원 판사, 변호사, 법대 교수, 시민대표 2인으로 구성되는 독립된 위원회이다. 누구에게도 간섭받지 않는 정부기구이다. 접수된 진정은 위원회의 요원들에 의해서 조사되어, 그 결과가 시민회관 같은 공개된 장소에서 발표된다. 물론 여기에 언론도 참관한다. 만약 여기서 뇌물이나 청탁으로 검사가 부당한 간섭을 했다면 그는 옷을 벗어야 한다.

덴마크에서는 검찰만이 기소에 대한 독점권을 갖지 않는다. 경미한 사항에 대해서는 경찰도 직접 기소할 수 있다. 이와 더불어, 기소 과정에서 권한을 남용하게 되면 사건과 관계된 당사자들이 이의를 제기할 수 있고, 이 진정 건은 독립된 조사 위원회에서 조사해서 공개하도록 통제 장치를 마련해 놓고 있다.

미국의 경우를 보면 수사권은 전적으로 경찰에 위임되어 있고 영장청구권도 경찰에 있다. 검찰은 수사결과를 검토해서 기소만 하게 되어 있다. 미국에서 일반 시민이나 언론의 주목을 받는 것은 경찰이다. 영화나 드라마의 소재가 되는 것도 경찰이지 검찰이 아니다. 우리에 비하면 미국 검찰의 존재감은 미약하다. 그럼에도 불구하고 검찰의 권력을 견제하기 위한 통제장치가 마련되어 있다. 예를 들자면, 미국의 주 정부나 지방 정부의 경우는 거의 검찰 수장을 선거직으로 설계해 놓았다. 지역 주민이 검찰 책임자를 임명하는 것이다. 주민이 검찰을 통제하도록 시스템을 설계한 것이다. 지방의 판사도 선거로 뽑는다. 올해 2월 미국을 방문했는데 필자가 머물렀던 시카고 지역의 판사선거 운동이 한창이었다. 사법 시스템이 건강한 일반 시민의 눈높이에서 벗어나지 않도록 만들기 위함이다.

권력이란 어떤 것이든 견제받아야 하는데 그렇지 못하면 남용하게 되어 있다. 검찰의 부조리, 부정과 비리는 이와 관련되어 있다. 조선 말기 우리나라를 찾았던 비숍 여사는 당시 재판과정을 보고 "돈이 물 흐르듯 한다."는 비판을 했다. 이러한 부조리한 상태가 해방 이후에도 오랫동안 지속되었다. 사법 시스템이 전근대적이었기 때문이다. 정도의 차이는 있지만 지금도 크게 달라지지 않은 것 같다. 주위에는 여전히 검찰 간부를 만나 '대접'하려고 줄을 선 사람들이 많다. 우리나라 검찰의 문제는 이미 세계적으로도 알려진 얘기다.

검찰 개혁은 매우 중요한 의미가 있다. 그 이유는 검찰 개혁이 우리 사회를 좀 더 정의롭고 누구나 법 앞에 평등한 사회를 만드는데 크게 이바지할 수 있기 때문이다. 유감스럽게도, 그동안 검찰은 국민으로부터 신뢰를 받지 못했다. 일반 국민의 눈에 비친 검찰상은 힘 있고 무서운 집단이지만 신뢰할 수 없는 집단이었다. 불신의 이유는 그들이 강자에게는 한없이 약했지만, 힘이 없는 약자들에게는 강했기 때문이다. 돈 없고, 배우지 못하고, 힘없는 자들에게 검찰은 너무나 멀리 있는 사람들이었다. 이와 더불어 우리나라 검찰은 힘을 가진 자의 권력유지를 위해서 반대편에 선 사람을 위협하고 탄압하는 수단으로 이용되었다. 검찰이 '정치게임'의 도구로 이용되었다.

검찰 개혁의 근간이 되는 원리는 집중된 권력을 분산시키고, 견제받도록 하는 것이다. 첫 번째 방법은 수사권을 독립시켜 경찰에 넘기는 것이다. 일체의 수사는 경찰이, 기소는 검찰이 담당하도록 하는 것이다. 지금은 양자가 모두 수사를 할 수 있다. 이러한 구조 때문에 경찰에서 수사를 받은 피해자나 가해자가 검찰에서 다시 수사를 받는 어처구니없는 이중 수사가 발생한다. 수사와 기소의 분리는 세계적인 추세이다. 이렇게 될 경우 경찰은 검찰에서 검찰은 경찰에서 견제할 수 있는 권력의 균형이 확보될 수 있다. 나는 검찰의 비리나 부정은 이런 방식으로 상당 부분 해소될 수 있다고 본다.

경찰에 독자적 수사권을 주게 되면 경찰의 권력 남용을 우려하는 목소리가 있다. 특히 인권유린이 문제 되지 않을까 염려하는 목소리가 있다. 경찰이 아직 독자적인 수사권을 행사할 수준에 미치지 못한다는 시각을 가진 사람들의 생각이다. 나는 동의하지 않는다. 필자는 검찰로 하여금 경찰을 지휘하게 하는 것보다는 경찰위원회와 같은 대중 통제 메커니즘을 작동시켜 인권유린과 같은 권력 남용을 방지하는 것이 더 바람직하다고 생각한다. 여기서 걸러지지 못하는 건에 대해서는 추가로 검찰이 경찰의 직권 남용에 대해서 조사할 수 있도록 이중 안전장치를 마련하는 것이 더 바람직하다고 생각한다. 우리나라 경찰의 문제는 수준의 문제가 아니고 시스템의 문제라고 생각한다. 인권을 소홀히 할 수밖에 없었던 여건이나 구조가 문제라는 말이다. 참고로 이미 오래전부터 경찰지원자의 대부분이 대졸 출신들이다. 세계적으로 봐도 고학력이다.

경찰에 수사권을 부여할 경우 발생할 수 있는 권력의 남용을 방지하기 위한 경찰 내부개혁도 필요하다. 특히, 수사 중인 사건에 대해서 내·외부에서 부당한 청탁이나 압력이 들어올 경우 이를 버텨 낼 수 있는 시스템을 설계해야 한다. 나는 그 방법의 하나로 경찰의 노조설립을 허용해야 한다고 생각한다. 경찰이 정권의 하수인 역할을 하고 권력에 저항하는 사람들을 탄압하는 도구로 이용되는 것을 막기 위해서 꼭 필요한 조치이다. 경찰 노조가 확립된 미국의 경우 권력자가 경찰의 업무에 관여하기 어렵다. 오바마가 현직 대통령으로 있을 때이다. 오바마는 2009년 7월 경찰이 흑인 교수를 체포하는 과정에서 있었던 문제점을 지적했다. 그는 기자들과의 인터뷰에서 경찰의 처신이 '바보 같은 행동(acting stupidly)'이었다고 비난을 한 것이다. 하버드 대학교가 있는 케임브리지 지방의 경찰에게 한 얘기이다. 그러자 케임브리지 경찰 노조는 오바마 대통령이 경찰을 모욕했고 따라서 사과해야 한다고 반박했다. 이 건을 담당했던 경찰도 "대통령 당신 일이나 똑바로 하라!"고 받아쳤다. 이러한 용기는 경찰 노조가 뒤에 버티고 있기 때문에 가능했던 것이다. 오바마는 결국 관계되는 경찰관과 흑인 교수를 백악관으로 불러 맥주 한 잔 하면서 상황을 마무리했다.

두 번째는 검찰의 독립성 확보이다. 검찰이 외부의 압력으로부터 독립되어야 한다는 것이다. 매우 중요한 과제라 생각한다. 한 가지 방법은 검찰청장의 임기를 6~8년 정도로 장기화해서 정권을 초월하도록 하고, 임명 시에는 국회 2/3의 동의를 얻도록 해서 특정 정파에 편향된 인물이 선택되지 않도록 하고, 해임할 경우에도 동일하게 국회 2/3의 동의를 거치도록 할 필요가 있다. 취지는 정권에 충성하는 인물이 되지 않도록 하자는 것이다.

검찰 총장의 임기보장과 더불어 총장의 권력 남용을 방지하는 제도가 필요하다. 그동안 우리나라의 검찰은 1인 지배체제였다고 할 정도로 권한이 최상부에 집중되어 있었다. 이러한 집권적 구조는 상부로부터의 외압을 유발하게 만들어 정의를 구현하는 데 걸림돌이 되었다. 가장 최근의 예는 '강원랜드 채용청탁' 수사 건이다. 수사를 담당했던 여 검사가 이 문제를 폭로하지 않았으면 묻혔을 사건이다.

이러한 불합리한 상황을 개선하기 위해서는 검찰 내부적으로 민주적 의사결정 구조를 갖도록 해야 한다. 특히, 검찰 내부의 의사결정을 들여다볼 수 있는 시민통제 메커니즘을 설계해야 한다. 검찰의 결정이 시민의 눈높이에서 벗어나지 않도록 하기 위해서이다. 이러한 제도는 특히 검·경 간의 수사권 조정 문제가 실패할 경우 더욱 필요하다. 이 경우 민간인으로 구성되는 검찰 위원회를 만들어 검찰의 전반적인 운영 방침을 감시하고, 검찰에 대한 진정이나 민원을 독립적으로 조사해서 시정, 권고할 수 있도록 할 필요가 있다.

대한민국은 사법 시스템이 오랜 기간 제대로 작동되지 못한 나라다. 그 결과 우리 사회에서 정의란 강자의 개념이지 약자에게는 해당되지 않는 개념이었다. 사법 시스템의 결함은 이와 관련된 당사자들에게 말할 수 없는 억울함을 유발하고 이는 정부 불신과 사회 불신으로 이어진다. 이와 같은 신뢰의 상실은 사회통합에 치명적인 걸림돌로 작용한다. 스칸디나비아 국가들의 사회적 신뢰와 응집력은 사법 시스템이 매우 효과적으로 작동해서 사회정의가 철저히 구현되기 때문이다. 좋은 사회란 사법 시스템에 '금전이 물 흐르듯 하는 사회'가 아니고 '정의가 물 흐르듯 하는 사회'다. 불의가 만연한 사회에서는 사회결속이 어렵다. 한마디로 흩어지는 사회다. 국가가 위기에 처하면 사람들이 목숨을 걸고 싸우려 하지 않는다. 왜? 국가에 대한 애착이 없기 때문이다. 정의가 바로 선 나라는 반대의 상황을 맞는다. 구한말 서재필 박사는 "아무리 나라가 작아도 합심(合心)하는 민족은 큰 나라를 능히 대적할 수 있다."고 가르쳤다. 무엇이 사람들을 합심하게 하는가? 가난하든 부자든 권력이 있든 없든 법 앞에 평등할 때 사람들은 한마음이 된다. 검찰 개혁, 더 거시적으로는 사법 개혁이 중요한 의미가 있는 이유이다.

19) 노사 관계의 재정립을 유도하기

　■　세계적으로 번영을 누리며 행복도 또한 최상위 그룹에 속하는 나라들은 거의 예외 없이 노사 관계가 좋다. 스칸디나비아 국가, 더 넓게는 북유럽 국가들이 대표적인 예다. 중유럽의 스위스도 마찬가지다. 아시아에서 가장 국민소득이 높고 행복도 또한 최상위권에 속하는 싱가포르 역시 노사 관계의 질이 높다. 뉴질랜드, 호주, 캐나다도 그렇다. 대체로 노사 관계가 좋은 나라들은 다른 면에서의 관계성도 긍정적이다. 예를 들면 정부와 국민과의 관계, 상사와 부하직원 간의 관계도 매우 긍정적이다.

노사 관계는 특정 사회의 관계성을 가늠해 볼 수 있는 시금석 같은 요인이다. 그만큼 중요하다. 현실적으로 보면 노사 관계가 적대적이고 갈등이 심하면 결집된 노력을 만들어 낼 수 없는 것이다. 기업의 경우 성장에 결정적인 걸림돌로 작용한다. 유감스럽게도 우리나라의 노사 관계는 세계에서 최하위권이다. 2016년 IMD가 조사한 자료를 보면 우리나라는 조사 대상 61개국 중 59위였다.[33] 필자가 통계를 들여다본 2000년 이래 거의 비슷한 수준이다.

한국의 노사 관계는 매우 적대적이고 갈등이 심하다. 2002년 11월 초 미국 조지아 주에 출장을 갔을 때의 일이다. 아침에 호텔 방에서 TV를 보고 있는데, 마침 CNN에서는 한국에 대한 뉴스를 보도하고 있었다. 이 방송사의 싱가포르 특파원 마이크 치노이(Mike

---

33　IMD, 「World Competitiveness Yearbook」, 2016.

Chinoy) 기자는 당시 현대 자동차의 파업사태를 보도하고 있었다. TV에 묘사된 근로자들의 파업행위는 매우 과격했다. 각목과 쇠파이프를 든 근로자들이 진압하는 경찰에 대항해 '전투'하는 모습이 방영되고 있었다. 여기서 필자가 지적하려고 하는 것은, CNN 기자의 마지막 코멘트다. 그의 말에 따르면, 한국에서는 이와 같은 노동자들의 과격한 시위가 전혀 놀랄만한 일이 아니고, 늘 그래 왔다는 것이다.

우리나라 노동자들의 파업행위는 한국 사람인 내가 봐도 매우 과격하다. 각목과 쇠파이프는 그래도 낫고 분신, 높은 탑에서 뛰어내리는 경우도 종종 발생한다. 싱가포르의 리콴유 전 총리는 우리 노동자들의 시위하는 모습을 두고 중세의 검투사 같다고 비유를 했다.[34] 필자가 만난 대구의 한 이스라엘 국적의 사업가는, 한국 노동자들이 쇠파이프를 들고 시위를 하는 장면이 TV를 통해서 해외에 방영될 때마다 그 한 장면에 수억 달러의 국외 자본이 날아간다고 지적을 했다.

문제의 심각성을 인식하고 역대 정부는 노사정위원회를 만들어 노사 관계를 개선하려고 노력해왔지만 큰 진전이 없다. 문재인 정부도 민주노총 출신의 문성현 씨를 위원장에 임명해 이 위원회를 가동시켰다. 노사 관계의 개선에 획기적 전기를 마련해주기를 기대한다.

한국인은 세계적으로 머리가 명석하고 손재주가 뛰어난 민족이다. 한국인의 근면성은 어느 민족도 따라오기 어렵다. 우리는 이러

---

34 리콴유 지음, 류지호 옮김, 『내가 걸어온 일류 국가의 길』, 문학사상사, 2001.

한 강점을 잘 살리지 못했다. 다툼 때문이다. 노사 간의 관계는 그 대표적인 예다. 싱가포르의 리관유는 이런 말을 했다. "한국인은 영리하지만 노사 관계가 소모적이어서 국가 발전에 걸림돌."이라는 것이다. 그는 양자가 힘을 합친다면 한국은 훨씬 더 도약할 수 있다고 예측했다. 나는 이러한 의견에 전적으로 동감한다.

그러면 한국의 노사 관계는 왜 이렇게 적대적일까? 필자는 일차적으로 사측에서 그 원인을 찾는다. 한국의 경영자들은 근로자를 동반자, 파트너로 인식하지 않는다. 이보다는 주종의 관계로 인식하고 있다. 올해 들어와 속속 드러나는 우리나라 양대 항공사의 사태를 보면 이들 기업의 종업원은 동반자보다는 '하인'에 가깝다는 생각이 들게 한다. 이러한 사고 구조하에서는 고용주가 근로자를 함부로 할 수 있다는 생각이 지배하게 되고, 그 결과로 나타난 현상이 최악의 노동조건이다.

우리나라 근로자들은 세계에서도 가장 긴 근로시간에 시달리고, 직장에서 존중받고 보호받지 못한다. 거친 말, 폭력, 산업재해로 시달린다. 작업장이 불결하고 위험하다. 직장이 얼마나 근로자의 건강이나 안전을 잘 챙기는가 하는 국제적 평가에서 우리는 늘 최하위권이다. 이와 더불어 일을 하고 월급을 제대로 받지 못하는 근로자들이 너무 많다. 1년에 1조 원 규모의 체불임금이 있는 나라가 대한민국이다.

사용자가 근로자를 가혹하게 대하는 전통은 이미 오래되었다. 앞에서 인용했던 박제가의 『북학의』를 보면, 조선의 사대부들은 청나라와 비교하면 그들의 하인들을 너무 혹사시키고 있다고 비판했다.

그는 이 글에서 수령이나 국왕의 명령을 받드는 사신들의 행차를 예로 들었는데, 조선의 관리들은 천 리를 가나 만 리를 가나 말을 타고 간다는 것이다. 그런데, 이때 이들을 수행하는 종이나 마부는 아무리 먼 거리라도 걸어오게 하고 그것도 바로 관리 옆에서 말과 똑같은 속도로 따라오게 한다는 것이다. 결국, 사람이 말을 쫓아가기 어려우므로 하인들은 숨을 헐떡거리게 되어 신체에 무리가 갈 수밖에 없었다는 것이다. 그는 조선 시대 종이나 마부의 질병은 모두 여기에 근본 원인이 있다고 주장한다. 심지어 부리는 소나 말조차 혹사해 병들어 죽는 경우가 많았다는 것이다. 조선 시대의 산업 재해이다. 그런데 이웃 중국만 해도, 일하는 방식을 합리적으로 바꿔 말이든 사람이든 무리하지 않으면서도 더 많은 일을 하도록 선진화시켰다는 것이다.

박제가는 일본의 사례도 들고 있다. 이에 따르면, 일본의 덕천가강(德川家康)은 "무릇 물건을 절도 없이 실으면 소나 말이 많이 상한다. 이것은 어진 사람이 행할 정사가 아니다. 지금부터는 싣는 물건을 몇 근으로 제한하니, 그 외에는 싣지 못한다." 하고 명령을 내렸다는 것이다. 박제가가 이런 얘기를 했던 이유는 일본에서는 동물에게도 무리한 노동을 요구하지 않았는데, 우리의 경우는 사람조차도 혹사하고 있다는 사실을 강조하고 싶었기 때문이었다.

우리나라 노사 관계가 매우 적대적이고, 근로자들의 시위행태가 과격한 이유는 이와 같은 가혹하고 억압적인 근로 조건 때문이다. 북유럽 국가들의 사용자가 근로자를 매우 소중하게 대한다면 우리나라 근로자들은 정말 거칠게 다루어지고 콩 볶듯이 닦달을 당한다. 우리나라의 노사 관계를 개선하기 위해서는 이와 같은 불합리한 근로 조건이 개선되어야 하고 이는 근로자를 동반자로 인식할 때만 가능하다.

문제는 '누가 인식을 바꾸도록 할 것인가?'이다. 사용자가 스스로 관점을 바꾸기는 쉽지 않을 것이다. 필자는 정부가 그 역할을 해야 한다고 본다. 어떤 면에서는 기업보다 정부의 역할이 더 크다고 생각한다. 우리나라 노사 관계를 이렇게 뒤틀리게 한 장본인은 정부다. 정부는 그동안 기업의 억압적이고 착취적인 노동 관행을 묵인했고, 때로는 지원했다. 근로자들이 단결해서 사용자에게 맞서려 하면 이러한 시도를 오히려 정부가 나서서 차단해 버렸다. 자신들의 권리를 주장하기 위해서 행동에 나서는 근로자들을 불순분자로 몰아세워 탄압하기도 했다. 여기에 경찰, 국정원, 검찰, 심지어 군 기무사까지 동원되었다. 많은 노동자가 이 과정에서 희생되었고 고통을 당했다. 언젠가 덴마크 블루칼라 노조 국제관계 담당자를 만났을 때 들은 얘기다. 이 나라에서는 지난 1세기 동안 근로자들이 노동운동을 하다가 사망한 사람은 단 1명도 없었다는 것이다. 그가 우리나라의 노조 지도부가 경찰에 쫓겨 조계사에 갇혀있는 모습을 보고는 매우 충격적이었다고 회고했다.

앞으로 우리나라의 노사가 건강하고, 협력적 관계를 유지하도록 만들기 위한 열쇠는 정부가 쥐고 있다. 핵심은 정부가 공정한 심판자 역할을 하는 것이다. 그동안 우리 정부는 노동자보다는 사용자 입장을 더 대변했다. 균형을 잃었다는 것이 필자의 생각이다. 이러한 균형의 상실은 노동자들의 가혹한 근로 조건으로 이어졌다. 근로자들이 너무 위험한 작업장에 노출되어 있고, 그 결과 너무 많은 사람이 다치고 죽는다. 산재 사망 1위가 대한민국이다. 많은 산재 사고를 은폐했어도 1등이다. 한국의 작업장이 '소름 끼칠 정도(appalling)'라고 지적하는 외국인 관찰자가 많았다. 기업이 왜 이렇게 작업자들의 안전에 무심한가? 수없이 많은 근로자가 다치고 죽어 나가도 정부가 팔짱을 끼고 있었기 때문이다. 코스타리카는 경제적으로 우리나라보다 많이 낙후했지만, 기업주들이 근로자의 안전을 매우 중시한다. 왜 그럴까? 정부의 강력한 의지 때문이다. 우리는 그렇지가 못했다.

이뿐이 아니다. 근로자들이 노조를 결성해서 근로 조건의 개선을 외치려고 하면 사용자가 부당하게 막아버렸다. 감금, 폭행, 납치, 교묘한 방법으로 해고하거나 불이익을 주었다. 사실 이러한 현상은 멀쩡한 조직에서도 발생한다. 삼성은 그 대표적인 기업이다. 삼성의 부당 노동 행위는 그동안 국내의 언론을 통해서 수차례 고발되었고, 이는 또한 국제적으로도 널리 회자되고 있다. 예를 들면, 앞에서 인용한 클리포드 기자는 그의 저서 『흔들리는 한국』에서 "삼성은 사실상 어떤 수단을 동원해서라도 그룹 내에서 독자적인 노조를 결성하지 못하도록 막을 것이다(It will use virtually any means to stop the formation of independent unions)."라고 삼성의 반 노조 입장을 단적으로 묘사하고 있다. 문재인 정부 들어와 삼성의 이러한 저급하고 전근대적인 반 노조 행위가 속속 드러나고 있다. 삼성은 세계 최고의 기업으로 알려져 있다. 최고의 기업조차 정당한 게임을 하지 못하고 있는 것이다.

그동안 삼성에서 많은 직업병 환자들이 목숨을 잃고 고통당했지만, 적절한 보상과 보호를 받지 못했다. 삼성의 반 노조 경영이 초래한 결과라고 생각한다. 만약 북유럽에서 이러한 행태를 보였다면 기업의 존립 자체가 어려웠을 것이다. 이러한 차이는 근본적으로 정부가 어떠한 태도를 보이는가에 달렸다. 우리 정부는 사용자의 부당 노동 행위에 관대하다. 노동조합이 활성화되지 못하는 요인 중의 하나이다. 이와 더불어 정부가 만든 법과 제도가 노조 가입을 어렵게 하고, 노동조합 활동을 위축시키고 억제한다는 것이 노조 관계자들의 주장이다. 우리나라의 노조 가입률은 세계 최하위 수준이다. 이러한 복합적인 요인 때문에 노와 사가 어느 정도 대등한 위치에서 교섭할 수 있는 구조가 아니다. 노동자들의 권익이 보호되지 못하고, 가혹한 조건에 있는 근본적인 이유이다.

이는 국제적인 평가에서도 그대로 드러난다. 앞에서 지적한 바와 같이 국제노동총연맹(ITUC)의 평가에서 우리나라 노동자들의 노동권 보장지수는 세계 최하위 수준이다. 우리나라와 같은 수준에 속하는 나라들은 중국, 방글라데시, 캄보디아, 라오스, 짐바브웨 등 대부분 극빈국이고 저개발 국가들이다. 이 평가에서 1등급에 속한 나라들은 12개국인데 우루과이를 제외하면 모두 유럽 국가들이고, 그중에서 7개의 북유럽 국가들이 중심을 이룬다. 국가 행복도 역시 최상위 그룹에 속하는 나라들이다. 국민소득 역시 우루과이와 슬로바키아를 제외하면 모두 부국이다.

노동은 어느 사회든 생산과 번영의 근간이다. 당연히 노동의 기반이 단단하고 안정적이어야 한다. 우리는 반대의 상황에 있다. 노동이 소중한 것이고, 신성한 것이고, 보호받아야 한다는 인식이 부재하기 때문이다. 정부가 이것을 되돌려야 한다. 그 방향은 건강한 노사 관계를 유도하는 것이다. 건강한 노사 관계는 양 집단이 동반자 관계일 때 가능하다. 동반자 관계는 양자가 상대를 존중하고 배려할 때 가능한 것이다. 특히, 사용자 측에서 이러한 태도를 보여야 한다. 근로자를 존중하고, 과실을 공유하며, 조직의 전반적인 상황을 공개하고 조직의 발전을 위해 늘 협의하는 것은 그 대표적인 예다.

근로자들이 직장 문턱에 들어서는 순간 눈을 감고, 입을 다물고, 생각의 문을 닫아버리도록 만드는 '노비'의 생활을 하지 않도록 해야 한다. 우리나라 대학조차 별반 다르지 않다. 직장 생활이 재미있을 리가 없고, 조직의 발전이 있을 리 없다. 우리나라 직장인들의 행복도나 동기부여 순위가 세계에서 바닥권인데 이해가 된다. 이러한 전근대적인 문화를 바꾸는 것이 정부의 역할이다. 지금과 같은 노사 관계, 즉 억압적 노동 패러다임으로는 대한민국이 창조경제 시대의 리더가 되기 어렵다는 사실을 정부는 확실히 인지해야 한다. 세계적으로 부유하면서 행복한 나라들의 노사 관계를 들여다볼 필요가 있다. 정부는 노동정책의 일대 전환을 통해서 노와 사가 동반자 정신을 가지고 힘을 합하는 구조를 유도해야 한다. 한국의 노동정책은 남북 관계만큼이나 중요한 최우선의 정책 과제이다. 스칸디나비아 국가들이 왜 지금과 같은 질 높은 노사 관계를 유지하게 됐는지 꼭 살펴봐야 한다.

20) 행복한 삶에 씨앗이 되는 교육: 교육을 다시 생각하자

우리 사회에서는 자식을 가르쳐야 한다는 일종의 강박관념 같은 것을 가지고 있다. 이는 이미 아주 오래전부터 시작된 현상인 것 같다. 17세기 한국을 찾았던 하멜은 "조선 사람들은 자식교육을 매우 중시한다."고 회고했다. 그의 말에 따르면, "그 당시 살림깨나 있는 집들은 대부분 집에 독선생을 두고 자식들에게 글공부를 가르쳤다."고 회고했다.

그로부터 300년 이상 지났지만, 지금도 자식교육에 대한 열기는 전혀 식지 않고 있다. 오히려 훨씬 더 강도가 높아졌다. 세계적으로 한국 사람들만큼 자식교육에 관심을 가진 나라는 없을 것이다. 부모가 자식교육을 위해 모든 것을 희생하고 버릴 각오가 되어 있다. 자식을 가르치기 위해서라면 먹지 않고, 입지 않고, 빚을 낼 각오까지도 되어 있다. 자식을 좀 더 좋은 여건에서 공부시키기 위해 부부가 국제적으로 떨어져 사는 경우도 흔하다. 세계 주요 도시에 가보면 자식을 공부시키기 위해 남편과 떨어져 짝가정을 이루고 있는 한국 여성들을 많이 볼 수 있다. 한국 사람이 아니면 상상할 수 없는 일이다.

자식교육에 대한 관심과 열의는 일부 상당히 긍정적인 측면이 있다. 무엇보다도 국민의 지적 수준을 높이는 데 크게 이바지하고 있다. 세계적으로 한국 사람들만큼 인구대비 대학교육을 많이 받은 나라는 몇 안 된다. 현재 우리나라 고등학교 졸업자 중 대학에 진학하는 비율은 세계에서 단연 1등이다. 이제 대학 졸업장은 기본이고, 최고 학력인 박사학위 보유자도 대량생산되고 있다. 한국인들의 지능이 세계 최고 수준인 것도 나는 교육열 때문이라고 생각한다.

교육은 사회 발전에 이바지한다. 과거 영국이 세계를 주도한 것이나 현재 세계를 주도하고 있는 미국의 뒤에는 교육이 숨어 있다. 특히, 오늘날과 같은 지식사회에서는 교육의 역할이 결정적이다. 우리나라와 같이 국토가 작고, 부패가 심하고, 늘 소모적인 갈등에 휩싸인 나라가 세계 12위의 경제를 갖게 된 것도 그나마 높은 교육열 때문이 아닌가 생각한다.

이러한 긍정적인 측면에도 불구하고 부정적인 측면이 적지 않다. 첫째는, 교육 효율이다. 앞에서 우리의 교육에 대한 관심과 열의는 단연 세계 최고라 했다. 그러면 그만한 성과가 나타나야 한다. 그 성과란 무엇일까? 교육의 궁극적인 목적은 인간을 계발하고 깨우치는 것이다. 교육을 많이 받은 사람일수록 타인을 좀 더 배려하고 존중하며 조화롭게 살고 정직하게 살아야 한다. 우리의 경우는 이런 면에서 부족하다.

우리의 학교 시스템은 정직한 인격체를 만들어 내지 못하고 있다. 우리 사회에 만연한 정직하지 못한 행위, 비윤리적 행위는 상당 부분 교육의 탓이 크다고 생각하다. 우선 지도자부터 정직하지 못하다. 박정희 대통령은 혁명 공약을 발표할 때 사회질서를 확립한 후 다시 군부대로 복귀한다고 눈물을 흘리며 약속했지만 번복했다. 삼선도 하지 않겠다고 약속했지만 뒤집었다. 김대중, 김영삼 대통령도 대통령 선거 패배 후 눈물을 흘리며 정계 은퇴를 선언했지만 언제 그런 말을 했느냐는 듯이 번복했다.

좀 다른 각도에서 보자. 교육은 과학기술의 발전과 연계된다. 우리는 아직도 이런 면에서 취약하다. 예를 들면, 과학기술 분야에서의 노벨상은 단 1명도 없다. 세계적으로 자식교육 하면 이스라엘 민족을 떠올리는데, 유대인도 우리처럼 죽기 살기로 교육에 덤비지 않는다. 그럼에도 불구하고 유대인들은 세계적인 인물을 엄청나게 배출해 왔다.

그 차이가 어디에서 기인하는 것일까? 그것은 교육의 방식과 내용에 있다. 우리의 교육은 과거 3~4백 년 전이나 지금이나 철저히 단순 암기식이다. 조선 말기 한국을 찾았던 비숍 여사는, "한국 사람들은 매일 앉아서 허리를 좌우로 흔들며 아무 의미 없는 것을 외우고 있다."고 꼬집었다. 그는 한국 교육의 가장 큰 맹점으로 사고력을 길러주지 못한다고 지적했다.

이와 매우 유사한 지적이 서재필 박사에 의해 제기되었다. 그는 당시 우리나라의 교육을 "높은 울타리에 사람을 가두는 것"에 비유했다. 의미는 이렇다. 조선의 교육은 사람들로 하여금 넓은 세상을 보고, 새로운 것을 생각하고, 연구하도록 훈련시키지 못한다는 것이다. 교육이 과거의 것을 무비판적으로 읽고, 외우도록 하는 데 주력하기 때문이었다. 결국, 사람들은 고정된 생각과 관념의 울타리에 갇혀 옛것을 뛰어넘고 도전하려 하지 않는다는 것이다. 이에 비해, "서양의 교육은 높은 산을 오르는 것"에 비유하고 있다. 부연하면, 서양의 교육은 생각의 지평을 넓혀주고, 그에 따라 새로운 것에 대한 도전 의식을 촉진시킨다는 것이다. 서 박사는 이러한 교육 방식 덕분에 서구사회에는 많은 탐험가와 발명가를 배출했다고 역설했다. 그의 주장의 요지는 우리의 교육 방식을 바꿔야 한다는 것이다. 사실 이와 같은 교육 개혁 주장은, 그보다 100년 전에 이미 실학파 박제가에 의해서도 제기되었다.

문제는 그때나 지금이나 상황은 마찬가지라는 사실이다. 우리의 초·중등 교육은 대학입시에서 남보다 점수를 더 잘 딸 수 있는 요령을 가르치고 있고, 가르치는 내용도 현실의 삶과는 거리가 먼 것들이다. 이와 더불어 교육 과정에서 학생들은 철저히 독자적 사고, 비판적 사고를 질식당하고 있고 오직 교사들이 가르치는 내용을 기계적으로 외우도록 훈련받고 있다. 또한, 우리가 왜 살아야 하고, 무엇을 위해서 살아야 하고, 무엇이 옳고 그른지 분별하는 능력을 가르치지 않는다. 이에 비해 앞에서 언급한 유대인들은 사고력을 키울 수 있도록 교육한다. 그들이 교육에서 널리 사용하는 지침서인 『탈무드』를 보면, 철저히 묻고 여기에 답하고, 그 답의 근거를 묻는 식으로 되어 있다. 이는 비단 유대인들의 교육만 그런 것이 아니고 서양 교육의 일반적인 현상이다.

사고의 폭이 넓어야 현상을 뛰어넘는 무엇을 개척해낼 수 있는 것이다. 이에 비해 암기식 교육은 기존의 틀 안에서 남보다 좀 더 빠르게 움직일 수 있도록 만들 뿐이다. 오늘날 경쟁력을 좌우하는 혁신이란 사고력을 키우는 교육 체제하에서 빛을 발할 수 있다.

유대인의 교육과 관련해서 한 가지 더 지적하고 싶은 것이 있다. 유대인 교육은 공동체 생활을 하는 데 필수적인 건전한 시민정신을 강조한다. 질서를 지키고, 정직하고, 남을 배려하고, 서로 다름을 인정하는 습성을 가르친다. 또한, 어릴 때부터 도움이 필요한 자에게 그들이 가진 돈의 일부를 기부하도록 가르친다. 어린 시절부터 이렇게 교육을 받고 자라기 때문에 유대인들은 정직하고, 협력하며, 부정·부패가 없다. 유대인의 상거래에서 철저히 신용을 지키는 것도 이런 맥락에서 이해되어야 한다. 이에 비해, 우리는 어릴 때부터 남보다 앞서는 방법에 초점을 맞춰 교육한다. 타인과의 경쟁에서 이기는 데에만 집착하지 타인과 어떻게 더불어 살 것인가를, 사회발전을 위해 필요한 바람직한 가치관의 정립, 비판적 사고를 기르는 측면은 무시된다. 이러한 교육 방식은 결국 사회에 많은 부작용을 유발하고 있다. 한국 사회에 만연한 약육강식의 현상, 부정·부패, 갈등과 투쟁은 그런 예다. 교육이라는 것은 궁극적으로 사람을 깨우쳐 사회발전을 도모하기 위해 있는 것이다. 우리는 깨우치기보다는 지식 주입에 주력해, 엄청난 교육 열기에도 불구하고 그것이 사회발전에 기여하는 바는 최적화되지 못하고 있다.

둘째, 한국의 교육 열기는 좌절한 사람들을 양산해내고 있다는 점이다. 현재와 같은 경쟁 중심의 교육 풍토하에서는, 아주 어릴 때부터 경쟁에 시달리게 만든다. 사실 경쟁에서 최상위에 서는 사람보다는 그렇지 못한 사람이 절대다수를 이룬다. 그런데 한국의 교육 풍토는 상위 그룹에 속한 자들에게만 박수를 보내고 주목한다. 한국 사회에서 공부를 잘하는 것은 선이요, 그 반대는 악이다. 공부를 잘하면 영웅이고, 못하면 낙오자요 인생이 끝나는 것처럼 가르치고, 세뇌한다. 학생들이 중·고등학교 때 교사에게 들은 말을 적어보라고 하면 비교육적인 것이 너무 많다. 예를 들면 "너 그 성적으로는 공장 가서 일이나 해야 해."와 같은 것이다. 학생들을 자극하기 위한 말이지만 이런 말을 자주 듣게 되면 자신이 정말 실패자인 것처럼 생각하게 되는 것이 문제다.

이러한 사회 풍토하에서는, 상위 5% 내지 10%를 제외한 절대다수는 소외감을 갖게 될 수밖에 없다. 이러한 소외감이 누적되면, 그 이후에 회복되기 어려운 상태에 이르고 만다. 우리의 경우는 이미 중학교 때부터 이와 같은 도태자, 탈락자들이 엄청나게 발생하고 있다. 문제는 이들이 학교에서 적절히 배려받고, 관리받지 못하고 있다는 사실이다. 이러한 좌절감, 소외감에서 뿜어내는 부정적인 에너지는 학교폭력과 같은 저항의식으로 이어진다.

한국 사회에서는 소위 공부를 잘 못하는 청소년들이 발을 붙일 곳이 별로 없다. 이들은 매우 어린 나이에서부터 좌절감을 겪는다. 이들의 경우 대학에 들어올 때쯤이면 이미 그런 좌절감이 너무 굳어 있다. 문제는 우리나라 대학도 취업 준비 기관으로 전락해 교육방식이 중·고등학교 교육 방식과 크게 다르지 않다는 것이다. 결국, 이들이 대학에서 당당한 인간으로 만들어지지 못하고 거의 그대로 사회 각 부문으로 배출되고 있다. 설령, 대학에서 이들을 교정하려해도 그 굳어진 정도가 심해 매우 어려움을 겪는다. 이렇게 된 이유는 학교 현장이 어린 학생들의 호기심과 탐구심의 싹을 잘라 버렸기 때문이다. 이와는 대조적으로 서구사회에서는 초·중등 교육에서 어려운 내용을 가르치지는 않지만, 대신에 학생들의 '지적 탐구심의 식욕'을 왕성히 돋구는 기반을 다져 놓는다. 따라서 이들은 대학을 가든 일반 직장에 취직하든 고등학교 졸업 후에도 계속 공부를 한다. 예를 들면 자물쇠를 만드는 사람이든 식당을 하는 사람이든 기업에서 판매를 담당하는 사람이든 간에 계속 머리를 써서 연구한다. 그 결과 고등학교 졸업자라 하더라도 세계적인 기술자가 되고 매니저가 된다.

요약하면 이렇다. 우리나라 교육은 효율도 낮을 뿐 아니라 젊은이들을 불행하게 한다. 필자 개인적으로는 후자가 더 문제라고 생각한다. 젊은이들이 학교에 다닐수록 자신의 강점이나 장점을 발견하고, 자신의 존재감을 확인하며, 인생을 살아가는 데 필요한 용기와 도전 정신을 갖도록 해야 하는데 우리는 그 반대가 아닌가 생각한다. 아이들이 나이 들수록 얼굴에 미소가 사라지고 고개를 숙이고 무기력해진다. 학교 하면 일단 부정적 생각을 연상한다.

근본적인 교육 개혁이 필요하다. 역대 정부는 정권이 바뀔 때마다 교육제도를 개혁했다. 문재인 정부도 마찬가지다. 하지만 문제는 더 심각해지고 있을 뿐이다. 개혁이 실패한 원인은 단순히 교육제도만 개혁했기 때문이다. 교육 개혁이 성공하려면 교육을 둘러싼 사회 환경적 요인이 변화되어야 한다. 대표적인 것이 직업 간의 격차이다. 우리나라의 경우는 직업 간의 격차가 지나치게 크다. 예를 들면, 의사들의 삶과 평범한 월급쟁이의 삶은 너무나 편차가 크다. 대기업에 다니는 직장인과 중소기업 직장인의 근무환경, 급여는 차이가 너무 크다. 판·검사들이 누리는 특권은 소시민들의 삶과 너무 거리가 있다. 이렇게 편차가 큰 사회에서는 누구든 좋은 직업을 가지려고 몰려들기 마련이다. 사람들이 선호하는 직업은 제한적이기 때문에 이러한 직업에 접근하기 위한 경쟁이 치열할 수밖에 없다. 좁은 문으로 너무 많은 사람이 몰려드는 형국이다. 이러한 경쟁에서 유리한 위치에 서기 위해서는 좋은 대학에 가야 하고, 일류대학에 진학하기 위해서는 고등학교에서 남보다 앞서야 한다. 구조적으로 경쟁을 부추긴다.

반대의 경우도 상상해 볼 수 있다. 사람들이 어떤 직업을 갖든 직무 환경이 비슷하고, 특권이 없고, 급여 격차가 적은 경우이다. 덴마크의 경우, 대학교수나 버스 기사나 중소기업 근로자나 공무원이나 급여의 편차가 크지 않다. 작업 환경 면에서도 큰 차이가 없다. 판·검사의 경우 보통 사람들보다는 급여가 좀 더 많지만, 업무가 너무 힘들고 우리나라의 판·검사가 갖는 특권 같은 것이 거의 없다. 따라서 사람들이 판·검사가 되기 위해 머리를 싸매고 달려들 이유가 별로 없다. 의사들은 판·검사보다 더 돈을 벌지만, 세금이 워낙 많아 일반 사람들과의 격차가 상당 부분 좁혀진다. 북유럽 국가들의 특징이다. 이들 국가에 있어서는 기본적으로 모든 직업은 소중하다는 기독교적 가치관이 지배하고 있는 듯하다. 이렇게 직업 간의 격차가 적은 사회에서는 사람들이 자신의 취향에 맞는 일을 선택하기 때문에 쏠림현상이 대폭 완화된다. 대학에 꼭 가야 한다거나 좋은 대학에 진학해야 한다는 생각 자체가 큰 의미 없게 된다. 경쟁의 필요성이 대폭 감소된다. 이러한 사회적 환경이 전제된 조건하에서 교육제도가 개혁되어야 성과를 거둘 수 있다.

정부는 학교 교육을 정상화하기 위해서 내신 반영비율을 높이고, 학생부나 수행평가 비중을 높였는데 사교육 열기는 여전하고 오히려 더 심화되고 있다. 내신에서 자식을 앞세우기 위해 학원에 보내고, 심지어 수행 평가조차도 사교육을 받도록 하기 때문이다. 남보다 한 발자국이라도 앞서야 한다는 강박관념 때문에 나타나는 현상이다. 정부에서 어떤 대책을 세워도 이 대책을 무기력하게 만드는 사회 구조적 요인이 작동하고 있는 것이다. 백약이 무효일 수밖에 없는 구조다. 이 구조를 혁파하는 것이 선행되어야 한다.

필자가 그려보는 교육의 이상은 아이들이 학교에 다니면서 자신을 확인하고, 자신을 살려 나갈 수 있도록 학교가 돕는 것이고 공동체를 살아갈 공존의 규범을 가르치는 것이다. 타인을 존중하고, 사랑하며, 이해하도록 가르치는 것이다. 행복도가 높은 선진사회의 경우 학교에서 수어(手語)를 가르치고 이민자들을 초청해서 이들과 대화하는 기회를 만드는 것은 이와 같은 공존의 규범을 증진하기 위한 노력이다. 학교에 다닐수록 열등감이나 실패감을 경험하고, 타인을 늘 경쟁의 상대로 인식하게 하는 것은 교육의 본질이 아니다. 깊은 학문은 대학이나 대학원에서 시작하면 된다.

참 / 고 / 문 / 헌

- 강준식 역. 『하멜표류기』. 웅진닷컴, 2002.
- 김구 저, 도진순 주해. 『백범일지』. 돌베개, 2003.
- 도산 안창호. 『나의 사랑하는 젊은이들에게』. 지성문화사, 2011.
- 리콴유 지음, 류지호 옮김. 『내가 걸어온 일류 국가의 길』. 문학사상사, 2001.
- 박제가 저, 안대회 역. 『북학의』. 돌베개, 2003.
- 서울대 정치학과 독립신문 강독회. 『독립신문 다시 읽기』. 푸른역사, 2004.
- 심지연 편저. 『현대정당정치의 이해』. 백산서당, 2003.
- 아손 그렙스트 지음, 김상열 옮김. 『스웨덴 기자 아손, 100년 전 한국을 걷다』. 책과 함께, ·2005.
- 안순철. 『선거체제 비교』. 법문사, 1998.
- 유길준 지음, 허경진 옮김. 『서유견문』. 한양출판, 1995.
- 이동희 역주. 『논어』. 계명대학교 출판부, 1997.
- 정약용 저, 다산연구회 편역. 『목민심서』. 창비, 2015.
- 정약용 저, 송재소 역주. 『다산시선』. 창비, 1981.
- 조지베일런트 지음, 이덕남 옮김. 『행복의 조건』. 프런티어, 2010.
- Albrechtsen, S., 『A Piece of Danish Happiness』, 2013.
- Archor, S., 『The Happiness Advantage』, 2010.
- Arter, D., 『Scandinavian Politics Today』, 2008.
- Bishop, I. L.,『Korea and Her Neighbor』, 1897.
- Booth, M., 『The Almost Nearly Perfect People』, 2014.
- Breen, M. 『The Koreans: Who They are, What They Want, Where Their Future Lies』, 1998.
- Castles, F. G., "The Policy Consequences of Proportional Representation:A Sceptical Commentary", Political Science, 1994, 46(2): 161-171.
- Clifford, M. L. 『Troubled Tiger』, 1994.
- Crepaz, M. M. "Consensus versus Majoritarian Democracy: Political Institutions and Their Impact on Macroeconomic Performance and

Industrial Disputes", Comparative Political Studies, 1996, 29(1): 4-2.

- Denhardt, J. V. and Denhardt, R. B., 『The New Public Service』, 2015.

- Denhardt, R. B., Denhardt, J. V. and Blanc, T. A., 『Public Administration: An Action Orientation』, 2014.

- Farrel, D. M., 『Electoral System: A Comparative Introduction』, 2011.

- Grubbs, L., 『How to Create a Happy Workplace』, 2016.

- IMD, 『World Competitiveness Yearbook』, 2016.

- Klein, S., 『The Science of Happiness』, 2006.

- Lijphart, A., 『Patterns of Democracy』, 1999.

- Mckenzie, F. A., 『The Tragedy of Korea』, 1908.

- O'Ballance, E., 『Korea: 1950-1953』, 1985.

- Pritchett, L. and Woolcock, M., "Solutions When the Solution is the Problem: Arraying the Disarray in Development", World Development, 2004, 32: 191-212.

- Stephan, A. and Skach, C., "Constitutional Frameworks and Democratic Consolidation: Parliamentarism versus Presidentialism", World Politics, 1993, 46(1): 1-22.

- Ware, A., 『Political Parties and Party System』, 1996.

- ITUC, Global Rights Index, 2017. International Trade Union Confederation.

- OECD, The Better Life Index. 2017. 인터넷 자료

- UN, 『The World Happiness Report』. 2012-2017. 인터넷 자료

- Universum, Global Workforce Happiness Index, 2017. 인터넷 자료

행복한 나라 좋은 정부

펴 낸 날	2018년 10월 26일
지 은 이	박세정
펴 낸 이	최지숙
편집주간	이기성
편집팀장	이윤숙
기획편집	이민선, 최유윤, 정은지
표지디자인	이민선
책임마케팅	임용섭, 강보현
펴 낸 곳	도서출판 생각나눔
출판등록	제 2008-000008호
주 소	서울 마포구 동교로 18길 41, 한경빌딩 2층
전 화	02-325-5100
팩 스	02-325-5101
홈페이지	www.생각나눔.kr
이 메 일	bookmain@think-book.com

• 책값은 표지 뒷면에 표기되어 있습니다.
  ISBN 978-89-6489-899-4 03300
• 이 도서의 국립중앙도서관 출판 시 도서목록(CIP)은 서지정보유통지원시스템 홈페이지
  (http://seoji.nl.go.kr)와 국가자료공동목록시스템(http://www.nl.go.kr/kolisnet)에서
  이용하실 수 있습니다(CIP제어번호: CIP2018031994).